PUBLIC
HEALTH
LAW

# 公衆衛生法

—————————————— 感染症編

大林啓吾　Keigo Obayashi

弘文堂

はじめに

　今も昔も「健康」でいることは重要である。健康でなければ日常生活に支障が生じるだけでなく、場合によっては生命の危険につながるおそれもある。人は病気になって初めて健康の重要性を知ることが少なくないが、そこで認識するのはあくまで個人レベルの健康である。そこでは、社会レ・ベ・ル・の健康という認識には至っていない。つまり、病気が怖くて外に出られない、マスクをしなければ人と話すこともままならない、病院に行っても治療してもらえるかわからないなどといったような社会レベルの健康が問題になる事態を想定するわけではない。

　ところが、2020年に始まった新型コロナウイルス（Covid-19。本書では「新型コロナ」といった呼称を用いることもあるが、すべて同じものを指す）のパンデミック[*1]は、個人の健康に加え、社会レベルの健康にも我々を向きあわせることとなった。出勤、通学、外食、旅行、会話、集会、診療など、これまで当たり前のようにできていたことが制約されることになったのである。第二次世界大戦後、飛躍的に向上した医療や公衆衛生により、かつて日本でも猛威をふるったコレラなどはもはや過去の出来事となり、2009年のH1N1新型インフルエンザも被害が軽微だったことから、感染症まん延という事態を深刻に受け止める機会はほとんどなかったといえる。そのため、新型コロナのパンデミックによって個人レベルの健康はもちろんのこと、社会レベルの健康を強烈に意識せざるを得なくなったのである。

　とはいえ、「健康」（health）という概念は曲者で、その定義がやっかいである。WHO憲章は、「健康とは、単に疾病にかかっていない又は虚弱ではないというだけでなく、肉体的、精神的及び社会的に満たされた状態をいう[*2]」としているが、〈肉体的、精神的、社会的に満たされた状態〉といっても、そこで求められる程度は個人や地域によって大きく異なるだろ

---

*1　Federica Paddeu and Michael Waibel, *The Final Act: Exploring the End of Pandemics*, 114 A.J.I.L. 698, 700 (2020). パンデミックに明確な定義はないといわれているが、一般的な見解としては感染症流行の規模に応じて3つの言葉で表される傾向にある。①感染症の流行が特定の地域や場所、コミュニティで発生し、感染増加の程度に予測がついている状態をエンデミックまたはアウトブレイク、それよりも広い地域に拡大し、感染増加の予測がつかなくなっている状態をエピデミック、国境を越えて拡大した状況をパンデミックという。
*2　Constitution of the World Health Organization (1946).

う。厳密にすべてが同時に満たされる状態を維持するのは難しく、時に各ファクターが衝突することもある。また、主観的には健康だと思っていても客観的にみれば不健康ということもありうるし、その逆もしかりである。

　そして健康の定義が難しいのと同様に、本書のタイトルにある「公衆衛生」（public health）の定義もまた難しい。WHO によれば、公衆衛生とは「組織化された社会の努力により、疾病の予防、生命の延長及び健康の増進をはかる技術および科学[*3]」を指すという。公衆衛生は健康の前提ともいえる事柄であるが、健康よりもその内容をつかみづらい。それは要するに、公衆衛生とは良好な衛生状態を維持・向上させる取組みを指すところ、その内実は政策的・制度的・専門技術的側面が強く、具体的な内容をイメージしにくいものだからである。また、公衆衛生の維持は個人ではなく政府や社会がその主体となるため、一見すると自己に直結しないような社会的取組みのように映る。実際、公衆衛生の維持・向上は広域的かつ集団的に行われなければ効果が薄いことから、個人よりも政府や社会に任せた方が効果的である。そしてその恩恵は国民全員が享受するものであり、国民はそれにフリーライドできる。我々個々人は公衆衛生の維持・向上に直接的なコストをかける必要がないこともあり、普段、そのありがたみを実感する機会はあまりない。公衆衛生の典型は疾病予防であり、それは個々人にも関係しうるものであるが、それでもなお多くの人は、自分の健康のことは気にしても、平時において公衆衛生を気にかけることはほとんどないだろう。

　ところが、時折、人々が公衆衛生に異常な関心を示す出来事が起きることがある。それが先に挙げたパンデミックである。特に新型コロナ禍においては、緊急事態宣言に基づいて外出自粛や営業自粛が要請されるなど日常生活に大きな影響を与える感染対策が実施された。そのため、公衆衛生は本来、決して他人事ではなく、身近な問題として認識すべき事柄といえるだろう。

　また、感染症についていえば、パンデミックが起きてから対応策を練っていては遅いため、あらかじめその予防策や対応策を検討しておく必要が

---

ある。その際、法制度を考察することがきわめて重要となる。感染症がまん延するとパニックが起こるおそれがあるが、その場合にも冷静に対処するために法に基づく対応が重要になるからである。とりわけ、感染症対策は隔離や営業規制に代表されるように、市民の自由を制約する側面があるため、自由と安全のバランスを意識した法制度を設け、その仕組みと運用を検討しておく必要がある。実際、感染症法の前文は感染症対策と人権尊重を掲げており*4、予防と自由の両方を同時に考えなければならないことを示している。

　法制度の考察は、政策を立案する側（政治家や公務員など）のみならず、それを実行する側（行政機関、医療機関、保健所など）にとっても、適切な運用方法やその準備を考えるうえで必要であり、またその影響を受ける側（市民）もいかなる措置が実施されるのかについて理解し、またそれが不当に権利を制約していないかを知っておかなければならない。

　したがって、公衆衛生に関する法制度は国民全体の関心事項である。にもかかわらず、これまで公衆衛生法学という学問領域は十分に展開してこなかった。主として医学的見地からアプローチする「公衆衛生学」や医療関係の法を扱う「医事法」は学問分野として発達してきたが、「公衆衛生法学」という学問領域はそもそも存在しているとは言い難いのが現状である。公衆衛生法学が発展してこなかった理由は、公衆衛生というものが法学よりも医学に属する事項と考えられていたこと、感染症に関わる裁判があまり多くないこと、感染症法も感染症に関する知識の普及に触れるだけで法制度については念頭に置いていない可能性があることなど*5、いくつかの理由が考えられるが、先に述べたように、公衆衛生に関する法制度を考察することは国民全体に関わる重要なことである。

　また、公衆衛生の定義如何ではその射程が広範となることも、その要因

---

＊4　感染症法前文は、「……このような感染症をめぐる状況の変化や感染症の患者等が置かれてきた状況を踏まえ、感染症の患者等の人権を尊重しつつ、これらの者に対する良質かつ適切な医療の提供を確保し、感染症に迅速かつ適確に対応することが求められている。ここに、このような視点に立って、これまでの感染症の予防に関する施策を抜本的に見直し、感染症の予防及び感染症の患者に対する医療に関する総合的な施策の推進を図るため、この法律を制定する」と規定している。本書巻末に感染症法の重要な条文を掲載しておいたので、本書を読み進めるにあたってぜひとも参照されたい。

＊5　感染症法3条1項は、「国及び地方公共団体は、教育活動、広報活動等を通じた感染症に関する正しい知識の普及」を図らなければならないと規定している。

だと思われる。公衆衛生の典型は感染症分野であるが、もともと感染症対策自体が労働環境や貧困問題と深く関わり、また公衆衛生は食品衛生や栄養維持、死体処理や廃棄物処理、さらには建物管理や公害防止など様々な分野に関わるものである。したがって、公衆衛生法学を体系的に捉えようとすると、きわめて広範な分野を扱わなければならないことになり、研究者にとっても躊躇してしまいがちだという実務的理由もあったと考えられる。

　ここまで専門分野が多岐にわたると、いきなり全体を網羅的に扱うよりも、まずはそのコアとなる感染症対策の分野を開拓することが現実的かつ着実な方法である。そこで本書では、公衆衛生法学の端緒として、公衆衛生の中核を占める感染症分野に焦点を絞って、その法制度の概要、運用、課題などをみていきたい。まず**第1章**では、公衆衛生の歴史を振り返りながら法制度が形成されていく流れを追う。次に、**第2章**では、公衆衛生と憲法の関係を紐解きながら、国家は公衆衛生の維持・向上の責務を負う一方で憲法上の権利を侵害しないようにしなければならないことを示す。そして、公衆衛生法学が扱う内容につき、その主体、対象、範囲、手段などを提示しながら、どのような観点から考察を進めるべきかを明らかにする。**第3章**は、感染症対策の第1段階にあたる予防対策と水際対策を扱う。ここでは特に検疫法を中心とした法制度を取り上げる。**第4章**は、感染症対策の基本的枠組を明らかにする。そこでは、感染症対策全般を取り扱っている感染症法に光を当て、感染症対策の流れを追いながら、実施可能な対策内容をつまびらかにする。**第5章**は、新型インフルエンザ対策に絞って、その対策内容を概観する。ここでは、新型コロナにおいて対策の中心となった新型インフルエンザ特措法を取り上げ、諸々の対策方法を紐解きつつ、そこで明らかになった課題などについても考察する。最後に、**第6章**では感染症のまん延を終息させるための鍵を握るとされるワクチン対応を取り上げる。予防接種法に軸足を置きつつ、予防接種が強制から任意へと転換する流れを振り返りながら、予防接種禍の問題などについても取り上げる。

以上の内容は法制度の説明が中心となるので、読んでいくにつれ隘路に入ってしまったり、無味乾燥と感じてしまったりする部分があるかもしれない。そのときは、感染症対策はどのような法制度に基づいて実施されるのか、そこで可能な対策は何なのか、そして感染症対策がもたらす自由の制約の問題をどのように調整していくべきなのか、といった大きな問題意識に立ち戻ってほしい。本書を読むことで、感染症対策の現状を理解し、その内容の是非を考えるきっかけにしてもらえればと思う。

　2022 年 10 月 4 日

大林　啓吾

＊本書の大部分は書き下ろしであるが、一部、下記の拙著および拙稿から抜粋・引用している。
　・『コロナの憲法学』（編著、弘文堂、2021 年）
　・『感染症と憲法』（編著、青林書院、2021 年）
　・「国家と公衆衛生」比較憲法学研究 33 号 19 頁（2021 年）
　・「新型コロナの憲法問題に関する覚書——ロックダウンとワクチンを中心にして——」千葉大学法学論集 36 巻 2 号 59 頁（2021 年）

# 目次

# 第 1 章　公衆衛生史
―― 国家と公衆衛生の密な関係

## 1　公衆衛生の歴史

### (1) 「衛生」の由来

　公衆衛生の歴史は古い。ギリシャ神話に登場する健康・衛生の女神**ヒュギエイア**（Hygeia/Hygieia）は英語の **hygiene**（衛生／清潔／健康）の語源ともいわれる。ヒュギエイアの父であるアスクレピオス（Asklepios）が医術の神として崇拝されていることを踏まえると、ヒュギエイアは医術と隣接しながらも衛生、健康、薬といった広い分野を対象とする神であり、ここからも衛生や健康というものが広範かつ分野横断的な側面を有することが示唆される。

　日本では、19 世紀末の医学者、長与専斎（▶77 頁）が hygiene を「衛生」と訳し、森鷗外はドイツではそれが健康衛生学として語られているとして日本に紹介したとされる。また、古代エジプトは水道を整備していたとされ、古くから人類が衛生に関心を持っていたことがわかる。また古代ローマ帝国の公衆浴場や上下水道などの水に関する衛生設備も、今日的な意味で真に衛生的だったかどうかについては議論の余地があるものの、当時から衛生サービスの提供がなされていたことを示している。

写真 1-1　薬学の象徴とされる「ヒュギエイアの 杯 」（Wikipedia より）

---

*1　多田羅浩三「Hygiene and Public Health」公衆衛生 65 巻 10 号 716 頁（2001 年）。
*2　丸井英二「Public Health と公衆衛生学」医学教育 43 巻 3 号 147 頁、148–149 頁（2012 年）。なお、森鷗外は日本の衛生学の基礎を築いたとされる。森鷗外と衛生学については、丸山博『森鷗外と衛生学』（勁草書房、1984 年）などを参照。
*3　James Salzman, *Is It Safe to Drink the Water?*, 19 Duke Envtl. L. & Pol'y F. 1, 32 (2008).
*4　Chiara Pappalardo, *Innovation Through Traditional Water Knowledge: An Approach to the Water Crisis*, 31 Geo. Envtl. L. Rev. 627, 652 (2019).

## (2) ペスト

　公衆衛生の考え方が最も耳目を集めたのは、やはり 14 世紀の**ペスト**である。当時の世界人口の４分の１を失わせたこともあり、公衆衛生がきわめて重大な政策課題として浮上することとなった。ペストは、ペスト菌の感染に起因する急性細菌性感染症であり、リンパ節炎、敗血症、高熱、肺炎、頭痛、嘔吐、意識障害などを引き起こし、致死率が高い。ペスト菌の感染経路は、一般にネズミなどに寄生しているノミがペスト菌を保有し、そのノミに刺されたり、ノミに刺された人や動物の体液に触れたりすることで感染する。また、肺ペスト患者からは飛沫感染するとされる。

　ペスト流行を機に、ヨーロッパではペスト患者の隔離を行う地域が出てきた。ただしそれは、結果として１つの感染症対策として有効だったとしても、真に医学的理由に基づいていたわけではなかった。というのも、当時、瘴気（空気中の毒素）、悪臭、臭気がペストに感染する原因であると思われていたからである。実際、医師等は防護服を着たり、いわゆる「ペストマスク」（写真 1-2）を装着したりして、瘴気等が体内に侵入しないように試みた。マスクが鳥の 嘴のような形になっているのは、嘴の先に香料を入れ、邪気・邪臭に穢されないようにするためであったとされる。[*5]

写真 1-2　ペストマスク（アフロ）

　このように、当時の人々が空気や臭いという目に見えない存在に怯えていたというのは興味深い。疫病や飢饉などの災難に見舞われた際、人々はそのやるせない気持ちを何かしら神や悪魔といった認識不可能なものに原因を結び付けて精神のバランスを保とうとすることがある。ペストの際もそれと同様に、空気や臭いという見えない存在に原因を求めたわけである。とりわけ、それがペストマスクのような具体的感染予防策に反映されていたことには留意しておきたい。それは後でみるように、新型コロナ感染予

＊5　村上陽一郎『ペスト大流行―ヨーロッパ中世の崩壊』113-114 頁（岩波書店、1983 年）。なお、マスクの目の部分が眼鏡のようになっていたりふさがれたりしているのは、患者の眼差し（！）によっても感染するという説があったことからそれを避けようと試みるものであった、という説明もある。

防の場面において、同調圧力のような社会の空気という、また別の形の「空気」を利用したと思われる施策が行われたからである。

　さて、ペストによって大幅に人口が減少すると、それは社会制度にも大きな影響を与えることになった。人口減により荘園制度が立ち行かなくなると、封建制が崩れ、近世の幕が開けることとなった[*6]。また、信仰だけではペストの流行を抑えることができなかったことも一因となって教会の権威が失墜し、ルネッサンスを迎えることになった。そして時代は中世から近世へと移り、その後近代へと移る過程の中で、近代国家の萌芽を垣間見ることになる。

## （3）公衆衛生対策の萌芽

　15世紀になると、ペストの教訓を踏まえ、ヨーロッパの各地域において公衆衛生対策が行われるようになった。15世紀から16世紀にかけて、イタリアの主要都市が他国に先駆けて公衆衛生局を設置するようになり、16世紀前半にはフランスでもペスト対策の法令が出され、イングランドでは1518年に最初のペスト予防に関する命令、そして1543年に組織的公衆衛生の嚆矢とされるペスト条例が制定された[*7]。ペスト予防に関する命令では船舶検疫制度が導入され、ペスト条例では組織が恒常的な対策を行う形になったとされる。

　さらに17世紀頃には、社会契約思想により、人民の安全を守ることが主権国家の責務とされるようになると、そこに公衆衛生の維持も含まれる余地が出てきた。たとえば、ロック（John Locke）は自然権の中に健康を含め、国家はそれを侵してはならないだけでなく、それを守らなければならないことをも示した[*8]。

　もっとも、専門分野としての公衆衛生学が登場するのは18世紀になってからのことである。もともと国家は**ポリスパワー**（police power）という伝統的な権限を持ち（▶9頁）、国家はポリスパワーに基づいて治安や警察

---

＊6　村上・前掲注5）160-185頁。
＊7　カルロ・M・チポラ（日野秀逸訳）『ペストと国家―ルネサンスの公衆衛生と医師』34-35頁（平凡社、1988年）。
＊8　ロック（鵜飼信成訳）『市民政府論』12頁（岩波書店、1968年）。

などのような事柄をはじめ疫病、売春、廃棄物処理など公衆衛生に関わる領域においても規制できるものと考えられていた。その意味では、国家はポリスパワーの1つとして公衆衛生の維持のために規制権限を行使してきたといえる。だが、ポリスパワーの概念は必ずしも疾病予防という観点に特化されていたわけではなく、公衆衛生の維持および向上をはかるという視点が軸になっているわけではなかった。

ところが、18世紀中盤からイギリスを中心にヨーロッパで産業革命が起きると、労働環境や労働者の劣悪な生活状況が社会問題化し、その改善が政策的課題となった。労働者や低所得者は様々な場面で社会の衛生状態の影響を直にうけやすく、衛生状態の維持や労働力確保の観点からその分析が必要になってきたのである。

### (4) 公衆衛生学

「公衆衛生学」の嚆矢とされるのが**フランク**（Peter Frank）である。フランクは、人々の健康には社会が関与することが必要であると説く著書を発表し、公衆衛生学の端緒となった[*9]。フランクは、妊娠、出生、売春、性病、栄養、衣服、住宅、事故・犯罪の予防、埋葬、治療、福祉などを予防の観点から分析することを提示し、それをメディカルポリスと名付けた[*10]。メディカルポリスの背後には、国家が公衆衛生を維持するために規制を行う予防国家像が想定されていたと指摘されている[*11]。

その後、公衆衛生が労働者や低所得者のみならず、社会全体に関わる事項であることが認識されるようになると、国が公衆衛生の維持および向上のために一定の責務を果たすべきと考えられるようになった。すなわち、〈公衆衛生に関わる法制度を整備することが社会全体の利益につながるとすれば、国がそれを実施すべきだ〉ということである。こうした功利主義的発想（▶15頁以下）が公衆衛生と法をつなげる契機となった。

19世紀に入ると、**コレラ**がパンデミックの主役となった。インド由来とされるコレラはヨーロッパやアジアを中心に猛威をふるい、ある地域で

---

*9 多田羅浩三「公衆衛生の黎明期からこれまでの歩み」日本公衆誌65巻6号255-256頁（2018年）。
*10 多田羅・前掲注9）256頁。
*11 Noga Morag-Levine, The History of Precaution, 62 Am. J. Comp. L. 1095, 1114 (2014).

いったん収まったようにみえても他の地域で再度流行するなど、20世紀になってからもエピデミックが続いた。このとき、感染対策として軍隊も活用された点が興味深い。1831年、プロイセンは、アジア、ロシア、ポーランドで流行していたコレラがワルシャワに迫った際に、ポーラン

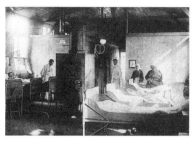

写真1-3　ハンブルグエッペンドルフ大学病院コレラ病棟（アフロ）

ド南西部からリトアニア地域までの約6000キロメートルにわたる軍事防疫線を敷いたが、コレラはそれを易々と突破してプロイセン内に侵入したといわれる[*12]。感染症対策において軍隊が活用される例はほかにもある。たとえば、20世紀初頭、アメリカは南米やカリブ島諸国との貿易においてしばしば黄熱病が流行することを警戒し、キューバに軍隊を派遣して蚊の撲滅などの公衆衛生上の対策を行った[*13]。

　感染症が社会全体で取り組むべき問題であり、かつ公衆衛生の維持が社会全体の利益につながることが意識されるようになると、それを法制度として整備する必要性が出てきた。

### （5）最初の公衆衛生法

　こうした中、最初に公衆衛生法を制定したのはイギリスであった。**ベンサム**（Jeremy Bentham）の**功利主義**の影響を受けた**チャドウィック**（Edwin Chadwick）[*14]が衛生に関する報告書をまとめ[*15]、これが**1848年公衆衛生法**[*16]の制定につながったからである。

---

*12　村上宏昭『「感染」の社会史─科学と呪術のヨーロッパ近代』50-51頁（中央公論新社、2021年）。なお、同書ではここでいう「軍事防疫線」の内容を明らかにしていないので、その具体的措置は定かではないが、おそらく、軍隊が防疫所を設けて人の出入り等をチェックしたものと推察される。

*13　ヴェルナー・トレスケン（西村公男・青野浩訳）『自由の国と感染症─法制度が映すアメリカのイデオロギー』213-218頁（みすず書房、2021年）。

*14　チャドウィックとベンサムとの関係やチャドウィックの公衆衛生改善に向けた取組みについては、アンソニー・ブランデイジ（廣重準四郎・藤井透訳）『エドウィン・チャドウィック─福祉国家の開拓者』3-16、99-128、145-168頁（ナカニシヤ出版、2002年）が詳しい。

*15　EDWIN CHADWICK, REPORT ON THE SANITARY CONDITION OF THE LABOURING POPULATION OF GREAT BRITAIN (Classic Reprint Series by Forgotten Books, 2012, Originally published in 1843).

*16　Public Health Act, 1848, c.63. ただし、その内容はチャドウィックが当初目指した制度改革よりも控えめなものになってしまったといわれる。*See* Noga Morag-Levine, *Common Law, Civil Law, and the Administrative State: From Coke to Lochner*, 24 CONST. COMMENTARY 601, 634 (2007).

報告書は、労働者の衛生状態という観点から、タウンの死亡状況や衛生状態、死体放置状況、労働環境、労働者の生活、教会の役割などについて調査を行った。チャドウィックは、労働者の住居などの生活環境について調査を行いつつ、放置された死体が労働者やタウンの衛生状態を悪化させているとの分析を行った[18]。そして、死体処理が嫌悪対象となっている状況を明らかにしたうえで、埋葬にかかる費用の問題を検討した[19]。チャドウィ

写真1-4　チャドウィック
(public domain)

ックは死体放置問題に取り組むことで公衆衛生が改善し、死者数を減らしたり寿命を延ばしたりすることができるとした[20]。そして、国家が公衆衛生の観点から埋葬事業を行うべきであると提言した[21]。

　この報告書は、伝染病の流行に対しては人口全般、すなわち公衆（public）を対象にしなければならないことを提示した。これにより、公衆衛生は社会全体や地域に関わる事柄であることが示された。実際、1848年公衆衛生法では中央の保健総局および地方の保健局が設置されることとなった。

## 2　公衆衛生の担い手

### （1）行政機関と裁判所

　チャドウィックは、裁判所の判断を中心としたコモンロー[22]の蓄積と行政機関の実務がともに公衆衛生に取り組むモデルを想定していた。ここでいうコモンローによる公衆衛生の維持は必ずしもその内容が明らかではないが、これにはイギリス固有の**パブリックニューサンス**（public nuisance）の

---

*17　CHADWICK, *supra* note 15, at 31.
*18　*Id.* at 197.
*19　*Id.* at 191.
*20　*Id.* at 198-199.
*21　*Id.* at 199.
*22　コモンローは定義が難しい抽象的概念であり、またその内容も文脈によって異なる。もともと、イギリスで発展した概念であり、裁判所が尊重すべき慣行であったり、裁判所の判断の積み重ねによって形成される原理を指したりし、要するに理性を抽象的に表すものと理解されていたという側面がある。

法理が関連していると思われる。パブリックニューサンスの法理とは、もともと国王が官吏を通して自らの財産に損害を加える行為を止めるために訴訟を提起するものとして、12世紀のイングランドで発達した法理である。14世紀には国王の権利侵害にとどまらず公道における交通妨害などのような公衆の利益を脅かす行為をも対象に含むようになり、16世紀になると個人がパブリックニューサンスに対して訴訟を提起できるようになった。[23] このように裁判所を通じて公衆の利益を妨げる行為を止めたり状態を改善したりすることがパブリックニューサンスの法理であり、裁判所がその請求を認める場合には差し止めなどによって原因となっている行為等を除去することができる。そして、このパブリックニューサンスの法理は、病気のまん延防止などの公衆衛生に関する事柄を対象にしてきたとされる。[24] つまり、裁判所が感染症の防止など公衆衛生に関する事項についてその改善を命じることができたわけである。

　チャドウィックが指摘するコモンローによる公衆衛生の維持は、こうしたパブリックニューサンスの法理を念頭に置いたものと推察される。端的にいえば、チャドウィックは行政機関と裁判所を公衆衛生維持の担い手と考えていたわけである。

　もっとも、チャドウィックの公衆衛生施策については政治的立場の違いから反対者も多く、異論が相次いだ。たとえば、スミス（Joshua Toulmin Smith）はそれを批判し、地方におけるコモンローの展開に任せるべきであると主張した。[25] チャドウィックは地方の裁判所の役割を否定していたわけではないが、スミスは地方の裁判所がむしろ中心になるべきであると考えたのである。

　一般に、公衆衛生の担い手は行政機関あるいは専門機関がイメージされるが、ここでは裁判所もその役割を担っていた点が興味深い。もちろん、それはコモンローの伝統やパブリックニューサンスの法理という英米法固有の法体系や法理が前提にあるからこそ成り立つものである。しかし、裁

---

＊23　Victor E. Schwartz and Phil Goldberg, *The Law of Public Nuisance: Maintaining Rational Boundaries on a Rational Tort*, 45 Washburn L.J. 541, 543 (2006).

＊24　Jonathan E. Selkowitz, *Guns, Public Nuisance, and the PLCAA: A Public Health-Inspired Legal Analysis of the Predicate Exception*, 83 Temp. L. Rev. 793, 806 (2011).

＊25　Morag-Levine, *supra* note 16, at 635.

判所という機関が公衆衛生の実践に一役買っていたという事実は、司法が必ずしも公衆衛生施策に伴う権利侵害への救済だけでなく、法制度設計次第ではむしろそれを実践する側にも回れる可能性があることを示唆している。

　また、ラムゼイ（Henry Rumsey）は健康（health）の概念を打ち出し、公衆衛生を救貧法のような福祉分野から独立させようと試みた[*26]。また、そこで提示された健康は、医療よりも広い視点からアプローチするものであったとされる。

　公衆衛生をめぐる対立はチャドウィックの政治手法への批判につながり、強引な手法が批判された彼は、保健総局を去ることになった。チャドウィックに代わって保健総局で活躍したのがシモン（John Simon）であった。シモンは、コミュニティによる適切な防衛と個人の自助的努力によって健康が維持されなければならないとして両方のバランスの重要性を指摘したうえで、住民生活に関する規制の中では公衆衛生を重視しなければならないと主張した[*27]。そして1875年公衆衛生法[*28]を起草し、第3部に衛生と給水に関する規定を置き、さらに道路や公共施設、警察に関する地方政府の権限に関する規定を設けた。つまり、公衆衛生が衛生のみならず、警察、道路、公共施設など幅広い対象を含むと同時に、衛生維持を分野として独立させることでその重要性を示したのである。

　そのため、公衆衛生は、感染症に限らず「地域社会における疾病の予防、統制、根絶[*29]」を目指すものであり、より科学的にいえば、「公衆衛生とは地域社会の科学的診断および治療[*30]」を指す、とされる。

　以上からは、行政と司法、中央と地方という構図が描かれていたこと、そして、そもそも公衆衛生の射程もその議論に関連していたことがうかがえる。

---

＊26　多田羅・前掲注9）258頁。
＊27　同上258-259頁。
＊28　Public Health Act, 1875, c. 55 (38 and 39 Vict).
＊29　Edward G. McGavran, *What Is Public Health?*, Can J. Pub. Health 441, 444 (1953).
＊30　*Id.* at 445.

## (2) ポリスパワー

　さて、上述の定義に基づくのであれば、本書のタイトルにもなっている公衆衛生法とは「地域社会の科学的診断および治療」を扱う法、ということになるが、公衆衛生法の概念自体は人々が共同体を作り始めた頃から存在していたともいわれる[*31]。そして公衆衛生法は、ポリスパワーとして知られる国家に固有の権限（主権）にその起源を見出すことができるという指摘がある[*32]。そのため、「公衆衛生法とは個人や地域の健康の保護および促進を目的とする法律、規則、先例の集合体である[*33]」とされる。つまり、およそ地域社会の健康に関わるものであれば、公衆衛生法に含まれることになる。

　もっとも、ポリスパワーはいわゆる警察的な意味でのポリスという言葉に限定されるわけではなく、もっと広範な射程を持つ。イギリスで先述の公衆衛生法が制定された 19 世紀中盤という時期は、ラッサール（Ferdinand Lassalle）が古典的国家を**夜警国家**と揶揄した時期と重なる。仮に夜警国家を安全確保や秩序維持などのような消極的・警察的規制を中心とした国家であるとみなすのであれば、衛生を維持するためのものである公衆衛生は、夜警国家における消極的規制にすぎないかのようにみえる。しかし、公衆衛生は消極的な規制にとどまるものではない。

　それはイギリスにおける公衆衛生法の制定経緯からすれば明らかである。同法はもともと労働者や低所得者の貧困対策を念頭に置いたものであった。すなわち、政府は公衆衛生の責務に対して、消極的政策および積極的政策の両方の観点から対応したといえるのである。

　実際、アメリカのポリスパワーの概念をみると、それが広範な内容を対象としていたことが確認できる。アメリカの各州はもともと独立した存在（邦）であったこともあり、アメリカ合衆国が成立した後もいわゆるポリスパワーを有してきた。そのポリスパワーは必ずしも公衆衛生に限定され

---

[*31] James E. Bauman, *The Fundamentals of Public Health Law*, 46 Pub. Health Reports 631, 632 (1931).
[*32] Id. at 633. なお、ここでいうポリスパワーには、市民社会に必要な道徳、安全、秩序、衛生などを守るためなど、公益を維持するために要請される規制のことを指す。
[*33] Id. at 632.

るものではなく、道徳、安全、秩序など公益を維持するために要請される規制一般を広く指しており、そこでは公衆衛生も同時に広い射程を有していた。そして、このことをうかがわせるケースが 1905 年に 2 つ下された。それが、ロックナー対ニューヨーク連邦最高裁判決とジェイコブソン対マサチューセッツ連邦最高裁判決[*34]である。[*35]

**ロックナー判決**はニューヨーク州によるパン屋の最長労働時間規制を違憲としたものであり、こうした経済的自由を優先する司法のスタンスが続いた時期はロックナー期と呼ばれる。事案はこうである。ニューヨーク州はポリスパワーに基づいて健康・安全・道徳に関する法を制定することができるとし、公衆衛生の観点からパン屋の最長労働時間規制を行った。[*36]これにより、パン屋は 1 日に 10 時間または 1 週間に 60 時間を超えて働くことが違法とされた。ロックナー（Joseph Lochner）が営業するパン屋は個人商店であり、仕込みの準備から販売まで長時間労働せざるを得なかった。ロックナーは同法違反で起訴されたため、同法が合衆国憲法修正 14 条で保障されたデュープロセスに基づく自由を侵害しているとして裁判で争った。[*37]連邦最高裁はロックナーの主張を受け入れ、同法を違憲とした。連邦最高裁は、ニューヨーク州の規制と公衆衛生との間には密接な関係を見出すことができないとし、ポリスパワーの限界を逸脱しデュープロセスに反するとして違憲判断を下したのである。

**ジェイコブソン判決**は州による予防接種の強制の合憲性が争われたものである。20 世紀初頭、アメリカでは天然痘が流行し、マサチューセッツ州は公衆衛生を維持するために州民にワクチン接種を義務づける法律を制定した。[*38]ワクチン接種が不適切と医師に診断された未成年者を除き、州民全員が接種対象となり、それを拒否または回避した者には 5 ドルの罰金が科されることになった。ジェイコブソン（Henning Jacobson）は以前ワクチン接種によって体調を崩したこともありワクチンの必要性や安全性に疑

---

*34 Lochner v. New York, 198 U.S. 45 (1905).
*35 Jacobson v. Massachusetts, 197 U.S. 11 (1905).
*36 The labor law of the State of New York, 110th section of article 8, chapter 415, of the Laws of 1897.
*37 修正 14 条は、デュープロセスによらなければ州は生命、自由、財産を奪ってはならないと定める規定である。デュープロセスは日本語に訳すのが難しいが、基本的には法の適正な手続を指す。ただし、本件で問題になった経済的自由権のように、時に実体的権利の根拠として用いられることもある。
*38 §137 of chapter 75 of the Revised Laws of Massachusetts.

問があるとしてこれを拒否したため、5ドルの罰金を科された。裁判においてジェイコブソンは、ワクチンの強制接種が憲法で保障された身体の自由を侵害すると反論した。連邦最高裁は、「予防接種法を制定する州の権限はいわゆるポリスパワーに基づくものである。すなわち、合衆国憲法に基づき合衆国の一員となった際にも手放さなかった州の権限である」[39]と述べ、同法がポリスパワーに基づくものであるとして合憲の判断を下した。

写真1-5　ジェイコブソン
(public domain)

このように、両判決はいずれも健康または公衆衛生のためにポリスパワーに基づく権限を行使したことの合憲性が争われたものである。すなわち、ロックナー判決では健康のための労働規制、そしてジェイコブソン判決では公衆衛生のためのワクチン接種義務が問題となっており、ポリスパワーに基づく公衆衛生の射程が広いことをうかがわせる内容となっている。[40]

## 3　公衆衛生に対する全体的取組み──日本の例

公衆衛生は地域社会の衛生を対象とし、そこでは国や自治体のほかにも、地域コミュニティや個人も公衆衛生維持のアクターとして活動することが期待される。そのため、公権力、中間団体、個人が一丸となって衛生維持に努めるのが公衆衛生であり、それぞれの協力関係があって初めて成立するものといえる。

明治期に衛生行政の基盤を築いたのが長与専斎（▶77頁）である。長与は岩倉遣欧使節団に同行し西洋の公衆衛生施策に多くを学び、帰国後に医制の制定に尽力して疾病治療や健康保護に関する政府の役割を明らかにした。[41]その後、長与は内務省衛生局の初代局長に就任し、コレラ対策を行う中で中央衛生会や地方衛生会といった諮問機関を設け、さらに中央政府の

---

＊39　*Jacobson*, 197 U.S. at 24-25.
＊40　なお、ロックナー判決はパン屋の最長労働時間規制を違憲としたが、健康の観点からの労働規制が一切許されないとしたわけではない。
＊41　小島和貴「明治期コレラの流行と内務省の衛生行政──長与専斎の構想と行動を手がかりとして」法学研究94巻12号139頁、141-143頁（2021年）。

公衆衛生施策を住民につなげるための組織として、府県に衛生課、町村に衛生委員を設置した。[*42] こうして、中央、地方、国民が協働して公衆衛生の維持に努める構図が形成されたのである。

　大正〜昭和初期の日本の状況をみると、戦争に牽引される形で、総力を挙げて公衆衛生に取り組んだ様子を垣間見ることができる。当初、国民の健康状態や医療体制につき、都市部と地方とで差があったため、日本政府はその改善を試みると同時に、戦争に勝利するためにも全体的な公衆衛生の向上をはかろうとした。

　第一次世界大戦の頃に流行した**スペイン風邪**は日本にも上陸し、その予防や治療の必要性が認識されるようになった。また、労働運動の高まりによって労働者の健康を支える制度が求められるようになった。国力を高めるためには労働力の確保が必要であり、そのためには労働者の健康を維持する必要がある。そこで1922年に（旧）健康保険法が制定されたが、被保険者が一定規模以上の事業者の正職員に限定されるなど、労働者全体の健康レベルを上げるには不十分であった。また、病院が都市部に偏在するなど、地方や農村部の衛生状態は依然として良くなかった[*43]。そこで1938年に（旧）国民健康保険法[*44]が制定された。これにより、市町村レベルの地域を基礎とした公的医療保険制度が創設された。

　第二次世界大戦が近づくと、国民全体の健康状態の維持を目指した取組みがなされるようになった。まず、伝染病予防などの公衆衛生の向上のため、1937年に（旧）保健所法[*45]が制定された。同法の制定によって、全国に保健所が創設されることになった。保健所は様々な保健上の指導を行うようになり、地域の公衆衛生維持の主要な担い手となった。

　また、1938年には厚生省が設置され、その中に体力局が設けられた。1940年の国民体力法の制定とあわせ、政府は国民全体の体力把握と体力向上をはかると同時に、結核患者やその他療養が必要な患者に対して必要

---

*42　小島・前掲注41) 144-146頁。
*43　「地域の医療と介護を知るために―わかりやすい医療と介護の制度・政策　第4回　日本の医療制度の特徴は、その歴史から生まれた（その2）―大正・昭和時代における公的医療保険制度の創設」厚生の指標63巻12号45頁（2016年）。
*44　（旧）国民健康保険法（昭和13年法律第60号）。
*45　（旧）保健所法（昭和12年法律第42号）。

な保健指導を行うため、全国に保健所を設置していくこととなった。[*46]

　さらに1942年に国民医療法が制定され、政府出資の法人として日本医療団が設けられることになった。これにより、地方総合病院や地方診療所が設けられ、国民全体の健康や体力の向上がはかられた。

　このように、保険制度の拡充、保健所や日本医療団による地方の医療体制確保などによって、地方の公衆衛生の向上がはかられ、国、地方（保健所など）、国民が全体として公衆衛生維持に努めるようになったといえる。

## 4　公衆衛生と憲法
### ——なぜ国家は公衆衛生維持の責務を担うのか

　国、州、地方自治体にせよ、議会、行政機関、裁判所にせよ、いずれも公権力に変わりはなく、広い意味で政府の一機関であり、政府が中心となって公衆衛生の維持に努めてきたという歴史がある。しかし、それだけでは政府が公衆衛生維持の責務を負っているとはいえない。すなわち、なぜ政府は公衆衛生維持の責務を担うのかということを明らかにしなければ、国民は政府に対して公衆衛生維持を求めることができず、場合によっては政府が公衆衛生を維持しない状況が生じるかもしれない。

　そのため、政府の公衆衛生維持の責務について考察する必要がある。なお、公衆衛生維持の責務については国家論が密接に関係してくることから、以下では国家と公衆衛生の関係を中心に考える。

### （1）国家の公衆衛生維持の責務

　一般に、国家は公衆衛生を維持する責務があると考えられており、歴史的にも、多くの場合、国家が公衆衛生の維持をはかろうと試みてきた。公衆衛生を維持するためには全体の利益を守る観点から様々な施策が必要であり、それにはコストがかかり、時に強制的な手法も必要になる場面があることを踏まえると、国家がその任にあたるのが適切である。

---

*46　「地域の医療と介護を知るために―わかりやすい医療と介護の制度・政策　第6回　戦時体制および占領期におけるわが国の医療制度（その1）」厚生の指標63巻15号49頁（2016年）。

とはいえ、なぜ国家が公衆衛生の維持に関する責務を負うのだろうか。もしそれが単に歴史上の慣行にすぎず、責務でないとすれば、国家はその任務を放棄する日がくるかもしれない。つまり、国家が公衆衛生維持の責務を担うことを説明できなければ、そもそも公衆衛生維持の設計図を抜本的に見直さなければならないことになる。

そこで以下では、国家の公衆衛生維持の責務を説明するものとして、①社会契約論、②功利主義、③公共財、④健康権を取り上げ、それぞれいかなる理由で責務とみなすのかを明らかにする。

## （2）社会契約論と公衆衛生

まず、**社会契約論**からみてみよう。社会契約論にはいくつかのアプローチがあるが、ホッブズ（Thomas Hobbes）やロック（▶3頁）は人間同士の闘争状態である自然状態から出発し、そこでは人々は常に危険と隣り合わせの状態にあったと仮定する。そこで人々は外敵から自分の身を守ってもらうための方法として権力機関としての国家を創設したと考える。人々は相互に契約を行い、国家権力に服することに同意したとみなされる。換言すれば、国家は人々の安全を守るために創設されたと考えるのである。

もっとも、自然状態においてすら各人が有する権利がある。たとえば、**ロック**によれば、「自然状態には、これを支配する1つの自然法があり、何人もそれに従わねばならぬ。この法たる理性は、それに聞こうとしさえするならば、すべての人類に、一切は平等かつ独立であるから、何人も他人の生命、健康、自由または財産を傷つけるべきではない、ということを教えるのである」（傍点原書）[47]という。生命、健康、自由、財産は自然状態の中ですら保護されるべきものであるが、自然状態ではそれを実効的に保障する仕組みがない。そのため、人々は自然権を確実に享受するためにそれらの一部を国家に委ねる代わりに社会秩序が保たれた中で安全に生活を送ることが保障されることになる。人々は自らの権利について一定の制約を甘受することになるが、その中には公衆衛生（健康）のために一定の権利が制約されることも含まれる[48]。つまり、国家が人々の健康を守るため

---

*47　ロック・前掲注8) 12頁。

に権力を行使することも社会契約の中に含まれて
おり、国家は公衆衛生を維持する責務を負ってい
ることになるのである。

写真1-6　ロック（public domain）

　このような説明に対しては、そもそも人類の敵
は人ではなく感染症であって、人と人の闘争状態
を軸に考える社会契約論は感染症自体の危険性を
認識できていない、との指摘がある。[49] これは、社
会契約論から公衆衛生維持の責務を導き出すので
あれば、自然状態における闘争を人類と感染症の闘いとして捉えるべきと
いう発想であるといえる。しかし、社会契約論における人と人との闘争状
態から出発しても、公衆衛生責務の維持を導き出せないわけではない。た
しかに、社会契約論の自然状態の発想は人と人との闘争を中心とし、外敵
についても他国による侵攻を想定しており、そこに感染症との闘いは出て
こない。だが、国家が維持すべき安全は、人に起因する害悪からのそれと
は限らない。また、各人の健康を自然権の1つとして挙げている以上、そ
れを脅かす感染症の危険性を軽視しているわけではない。したがって社会
契約論に基づけば、〈国家には人々の安全を守る責務があり、その中には
公衆衛生（健康）の維持も含まれるがゆえに、国家は公衆衛生を維持する
責務を担う〉ということになる。

## （3）功利主義と公衆衛生

　国家の公衆衛生維持の責務は、功利主義からも導き出すことができる。
とりわけ、最初の公衆衛生法とされるイギリスの1848年公衆衛生法[50]の制
定はベンサムの功利主義の影響を受けたチャドウィックが主導したという
経緯（▶5頁以下）を踏まえれば、功利主義は公衆衛生を国家の責務とし
て捉える際の基盤になっていたと考えることができる。

　一般的な功利主義からすれば、国家が法や政策を決める際に**最大多数の**

---

＊48　Elizabeth A. Weeks, *Beyond Compensation: Using Torts to Promote Public Health*, 10 J. HEALTH CARE L. & POL'Y 27, 33-38 (2007).
＊49　花田信弘「社会契約論と我が国の公衆衛生政策」ヘルスサイエンス・ヘルスケア3巻1号20頁（2003年）。
＊50　Public Health Act, 1848, c.63.

**最大幸福**が最も重要な基準になる。[*51] なぜなら、人間の幸福の最大化こそが国家権力の行使を普遍的に正当化する理由だと考えるからである。ここでいう幸福とは利益、快楽、善であり、それとは反対に不幸とは危害、苦痛、害悪を指す。そのため、幸福を増やし、不幸を減らして、幸福の最大化をはかることが国家の責務となる。すなわち、個人の利益や快楽といった幸福の総計が万人の幸福の増大につながることから、法や政策は社会全体の幸福の増大に有益

写真 1-7 ベンサム（public domain）

であるかどうかを基準として実施されなければならないことになる。

　これを公衆衛生に当てはめるとどうなるのかを考えてみよう。通常、公衆衛生の状態が良ければ人々は快適に過ごすことができるが、それが悪化すると人々に疾病などの危害をもたらすことが予想される。感染症を例に考えてみると、感染症がまん延すれば、人々の生活水準は下がり、行動も制約されるおそれが出てくる。また、感染症に罹患してしまったら、多かれ少なかれ苦痛を伴う可能性が高く、場合によっては死に至るおそれもあり、近親者に感染させてしまうこともある。そのため、感染症のまん延は多くの人々にとって不幸をもたらし、幸福を低下させる事態となる。したがって、公衆衛生を維持し、感染症のまん延を防ぐことは多くの人々の幸福に仕えるものといえる。つまり、功利主義的発想からしても、国家は公衆衛生の維持に関する責務を負うことになるのである。

　功利主義はもともとベンサムがブラックストーン（William Blackstone）の自然法論を批判するために用いたこともあり、ロックらの自然状態の想定と馴染まない側面があるが、ここでは、いずれの立場からしても国家には公衆衛生の責務があることになるという点が、重要である。

　また、幸福と不幸の観点からすると、公衆衛生の維持は不幸を防止する側面が強く、幸福についてはその低下を防ぐという側面が強い。積極的に幸福を増大させるというよりは、幸福の低下を予防する意味合いが強いこ

---

*51　なお、ベンサムの功利主義の内容については様々な議論があり、またある時から「最大多数」を除くなど内容的にも変遷があるが、ここでは一般的な功利主義の理解を前提としている。ベンサムの功利主義については、永井義雄「ベンサムによる『最大幸福原理』の歴史」関東学院大学経済学会研究論集 267 号 29 頁（2016 年）を参照。

とから、予防的色彩が前面に出てくることになる。もともと公衆衛生の維持は予防的性格が強いことから、その意味でも功利主義に親和的であるといえよう。

写真1-8 サミュエルソン
(Innovation & Business Architectures, Inc. 1997)

## （4）公共財と公衆衛生

　功利主義に基づくと、幸福を増大するという側面が前面に出なければ人々は公衆衛生の問題に対して情熱を持たない可能性がある。また、公衆衛生は、それが良好な場合は空気と同じような存在であることから、普段は気に留められない傾向にある。そうなると、人々はそれを重要政策と認識せず、国家も優先順位を下げ、何か問題が生じたときだけ場当たり的に対応するようになってしまうおそれがある。

　このように公衆衛生が軽視されやすい可能性を真摯に受け止めたうえで、それゆえに国家こそが公衆衛生の維持を担う必要があるという道筋を提示するのが、公共財的アプローチである。**公共財**の概念は、かつて**サミュエルソン**（Paul A. Samuelson）がわずか2頁半の論文で提示したのが嚆矢といわれる[52][53]。サミュエルソンは個人の財の消費が他人の同種の財の消費を減少させないという点において、全員が同時に同じ量を消費する性質の財を集合的消費財（collective consumption goods）と呼んだ[54]。簡潔にいえば、他者の財を減少させずに、皆が同時に利用することが可能な財の性質を指す。

　この概念がもととなり、一般に、公共財とは、非競合性と非排除性の性質を持つものと理解されている[55]。**非競合性**とは、利用者が増えてもそれに必要な費用が増えない財の性質を指し、反対に、利用者が増えるにつれて追加費用が必要になることを競合性があるという。**非排除性**は、対価を払わずに利用する人を排除できない財の性質のことをいい、反対に、対価を払わずに利用する人を排除可能とする財の性質を排除性という。両方を含

---

＊52　Paul A. Samuelson, *The Pure Theory of Public Expenditure*, 36 THE REVIEW OF ECONOMICS AND STATISTICS, 387–389 (1954).
＊53　早見弘「公共財理論と投票による予算選択」商学討究 25 巻 1・2 号 69 頁（1974 年）。
＊54　Samuelson, *supra* note 52, at 387.
＊55　三浦真紀「公共財の新たな定義とその供給理念」土木技術資料 53 巻 9 号 4 頁（2011 年）。

むものは純粋公共財と呼ばれ、その典型例としてしばしば「国防」が挙げられる。外国の侵略から国家全体を防衛する作用は、誰かが国防の恩恵を受けることで他の誰かの国防の恩恵が減るわけではなく、また国家全体を守るわけなので、利用者が増えても追加費用がかからない。たとえばミサイル防衛を想定してみよう。国家全体を射程とするミサイル防衛を施した場合、他人がそれによって守られても自分が守られる利益が少なくなるわけではなく、また守られる人が増えても追加費用がかかるわけではない。ほかに、警察や公園などもその例として挙げられる。

ただし、公共財の提供については**フリーライダー**の問題がつきまとう。公共財については、誰かが利用料を負担すれば、他の者はそのサービスについて対価を支払わなくても利用できる。そのため、他人の支払いにタダ乗りする者が出てくる。その結果、公共財の運営を市場に任せてしまうと、採算が合わなくなり、供給過少に陥ってしまう。しかし、国防や警察などのサービスは社会生活に不可欠なサービスであり、これが提供されないと国民全員が不利益を被ることになる。そこで国家が国防や警察などのサービスを提供し、その費用を全体の税金で賄うことになる。

それでは、公衆衛生も国家が供給すべき公共財といえるだろうか。国家[*56]が公衆衛生を維持することによりたとえば感染症のまん延を予防した場合、費用の観点から誰かを排除したり追加費用をかけたりすることなく、誰もが感染症の被害にあわない利益を享受することができる。そのため、感染症対策のための公衆衛生の維持は公共財としての性格を有するといえる。[*57]そして、それはフリーライダーの問題をはらむが、そのサービスを怠ると感染症が発生し、それがまん延したときに甚大な被害が生じるおそれがある。そのとき、国民全員が不利益を被るおそれがあるため、国家が公衆衛生を維持し、感染症対策を行うことになるというわけである。

---

＊56　武村真治「経済学からみたヘルスプロモーションの意義」公衆衛生研究 48 巻 3 号 210-211 頁（1999 年）。一般に、公衆衛生は公共財として位置づけられているが、感染症対策の内容次第で公共財にあたるものと私的財にあたるものとに分かれる可能性があると指摘される。
＊57　山形辰史「国際公共財としての感染症対策」フィナンシャル・レビュー 75 号 177-181 頁（2005 年）。とりわけ、感染症対策はそれが病原体の排出を抑制する場合に公共財的性格を有することになると指摘される。

## （5）健康権

　最後に、今度は国家の責務の裏側から考えてみよう。国家に公衆衛生を維持する責務があるとすれば、その裏返しとして、国民には国家にそれを求める権利、すなわち**健康権**が存在する可能性がある。実際、国際レベルでは健康権に関する規定を散見することができる。まず、**世界人権宣言**25条1項は、「すべての者は、衣食住、医療及び必要な社会的サービスについて、自己及び家族の健康及び福祉に十分な生活水準を保持する権利、並びに失業、疾病、身体障害、配偶者の死亡、老齢その他不可抗力による生活不能の場合に保障を受ける権利を有する」[*58]と規定し、社会権保障に付随する形で健康を保持する権利が明記されている。健康権を独立した権利として抽出し、同時にその保障レベルも高めたのが**国際人権A規約**（経済的、社会的及び文化的権利に関する国際規約）12条1項である。同条項は、「この規約の締約国は、すべての者が到達可能な最高水準の身体及び精神の健康（physical and mental health）を享受する権利を有することを認める」[*59]と規定し、普遍的権利として健康権が存在するとした。さらに、同条は（a）～（d）号において、健康権の具体的実現のために必要な事項を定めている。すなわち、（a）安全な出生や児童の健全発育対策、（b）環境衛生や産業衛生の改善、（c）感染症対策、（d）平等な医療アクセスの保障である。とりわけ、（b）と（c）は公衆衛生に関する規定であることから、健康権と公衆衛生が表裏一体の関係であることを表しているといえる。また、**WHO憲章前文**は、「すべての者は、人種、宗教、政治的信条、経済的条件又は社会的条件に関係なく、到達可能な最高水準の健康を享受する基本的権利を有する」[*60]と定めており、国際人権A規約と同様の内容の権利を平等に享受するとしている。

　また外国では憲法に健康権に関する規定を設けているところがある。たとえば、ブラジル憲法196条は、「健康は、すべての者の権利であると同時に国の責務であり、疾病その他の危険のリスクを減らし、健康の増進、

---

*58　Universal Declaration of Human Rights, Art. 25-1 (1948).
*59　International Covenant on Economic, Social and Cultural Rights, Art. 12-1 (1966).
*60　Constitution of the World Health Organization, preamble (1946).

保護及び回復のための活動及びサービスへの平等なアクセスを目指す社会的及び経済的政策によって保障される[61]」と定める。また、コスタリカ憲法も消費者の健康権や衛生的な環境の権利といった文脈ではあるが、健康権に関する規定を設けている[62]。

　このように国際的には健康権を明示的に定める動きを垣間見ることができるが、しかし、それでもなお健康権の内容は抽象的であり、その法的性格は必ずしも定まっているわけではない。そのため、当事者は健康権に基づいてどのような利益を享受するのか、さらには裁判でどのようなことを請求できるのかなど、具体的な内容が不明瞭なのである。健康権の一部を構成している医療への平等なアクセスについては請求権的性格をうかがうことができるが、それ以外にどのような内容が含まれるのか、それはいかなる法的性格のものなのかが判然としない。

　この点につき、ドイツでは健康権を直接定める規定はないものの、基本法（憲法にあたる）2条2項が定める生命および身体を傷つけられない権利や、社会国家原理と結びついた一般的行為自由などを素材にしながら、単なる国家目標規定なのか、それとも個人が権利として行使できる主観的権利なのか、後者である場合には国家からの介入を防ぐ自由権、国家に作為を義務づける保護義務、国家に対して金銭や物品の引き渡しを求める給付請求のいずれにあたるのかが検討されるようになってきている[63]。このように、健康権についてはその内容と法的性格についてさらなる検討が待たれるところである。

　もっとも、ここでは健康権が国家の公衆衛生維持の責務を裏から要請する機能を果たしうる点が重要である。国家に公衆衛生維持の責務があるからといってただちに健康権が認められるわけではない。他面、その責務遂行に実効性を持たせようとするのであれば、健康権の存在を認めて、公衆衛生上の対応を法的に要求できる構造にすることが望ましいともいえる。したがって、健康権の展開は国家の公衆衛生維持の責務を法的に実践させ

---

＊61　Constitution of the Federative Republic of Brazil, Art. 196.
＊62　Political Constitution of the Republic of Costa Rica, Art. 46–5 and 50–2.
＊63　石塚壮太郎「『健康権』の法的性質―ニコラウス決定と基本権ドグマーティクの揺らぎ」法学研究 91 巻 1 号 507 頁（2018 年）。

る点において重要になるといえるだろう。

　以上、国家の公衆衛生維持の責務を歴史的、政治哲学的、経済学的、比較法的、そして国際的に考察してきたが、これらはそれぞれ独立した正当化アプローチであり、相互に衝突する側面もある。もっとも、いずれのアプローチをとったとしても、国家に公衆衛生維持の責務があることに変わりはない。

　また、たとえばスローター（Anne-Marie Slaughter）が主張した「保護者としての政府」（government as protector）の概念は、歴史的に国家は個人レベルでは対応できない問題について財やサービスを提供するという役割を果たしてきたとし、この政府の保護的機能は民主政に不可欠なものであるとしており、上記で考察してきたアプローチのいくつかを織り交ぜている。グッドウィンとチェメリンスキー（Michele Goodwin and Erwin Chemerinsky）は、こうしたアプローチは国家の責務を明らかにするだけでなく、その実施を要請するものであると指摘している。このように、国家に公衆衛生維持の責務があることは自明となっており、現在では、その実施をいかに要請するかのフェーズへと、議論が進んでいるといえる。

---

*64　Anne-Marie Slaughter, *3 Responsibilities Every Government Has Towards Its Citizens*, World Econ. F. (Feb. 13, 2017), https://www.weforum.org/agenda/2017/02/government-responsibility-to-citizens-anne-marie-slaughter [https://perma.cc/CU93-H8P6].
*65　Michele Goodwin and Erwin Chemerinsky, *The Trump Administration: Immigration, Racism, and Covid-19*, 169 U. Pa. L. Rev. 313, 340-346 (2021).

# 第2章　公衆衛生法学
—— 公衆衛生法とはどのような分野か

## 1　日本国憲法における公衆衛生

### （1）公衆衛生の維持と公衆衛生の向上

　第1章でみたように、公衆衛生の維持は国家に普遍的な責務となっているが、それぞれの国家の憲法典などにおいて個別に公衆衛生に関する規定がある場合には、それが責務の内容や実践に影響する可能性がある。日本の場合、憲法25条2項が「国は、すべての生活部面について、社会福祉、社会保障及び公衆衛生の向上及び増進に努めなければならない」と定めている。そのため、国家は公衆衛生の向上および増進をはからなければならないが、文言自体は「努めなければならない」と規定されていることから、この規定は一般に努力義務と解されている。[*1]

　ところで、日本国憲法の制定過程を踏まえると、25条の原案は福祉や安寧などの実現に向けて立法が必要な事項を列挙する規定であり、その中には「公衆衛生」が含まれていた。[*2] 立法が必要な事項を列挙するということは、それは国家が果たさなければならない責務を規定しているわけであり、当初は公衆衛生の維持が国家の責務と考えられていたことがわかる。もっとも、その後の修正を経て、最終的には生存権が25条1項に規定され、公衆衛生は社会福祉および社会保障の文言とともに25条2項に規定され、現行規定となった。つまり、25条は国家の責務（立法事項）を列挙する規定ではなくなり、生存権の保障と社会福祉・社会保障・公衆衛生の向上および増進の努力義務を定める規定に変わったのである。

　国家の責務を規定した内容が姿を消したのは、12条や13条などの規定に「公共の福祉」の文言を入れたからであると考えられる。つまり、国家

---

*1　芦部信喜（高橋和之補訂）『憲法〔第7版〕』277頁（岩波書店、2019年）。
*2　大林啓吾『感染症と憲法』16-21頁（青林書院、2021年）。

は安寧や公衆衛生を維持する責務を担うが、すべての立法事項を明記することは難しいため、それらの事項を列挙することをやめ、むしろ公共の福祉という抽象的な内容を別途規定し、国は公共の福祉に適う立法をしなければならないという構造にしたと考えられる。

　公衆衛生に的を絞ると、当初、立法の責務として考えられ、その後、その増進および向上が国家の努力義務として規定されることになったことがわかる。これを踏まえると、もともと国家には憲法上の規定の有無にかかわらず公衆衛生の維持に関する責務があることから、あえて憲法にそれを規定する必要はなく、公共の福祉の実現のために当然に負う責務と考えられた可能性がある。そして25条2項が公衆衛生の「向上及び増進」と規定しているのは、公衆衛生の維持をベースラインとして、さらにそこから進んで「向上」および「増進」への努力義務を課そうとした、とみることができるように思われる。

　こうした理解は立法の責務から国家の努力義務へと変わった点ともリンクする。国会が公共の福祉のために公衆衛生の維持について法律を定めて対応することを前提として、2項はさらに国家全体がその向上と増進に努めなければならないことを示したと考えられるからである。公衆衛生の維持に関する責務とその向上および増進に関する努力規定が有機的につながっているとすれば、25条2項は単に政策的課題を示しただけでなく、努力しなければならない義務を国に課したとみることができる。つまり、国家にとって、消極作用として公衆衛生の維持を行うことは必ず果たさなければならない責務であるが、それだけで公衆衛生の維持が完結するわけではなく、様々な面からそれを常に発展させていかなければならず、公衆衛生を向上および増進させていくことが要請されると考えられる。

　したがって、25条2項は単なる努力規定ではなく、努力義務規定であるといえる。25条2項の位置づけについて、障害福祉年金と児童扶養手当の併給禁止規定が生存権等の憲法上の権利を侵害するとして争われた**堀木訴訟控訴審判決**[4]はいわゆる1項2項区分論を提示した。すなわち、25条

---

＊3　佐藤幸治『日本国憲法論〔第2版〕』398-399頁（成文堂、2020年）。ただし、目標設定的な規定と解する見解が有力である。

＊4　大阪高判昭和50年11月10日行集26巻10・11号1268頁（堀木訴訟控訴審判決）。

1項は最低限度の生活を営めなくなった者を救済する救貧規定、25条2項は将来的に最低限度の生活を下回るような生活に陥らないように事前に対策を講じなければならないとする防貧規定と解し、25条2項の意義を明らかにした。

　この区分論に基づいた場合、25条2項には立法府の広い裁量が認められることになるが、大阪高裁は、裁量権の行使を著しく誤った場合などきわめて例外的ではあるが2項も司法審査に服する余地を認めている[*5]。同判決はそのような場合として、恣意的に国民の生活水準を後退させることが明らかなような施策を挙げているが、いくら立法裁量が尊重されるとはいえ、問題となるのは増進および向上の逆作用をした場合に限られない。25条2項の内容が広範にわたることから、司法審査に服する対象を措定するのは難しい作業ではあるものの、公衆衛生の増進および向上を公衆衛生維持の責務の延長線上にあることを踏まえて、公衆衛生の増進や向上に向けてしなければならない事柄が明らかであるにもかかわらず、不合理な理由でそれを怠っている場合には司法審査の対象になろう。また、公衆衛生の向上および増進を掲げながらもそれとは関係のない不合理な対策を行う場合や、国家は何もせずに国民に対して一方的に負担のみを押し付けたり、生命および身体に対して過度な制約を課したりするような、自由権的側面を侵害する問題も、司法審査の対象に含まれる余地があると思われる。

## （2）日本国憲法と健康権

　このように25条2項を規範化し、司法審査の対象とすることは、国家の25条2項違反行為に対して、個人が救済を求める権利があるかどうかという問題に関わってくる。裁判所は当事者間の権利義務の争いなどの具体的争訟を扱う機関であるため、個人が裁判所に対して救済を求める場合には原則として自らの具体的権利が侵害された場合でなければならない。そのため、25条2項を国家に対する努力規定にすぎないと解すると、国民の権利とはいえなくなる可能性がある。つまり、たとえ国がその努力を怠ったとしても国民は権利が侵害されたと主張することが難しいため、裁

---

*5　同上1295頁。

判において 25 条 2 項違反を問うことは困難となってくる。堀木訴訟のように、14 条や 25 条 1 項など他の権利が侵害されている際にあわせて 25 条 2 項違反を問う方法もあるが、25 条 2 項違反を直接問うしかないような場合には、25 条 2 項を権利規定と解さなければならない可能性がある。

　25 条 2 項の権利性を考えるうえで、最も近い権利はやはり健康権ということになろう。日本では、1970 年代に公害や薬害問題を念頭に健康権が提唱された。[6] 1980 年には日弁連が健康権の確立に関する宣言を出している。[7] それによれば、「すべての国民に等しく全面的に保障され、なにびともこれを侵害することができないものであり、本来、国家・地方公共団体、さらには医師・医療機関等に対し積極的にその保障を主張することのできる権利」があるとする。そして、具体的には、13 条、14 条、25 条に基づき、誰でも、どこでも、いつでも、予防・治療・リハビリテーションの包括的医療給付を得ることを求める根拠として健康権が要請されるとしている。

　このように医療保障制度を健康権の中核とするアプローチはほかにもみられる。たとえば、社会保障法学者の井上英夫は憲法前文、13 条、25 条から健康権が導出されるとしたうえで、「医療保障は、健康権保障の中核をなし、『健康の維持・増進、傷病の予防、治療、リハビリテーション等の包括的な医療サービス、国民の権利として保障する制度』である」[8] と位置づけている。

　また、社会保障法学者の高田清恵は近年の議論や国際動向、判決の言及などを踏まえながら健康権の概要をまとめている。[9] それによれば、健康権は、到達可能な最高水準の健康を目指し、憲法 13 条や 25 条を根拠として、抽象的な健康権の内容を具体化する原則として自己決定、平等、最高水準の健康の原則を示す傾向にあるという。到達可能な最高水準の健康を一義的に決めることはできないものの、それは政治部門や行政機関が尊重しな

---

＊6　唄孝一『「健康権」についての一試論」公衆衛生 37 巻 1 号 10 頁（1973 年）、小川政亮「『健康権』と社会保障」公衆衛生 37 巻 1 号 23 頁（1973 年）、下山瑛二『健康権と国の法的責任―薬品・食品行政を中心とする考察』77-90 頁（岩波書店、1979 年）参照。
＊7　日本弁護士連合会「『健康権』の確立に関する宣言」（昭和 55 年 11 月 8 日）。
＊8　井上英夫「健康権の発展と課題―21 世紀を健康権の世紀に」民医連医療 459 号 7 頁（2010 年）。
＊9　高田清恵「健康権と平等原則―WHO における健康権の動向を中心に（1）」琉大法学 67 号 77 頁、84-87 頁（2002 年）。

ければならない原理として機能すると指摘されている。

　このように、近年の議論は、13条と25条の中に国際条約が求める医療保障や最高水準の健康実現義務を読み込む形で展開している。そしてその実現を国の義務としつつ、諸制度が健康に関する自己決定を阻害したり平等原則に反したり、また医療アクセスが不十分な場合に、政治部門や行政機関の裁量違反を問うという内容になっているといえる。

　以前と比べると、健康権の内容は少しずつ明らかにされているといえよう。ただし、なお内容が抽象的であることに加え、その法的性格も不明瞭である（▶19頁以下）。また、国際条約の内容がそのまま13条と25条の規範的内容として導出される形になっているが、批准した国際条約の内容がただちに憲法上の権利になるわけではない。少なくとも、判例レベルではそのようなアプローチが採用されているとはいえない。むしろ、判例との関係を考えるのであれば、最高裁は国家行為の憲法適合性や違法性を判断する際に国際情勢に触れることがあるので、国家行為の合理性を検討する際の一要素として機能する可能性がある。

　いずれにせよ、健康権の内容自体は従来の判例や裁判例が認めてきた権利に付随する形でその内実を形成していくことが必要であるが、この点につき、高田が取り上げた判決のアプローチは興味深い視座を提供している。厚生大臣の食品残留農薬基準の設定が健康権等を侵害するとして争われた事件において[*10]、東京地裁は「原告らの主張する健康権なるものは、『身体の安全、健康への不安に脅かされることなく平穏に生活する権利』とか、『質量ともに生存及び健康を損なうことのない食品を確保する権利』というもので、その内容が抽象的であり、一定の具体的な意味内容を確定することが困難であって、これを独立した具体的な権利ということができるかは疑問である。しかし、人の生命、身体及び健康が法的に保護されるべき利益であることはいうまでもなく、生命、身体及び健康が侵害され、あるいは侵害される具体的なおそれがあるとすれば、その侵害の排除ないし予防を求めることも許されると解すべきであり、そのような人格的な利益は、これを健康権という独立の権利ととらえることはできないとしても、不法

---

*10　東京地判平成9年4月23日判タ983号193頁。

行為法上も保護されるべき法的利益であることは異論のないところといえよう[11]」と述べた。

　ここでは、健康権が具体的権利かどうかという問題をいったん横に置き、生命、身体、健康は保護されるべき利益であるとし、それらの侵害に対抗する人格的利益があるとし、不法行為上保護される利益であるとしたのである。このように、実体的権利の存否はさておき、生命、身体、健康を人格権または人格的利益として認める手法は判例や裁判例がしばしばとってきたアプローチであり[12]、その流れにそったものといえる。

　本判決が人格的利益として保護されると認めた生命、身体、健康は、憲法13条と25条2項に由来するものと考えられる。憲法13条は、人格権や一般的自由の根拠と考えられており、さらに生命に関する権利を明示している。そのため、生命をはじめ、身体や健康に関する人格的利益の根拠になる。そして、判決はそれらが侵害される具体的なおそれがあればその予防を求めることをもできるとしていることからすれば、憲法25条2項の公衆衛生の増進および向上に関する努力義務の履行を要求するものとして捉えることができよう。

## 2　公衆衛生法

　公衆衛生法は、国家が良好な衛生状態を維持し、国民の健康増進に努める諸施策を対象とする法制度の総称である。現時点で、日本に「公衆衛生法」という名前の法律が存在するわけではなく、それに関係する様々な法律が点在している。それらの法律の存在形式は個々であるものの、公衆衛生という点で共通していることを踏まえると、「公衆衛生法」という観点からそれがどのように制度化され運用されるべきかを考察することで、法の支配や権利保障を踏まえながら適切かつ効果的な公衆衛生維持と健康増進をはかることができると思われる。

---

[11]　同上203頁。
[12]　たとえば、エホバの証人輸血拒否事件判決（最三小判平成12年2月29日民集54巻2号582頁）は、「医師らは、右説明を怠ったことにより、Ｔが輸血を伴う可能性のあった本件手術を受けるか否かについて意思決定をする権利を奪ったものといわざるを得ず、この点において同人の人格権を侵害したものとして、同人がこれによって被った精神的苦痛を慰謝すべき責任を負うものというべきである」としている。

## （1）公衆衛生法学の定義

　そこで**公衆衛生法学**という講学上の概念を明らかにする必要がある。アメリカにおける公衆衛生法の泰斗である**ゴスティン**（Lawrence O. Gostin）は、公衆衛生法の定義を次のように試みている。すなわち、「公衆衛生法は国家が人々の健康状態の維持に必要な条件を確保するために行う法的権限や責務、国家が公益のために自律、プライバシー、自由、所有権、またはその他の法的に保護された個人の利益を制約する権限の限界を検討対象とするものである。公衆衛生法の主目的は、社会正義の価値に合致させながら住民の肉体的・精神的健康を最大限追求することにある[13]」。ゴスティンは、これをもとに、「公衆衛生法学とは人々が健康でいるための条件を確保する政府の法的権限や責務、そしてコミュニティの健康を保護し促進するために個人の自律、プライバシー、自由、所有、その他の法的に保護された利益を制限する州の権限に限界を設けることの研究である[14]」という。

　ここでは、国家が健康維持のためにいかなる責務を負い、どのような法的権限を持ち、その限界がどこなのかを検討するという法分野が描かれているといえる。そうなると、今度は健康とは何かが重要になってくるが、英語の「health」のみならず、日本語の「健康」自体、きわめて曖昧なものであり、健康に関する基本法である健康増進法ですら健康の定義を行っていない。「健康」の対義語が「病弱」であるとすれば、健康は広く健やかな状態を指すといえそうであるが、これも広範な概念であるといえる。

　以上を踏まえると、公衆衛生法は健康維持に関わる法令を広く含むことになり、その射程は際限なく広がってしまうおそれがある。とはいえ、その内容はある程度想像することができる。すなわち、公衆衛生の典型が感染症対策であったことを踏まえつつ、疾病予防に関わる事柄や地域社会が取り組む健康に関するテーマが主な対象になるということである。

　したがって、公衆衛生法学は、公衆衛生に関する法律を対象とし、個々の法律に基づく実施機関の権限、手法、範囲、限界等について、国民の権

---

＊13　Lawrence O. Gostin and Lindsay F. Wiley, Public Health Law: Power, Duty, Restraint 4 (2016).
＊14　Lawrence O. Gostin, *Public Health Theory and Practice in the Constitutional Design*, 11 Health Matrix 265, 265-266 (2001).

利との調整を考慮しながらその内容を明らかにするとともに、相互に関連する部分や連動的に捉えることが必要な場面を把握し、分野ごとの類型化や体系化を試みる学問である。端的にいえば、公衆衛生という観点から関連法令を体系的に考察するものといえる。

## （2）公衆衛生法学のポイント

ここで重要なのは、国家は公衆衛生維持の責務を負うので、法制度が適切かつ効果的な公衆衛生維持を可能にするものになっているかどうかが求められると同時に、それが**法の支配**に基づく内容となっているか、また適切な**権利調整**がはかられているかも問われるという点である。

前者については、公衆衛生に関連する法制度を明らかにするだけでなく、それが適切かつ効果的かどうかも検討することが求められる。それに欠ける部分があれば、状況に応じて適切な法改正が必要となる。

後者は法形式や法内容の妥当性の問題である。公衆衛生法が対象とする場面においては、感染症分野にみられるように緊急対応を必要としたり、環境分野にみられるように専門機関の判断の尊重が求められたりすることが散見され、法的規律が緩んでしまうことがある。しかし、それは法の支配を損なうおそれがあるということに留意しなければならない。また、感染症関連の規制は国民の権利を強く制限することが少なくないので、一般的な法律と比べると、権利に対する配慮がより強く要請され、かつ必要最小限の規制になっているかどうかを強く意識しなければならない。加えて、国と地方公共団体、また複数の行政機関や専門機関が協働して公衆衛生問題に対応することがあり、そこでは法律の定めに基づきどの機関が主導し、いかなる権限を行使できるのかを明らかにする必要がある。

つまり、公衆衛生法を考察するにあたっては、単に公衆衛生の法制度を紐解けばよいのではなく、法の支配や権力分立、そして人権保障などの調整を念頭に置きながらその内容を理解していくことが肝要となる。

実際、ゴスティンは、公衆衛生を法的に分析することは国家の公衆衛生に関する責務・権限とその限界を分析することであり、[15]「それは公衆衛生

---

*15　Lawrence O. Gostin, *A Theory and Definition of Public Health Law*, 10 J. HEALTH CARE L. & POL'Y 1, 2-4

を維持するための権力の流れと個人の自由を守るために権力に歯止めをかけるものである[16]」と述べている。そこでは、中央政府と地方政府の権限分配、三権の権限分配（権力分立）、人権保障が問題となり、それぞれの権限の根拠や限界、そして権利侵害に対する救済方法（権利救済）などが検討対象となる[17]。権限の根拠については憲法の内容によって異なる可能性が高く、たとえばアメリカ憲法の文脈では、連邦政府がどこまで規制を行うことができるか、州が公衆衛生対策を実施する際に他の人に感染させてしまうなど他者加害の範囲を超えて本人の意思とは関係なく本人の健康を守るために規制をすることができるか、などが問題になるという。

　これらのうち、**権力分立**の問題と**権利救済**の問題は多くの国家に共通するものである。ここでいう権力分立は、垂直的権力分立の問題と水平的権力分立の問題に分かれる。前者は中央政府と地方政府の問題であり、後者は中央政府の三権（立法・行政・司法）の問題を指す。新型コロナ禍のときにみられた現象であるが、感染症がまん延すると、地方政府の方が中央政府よりも積極的に規制権限を発動する傾向にある。たとえば、日本でも地方自治体が緊急事態宣言の発令を政府に求めたり対策の強化を求めたりした。かつての都市国家やアメリカの州（邦）にみられるように、もともと地方政府が様々な規制権限を発動してきたことにかんがみると、地方政府が果敢に対策をするのは歴史的基盤に基づくという理由も考えられるが、地方政府が感染症対策の具体的実施にあたることが多いことに加え、中央政府よりも現場に近い位置にいるという点や様々なしがらみの中で動きにくい中央政府よりも機敏な行動ができるという点など、より実際的理由があることも見逃せないだろう。ここでは、感染症対策をめぐり、中央政府と地方政府の垂直的な権限分配を検討することになる。

　水平的権力分立をめぐっては、三権相互の抑制と均衡に基づき、1つの機関が過度に自らの権限を増大させていないか、また他権の権限を侵害していないかが問題となる。また、感染症対策は三権がそれぞれ自らの責務を果たしているかどうかが重要になるため、権限分配を踏まえながら、適

---

　(2007).
*16　GOSTIN AND WILEY, *supra* note 13 at 74.
*17　*Id.* at 73-112.

切な権限行使を行っているかどうか
をチェックしなければならない。他
面、不作為が認められる場合に、司
法がそれに言及したり立法や行政に
法的責任をとらせたりすることがで
きるかという問題もあり、一筋縄で
はいかない問題が伏在している。

　また、公衆衛生の整備が統治手法
と密接に絡んでいたことも重要であ
る。ベンサム（▶16頁）が統治手法
に関心を持ち、パノプティコン（全
展望型監視システム）をはじめとす
る統治手法を提示したのは有名であ
るが、その影響を受けたチャドウィ

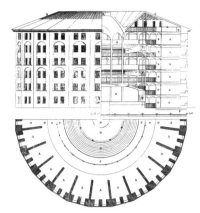

写真 2-1　パノプティコン（public domain）：中央の
監視塔からすべての囚人を監視することができる（囚
人からは見えない）収容施設の設計図であり、このよ
うな施設によって、囚人は監視されているかもしれな
いという意識のもとで行動することになるため、更生
ないし社会復帰しやすくすることが最大多数の最大幸
福につながると考えたもの。

ック（▶5頁）もまた、公衆衛生をめぐる統治手法について関心を持って
いた。チャドウィックは、予防警察に関する論文を書いており、そこでは
犯罪を誘発する環境的要因と、その予防の重要性に着目している。つまり、
予防という観点から環境改善を行う手法を取り込もうとしているのであり、
そうした発想で公衆衛生問題に取り組んでいたと指摘される。そうである
とすれば、公衆衛生は統治のあり方に密接に絡むものであり、統治の技法
を変える契機ともなりうるものである。

---

**コラム①**　　感染症対策における監視

　フランスの哲学者であるフーコー（Michel Foucault）もまた、感染
症対策におけるパノプティコンの導入を検討した一人である。彼の著書
『監獄の誕生』では、17 世紀にペストが発生した際の都市での対策につ
いて、次のように説明している。

---

*18　西迫大祐「エドウィン・チャドウィックの思想における予防の起源について」法律論叢 91 巻 1 号 261 頁（2018
　　年）。
*19　西迫・前掲注 18）276–277 頁。

「その都市……の封鎖はもちろんであり、そこから外へ出ることは禁止、違反すれば死刑とされ……そこでは一人の代官の権力が確立される。それぞれの街路は一人の世話人の支配下におかれて、その街路が監視され、もしも世話人がそこから立去れば死刑に処せられる。……巡視はたえず行なわれること。いたるところで視線が見張る。……閉鎖され、細分され、各所で監視されるこの空間……こうしたすべてが規律・訓練的な装置のまとまりのよいモデルを組立てるのである。ペストの蔓延に対応するのが秩序であって、それはすべての混乱を解明する機能をもつ」と（ミシェル・フーコー（田村俶訳）『監獄の誕生〔改版、新装版〕』（新潮社、2020年）226-228頁）。

　さらにフーコーはハンセン病患者に対する排除施策に触れたうえで、「……かつてはペストへの恐怖ゆえに呼び求められていた規律・訓練の装置は、異常者の測定と取締りと矯正感化を自らの職務とする技術と制度の総体のおかげで機能するわけである。……ベンサムの考えついた〈一望監視施設〉は、こうした組合せの建築学的な形象である」（同書230-231頁）と述べ、パノプティコンを効果的な監視装置であると同時に権力を自動化し、権力を没個人化する点を評価した。

　ベンサムの時代はパノプティコンの設置が刑務所など特定の場面に限られていたが、現代においてはデジタル技術等を使って社会全体に自動監視装置をめぐらせることが可能となりつつある。仮にプライバシーなどの各種人権制約に目をつむったとしても、自動監視装置を監視するのか誰か──人なのか、それともそれすら自動なのか──、さらには社会全体を監視で覆う状態が健全な社会といえるのか、といった疑念が残る。

## 3　公衆衛生対策の弊害──人権侵害の過去

　ここまで述べてきたように、公衆衛生法においては効果的な公衆衛生対策の実施と人権保障などとの調整をいかにはかるかという点が重要となる。公衆衛生学は公衆衛生の維持にフォーカスするものであるが、公衆衛生法

学においてはただ公衆衛生を維持すればよいのではなく、さらに権力分立や人権保障との適合性が求められるからである。

こうした要請は現代リスク社会における立憲主義に基づくだけでなく[*20]、これまでの公衆衛生対策の歴史を振り返った際の教訓からも導かれるものである。公衆衛生対策、特に感染症対策は時に行き過ぎてしまうことがあり、それは人々の生命や身体、その他の権利利益に深刻なダメージを与えてしまうことがあった。たとえばハンセン病患者に対する対策はその典型であり、長期にわたる不必要な隔離が行われた（▶38 頁）。そうした例は日本に限らず、世界的にも往々にしてみられた。

### （1）優生思想との結合

「白痴は 3 世代もいらない」（Three generations of imbeciles are enough）[*21]。現代からすれば粗野ともいえるこの言葉を言い放ったのはアメリカの高名な裁判官、**ホームズ**（Oliver Wendell Holmes Jr.）であった。しかも法廷意見として述べた言葉であり、当時一定の優生思想が存在していたことがうかがえる[*22]。**優生学**（eugenics）はイギリスの**ゴルトン**（Francis Galton）が**ダーウィン**（Charles Darwin）の進化論などに影響を受けて切り拓いた学問で、人の知的能力が遺伝的影響を受けるとし、人（種）の遺伝的改良に取り組むものである[*23]。遺伝的疾病の解明に寄与する反面、人種差別や人の尊厳を顧みない優生政策につながるおそれもあり、優生思想と犯罪学を結合させることで強制的な優生政策が実施されることがあった。

さて、先のホームズ裁判官の言葉が生まれたのは**強制不妊**の合憲性に関する事件であった。原告は、

写真 2-2　ホームズ（public domain）

＊20　リスク社会においては、立憲主義はただ権力統制のみを要求するのではなく、様々なリスクから国民を守る利益とそれによって制約される自由の利益との間で常にバランスをとることが求められるため、権力行使の要請にも光が当てられることになる。これについては、大林啓吾『憲法とリスク』1–158 頁（弘文堂、2015 年）を参照。
＊21　Buck v. Bell, 274 U.S. 200, 207 (1927).
＊22　Michael Willrich, *The Two Percent Solution: Eugenic Jurisprudence and the Socialization of American Law, 1900–1930*, 16 Law & Hist. Rev. 63, 70 (1998).
＊23　Jonathan Simon, *"The Criminal Is to Go Free": The Legacy of Eugenic Thought in Contemporary Judicial Realism About American Criminal Justice*, 100 B.U. L. Rev. 787, 796–797 (2020).

州の施設に居住している精神疾患の母親から生まれ、母親と同じく精神疾患であったため、州法に基づく不妊手術を求められた。そこで原告の後見人は不妊手術が身体のインテグリティを侵害し、憲法修正14条が保障する生命を脅かすものであり、違憲である

写真2-3 ダーウィン（Science Photo Library／アフロ）

写真2-4 ゴルトン（public domain）

として訴訟を提起した。これがバック対ベル連邦最高裁判決である。[*24]ホームズ裁判官の法廷意見は、不妊手術に理由がないということはできず、市民にとって最善となる公共の福祉が存在しうるとし、不妊手術はワクチンの強制接種を認めたジェイコブソン判決（▶10頁）の法理の範疇に含まれるとした。先の言述はこの後に続くものである。すなわちホームズは、不妊手術はジェイコブソン判決の法理の中に十分（enough）含まれるとし、同じenoughを用いて、先の言葉を法廷意見の中に記したのである。

　驚くべきは、ロックナー期において保守系裁判官とリベラル系裁判官が拮抗していた中、この判決はバトラー（Pierce Butler）裁判官ひとりが反対しただけであり、[*25]8対1の多数でこの判断が下されたことである。つまり、ほとんどの裁判官がこの種の優生学的発想を共有していたといえる。[*26]

　かかる優生思想は強制不妊のみならず、公衆衛生を理由にした人種差別的対策にもつながることがある。その卑近な例が19世紀末〜20世紀初頭にかけてアメリカで実施された中国人に対する差別的対策である。

　アメリカでは当初白人の季節労働者や黒人の奴隷に労働力を頼ってきたが、南北戦争後に奴隷が解放されると、労働力を補充するために中国人労働者を酷使するようになった。いわゆる苦力と呼ばれる労働者である。苦力はしばしば差別の対象となり、それに呼応する形で中国人のみならずア

---

＊24　*Buck v. Bell*, 274 U.S. 200.
＊25　なお、バトラー裁判官の反対には意見がついていない。
＊26　Mary L. Dudziak, *Oliver Wendell Holmes as a Eugenic Reformer: Rhetoric in the Writing of Constitutional Law*, 71 Iowa L. Rev. 833, 843–844 (1986). 当時、多くの人々が科学によってより良い人種を創造できるという考えに共感していたとされる。

ジア系一般も劣った存在とみなされるようになった。[*27]

とりわけ、苦力が多かった西海岸では、ペストの流行に加え、苦力が衛生状態の良くない居住環境で生活していたことから、公衆衛生を理由とする中国人差別が実施された。当時、中国人はクリーニング店を営む

写真2-5　Yick Wo v. Hopkins の風刺画（作者不詳、1877年）：中国人が経営するクリーニング店が破壊された様子が描かれている。

ことが多く、木造の建物でクリーニング業を行うことが多かった。市民の間では中国人が経営するクリーニング店が衛生状態を悪化させているという噂が広まり、一部ではクリーニング店に嫌がらせをする行為も散見された。そこでサンフランシスコ市は公衆衛生を理由にクリーニング店に対して石かレンガで造った建物で営業することを命じ、違反者には罰金や懲役を科す条例を制定した。つまり、条例制定の背景には「中国人＝不衛生」という偏見が潜んでいたのである。

この条例については、条例違反で拘束された中国人が裁判で平等違反であると主張し、その合憲性が争われることになった。それがイック・ウォ対ホプキンス連邦最高裁判決である。[*28]判決は中国人も修正14条の平等保護の対象になるとしたうえで、本条例の合憲性について判断した。それによれば、本条例は一見すると公正なようにみえるが、適用の段階において、法執行者が偏見に基づいて差別的に適用しているとし、修正14条に違反するとした。簡潔にいえば、原告を含む中国人を狙い撃ちにした条例の適用は平等違反であるとしたのである。

しかし、サンフランシスコ市は中国人を狙い撃ちにする公衆衛生対策を続けた。その代表例が強制隔離とワクチンの強制接種である。サンフランシスコ市は中国人が多く居住するブロックを指定し、そこの住民を隔離対象とした。しかも指定地区の全住民を隔離対象としたにもかかわらず、実質的に隔離対象となったのは中国人だけであった。そのため、こうした対

---

*27　貴堂嘉之『移民国家アメリカの歴史』67-109頁（岩波書店、2018年）。
*28　Yick Wo v. Hopkins, 118 U.S. 356 (1886).

策は差別にあたるとして訴訟が提起され、ジョー・ホ対ウィリアムソン連邦高裁判決[*29]は修正14条に反するとして違憲の判断を下した。連邦高裁は、ペストの拡大を防ぐのであれば一部地域の住民のみを対象としても意味がなく他の地域の住民や滞在者も対象にする必要があり、むしろ感染の疑いの強いエリアの者同士を一箇所に集めることはそこでの感染を拡大させてしまうので合理的でないとした。また、本件規制は差別的色彩が強いため、修正14条に反するとしたのである。

ワクチンの強制接種については、衛生委員会が市と郡に居住する中国人全員に対してハフキン接種（ペストワクチン）を義務づける決議を採択したことが問題となった。これに対して、接種対象となる中国人が違憲であるとして訴訟を提起した。ウォン・ワイ対ウィリアムソン連邦高裁判決[*30]は、衛生委員会の決議は法律の授権に基づいておらず、また中国人のみを対象とすることは差別にあたり、修正14条に違反するとした。連邦高裁レベルの判断ではあるものの、ここでも違憲・違法判断が下されている。

このように、アメリカの例をみるだけでも、公衆衛生対策が人々の権利利益を強く侵害することがあり、またそれが時に差別や偏見に基づいて実施されたことがわかるだろう。

## （2）ハンセン病問題

感染症対策は国民の権利を強く制限することが少なくないため、治療方法の発展や状況の改善などに照らして、制限の必要性がなくなれば可及的速やかにそれを解除することが要求される。しかし、偏見や差別の歴史から、状況が改善してもなおそのまま制限が行われることがある。ハンセン病はその典型例である。

**ハンセン病**は、古くから知られる感染症であり、1873年にノルウェーのハンセン（Armauer Hansen）医師がらい菌を発見したことにより、ハンセン病と呼ばれてきた。らい菌は感染力が弱いとされており、発病しないことが多いとされているものの、免疫力の弱った者が罹患して発病すると、

---

*29  Joe Ho v. Williamson, 103 F.10 (N.D. Cal.1900).
*30  Wong Wai v. Williamson, 103 F. 1 (C.C.N.D. Calif. 1900).

皮膚や抹消神経、目や口などの粘膜
にも病変が生じ、外見に変化をもた
らすことから、患者は社会的に忌避
される対象となってきた。しかし、
実際には感染力が弱いことから他人
に感染することはほとんどなく、ま
た衛生状態が良好な場合にはほとん
ど発病しない疾病であった。

写真 2-6 香川県・大島らい病療養所（毎日新聞社／アフロ）

　日本では明治時代にハンセン病患者等を**療養所**に入れるための法令が制
定されたが、当初は町をうろついて乞食をする浮浪らい患者を入所させる
ためのものであった。というのも、浮浪らい患者が街中をうろつくことが
「文明国の恥」と考えられていたことに加え、浮浪らい患者に適切な治療
や救済を与えないことが人道上問題であるという考えが重なり、浮浪らい
患者を入所させる必要があったからである。*31 その後、1907 年に「癩予防
に関する件」*32 が制定され、1916 年の改正では**懲戒検束権**が設けられるなど、
療養所内の秩序規制も強化されるようになった。*33 さらに 1931 年には癩予
防法*34 が制定され、入所対象を拡大し、全患者の**強制隔離**を行うこととなっ
た。*35 このように、ハンセン病患者に対する対策は療養所への隔離のみなら
ず、所長の懲戒権が確保されているなど、内外で患者の自由を著しく制限
するものであった。

　戦後になると、1953 年に**らい予防法***36 が制定された。当時、すでにハンセ
ン病治療薬のプロミンの治験が始まっていたが、法案審議において療養所
の所長らが国会において強制隔離や懲戒権の必要性を求めたこともあり、
らい予防法は強制隔離政策を引き継いだものであった。*37 なお、このような
法律が制定された背景として、当時 GHQ が公衆衛生の改善を推し進めて

＊31　近藤祐昭「ハンセン病隔離政策は何だったのか」四天王寺大学大学院研究論集 7 号 5 頁、6-8 頁（2013 年）。
＊32　明治 40 年法律第 11 号。
＊33　輪倉一広「『癩予防に関する件』（1907 年法律第 11 号）制定の評価に関する一考察」愛知江南短期大学紀要 31 号 65 頁、71 頁（2002 年）。
＊34　昭和 6 年法律第 58 号。
＊35　稲葉上道「日本のハンセン病対策通史」国立ハンセン病資料館研究紀要 6 号 1 頁、4 頁（2019 年）。
＊36　昭和 28 年法律第 214 号。
＊37　村上國男「らい予防法廃止と公衆衛生」日本公衛誌 43 巻 6 号 423 頁（1996 年）。

いたことに加え、東西冷戦を背景に、療養所入所者の自治会運動が共産主義運動と連動しないように警戒したのではないかという指摘もある。[*38]

　らい予防法は、現行憲法のもとで制定されたにもかかわらず、明治憲法時代の癩予防法の内容を踏襲していた。たとえば、患者が国立療養所への入所勧奨および命令に応じない場合、都道府県知事が入所を強制することができるようになっていた。[*39] また療養所に入所すると、所長の許可がなければ外出することができず、許可なく外出した者に対しては罰則が設けられていた。[*40] また、所内紀律服従義務を負い、違反者は戒告や謹慎などの処分の対象とされた。[*43]

　このように、ハンセン病患者は療養所に強制隔離され、療養所内でも紀律に縛られるなど、著しく自由を制限されてきたのである。また、後述（▶40頁以下）するように優生保護法により、ハンセン病患者は不妊手術の対象とされ、事実上不妊を強要されていた。

　全国国立らい療養所患者協議会はらい予防法制定前から旧法改正運動を展開し、制定後も改正を求めて厚生大臣に請願をするなど、法律の廃止を求める運動を展開した。[*44] その間、世界ではWHOや国際らい会議がハンセン病患者への対策の緩和を求めるなど、国際的にハンセン病患者の強制隔離を問題視する論調が高まっていった。こうした動きもあり、1996年にらい予防法が廃止され（らい予防法の廃止に関する法律）、[*45] 入所者の福利増進や社会復帰支援を軸にした内容に変更されることとなった。

　しかし、ハンセン病患者は、治療薬が使用されるようになってからも、

---

*38　江藤文夫「戦後復興と回帰志向で絶対隔離を強化した『らい予防法』」作業療法ジャーナル54巻10号1119-1120頁（2020年）。

*39　らい予防法6条3項「都道府県知事は、前項の命令を受けた者がその命令に従わないとき、又は公衆衛生上らい療養所に入所させることが必要であると認める患者について、第2項の手続をとるいとまがないときは、その患者を国立療養所に入所させることができる」。

*40　らい予防法15条1項「入所患者は、左の各号に掲げる場合を除いては、国立療養所から外出してはならない。　一　親族の危篤、死亡、り災その他特別の事情がある場合であって、所長が、らい予防上重大な支障を来たすおそれがないと認めて許可したとき。二　法令により国立療養所外に出頭を要する場合であって、所長が、らい予防上重大な支障を来たすおそれがないと認めたとき」。

*41　らい予防法28条「左の各号の一に該当する者は、拘留又は科料に処する。　一　第15条第1項の規定に違反して国立療養所から外出した者」。

*42　らい予防法16条1項「入所患者は、療養に専念し、所内の紀律に従わなければならない」。

*43　らい予防法16条2項「所長は、入所患者が紀律に違反した場合において、所内の秩序を維持するために必要があると認めるときは、当該患者に対して、左の各号に掲げる処分を行うことができる。　一　戒告を与えること。二　30日をこえない期間を定めて、謹慎させること」。

*44　大谷藤郎「ハンセン病患者と人権―その歴史からの教訓」公衆衛生72巻1号29頁、30頁（2008年）。

*45　平成8年法律第28号。

長期にわたり隔離生活を強制され、自由、ひいては人生を奪われて続けてきたため、各地でらい予防法に基づく強制隔離が違憲であるとして国家賠償請求訴訟が提起された。その1つである熊本地裁判決は、隔離の人権侵害の重大性を示しながら隔離規定を違憲・違法であるとした。判決によれば、隔離が単に居住・移転の自由の制限だけでなく憲法13条に基づく人格権を侵害するものであり、影響の重大性にかんがみれば最大限の慎重さをもって臨むべきであるとし、ハンセン病の感染・発病がきわめて低いことやプロミン等の治療薬の存在等を踏まえると法制定時からすでに公共の福祉を逸脱しており、国際会議等の動向からすれば遅くとも1960年には新法の隔離規定はその合理性を支える根拠をまったく欠く状況に至っており、その違憲性は明白となっていたという。そして国会議員はそのことを容易に知りえたとし、法律の改廃を行わなかったことが立法の不作為にあたるとし、国家賠償法上の違法性を認めた。

## (3) 強制不妊の問題

優生上の観点から一定の精神疾患や身体疾患を根絶するために強制不妊手術を行うという考え方がある。あるべき健康体を想定して強制不妊手術を行うことは公衆衛生政策に関わる。しかし、生殖は自らの人生や将来設計に密接に関わる事項であり、自己決定のコア領域に含まれる事柄である。また、優生思想の観点から不妊を強制することは特定の疾患を持つ人に対して劣っているというスティグマを押し付ける結果となる。そのため、強制不妊は人の尊厳を傷づけるものである。

かつて日本では1996年まで**優生保護法**が存在し、「優生上の見地から不良な子孫の出生を防止するとともに、母性の生命健康を保護すること」（優生保護法1条）を目的に、一定の遺伝病や精神疾患の者に対して、優生手術（生殖腺を除去することなしに生殖を不能にする手術）を行うことを認めていた。優生手術には任意の場合と強制の場合があった。①本人または配偶者が遺伝性精神変質症、遺伝性病的性格、遺伝性身体疾患、遺伝性奇

---

＊46　熊本地判平成13年5月11日判時1748号30頁。
＊47　昭和23年法律第156号。1948年に成立し、1996年の改正で母体保護法に変わった。

表2-1 強制不妊手術の対象事項（優生保護法4条の対象となる別表に定められた事項）

| 遺伝性精神病 | 精神分裂病、躁鬱病、真性癲癇 |
|---|---|
| 遺伝性精神薄弱 | 白痴、痴愚、魯鈍 |
| 強度かつ悪質な遺伝性精神変質症 | 著しい性欲異常、兇悪な常習性犯罪者 |
| 強度かつ悪質な遺伝性病的性格 | 分裂病質、循環病質、癲癇病質 |
| 強度かつ悪質な遺伝性身体疾患 | 遺伝性進行性舞踏病、遺伝性脊髄性運動失調症、遺伝性小脳性運動失調症、筋萎縮性側索硬化症、脊髄性進行性筋萎縮症、神経性進行性筋萎縮症、進行性筋性栄養障碍症、筋緊張病、筋痙攣性癲癇、遺伝性震顫症、家族性小児四肢麻痺、痙攣性脊髄麻痺、強直性筋萎縮症、先天性筋緊張消失症、先天性軟骨発育障碍、多発性軟骨性外骨腫、白児、魚鱗癬、多発性軟性神経繊維腫、結節性硬化症、色素性乾皮症、先天性表皮水疱症、先天性ポルフイリン尿症、先天性手掌足蹠角化症、遺伝性視神経萎縮、網膜色素変性、黄斑部変性、網膜膠腫、先天性白内障、全色盲、牛眼、黒内障性白痴、先天性眼球震盪、青色鞏膜、先天性聾、遺伝性難聴、血友病 |
| 強度な遺伝性奇型 | 裂手・裂足、指趾部分的肥大症、顔面披裂、先天性無眼球症、嚢性脊髄披裂、先天性骨欠損症、先天性四肢欠損症、小頭症 |
| その他厚生大臣の指定するもの | |

形を有している者、②本人または配偶者の四親等以内の血族関係にある者が、遺伝性精神病、遺伝性精神薄弱、遺伝性精神変質症、遺伝性病的性格、遺伝性身体疾患または遺伝性奇形を有しかつ子孫にこれが遺伝するおそれのある者、③本人または配偶者が、癩疾患に罹りかつ子孫にこれが伝染するおそれのある者、④妊娠または分娩が、母体の生命に危険を及ぼすおそれのある者、⑤現に数人の子を有し、かつ、分娩ごとに、母体の健康度を著しく低下するおそれのある者は、同意を条件に優生手術を受けるものとされていた（3条）。ただし、医師は、診断によって一定事項（表2-1）に罹っていることが判明した場合、その者に対してその疾患の遺伝を防止するため優生手術を行うことが公益上必要であると認めるときは同意がなくても都道府県優生保護委員会に優生手術を行うべきかどうかの審査を申請することができ（4条）、同委員会が優生手術を行うべきかどうかを決定し、手術を行う医師を指定し、当該医師に手術させることになっていた（5条）。

　なお、3条の任意事項の中に癩疾患（ハンセン病）があり、「子孫に伝染するおそれ」と規定されている（上記③）。ここでは子孫に伝染するという意味で感染症対策の一場面になっているともいえる。

　優生保護法の強制不妊は、強制的に不妊手術を行うことが許されるのか

という問題、任意であるにもかかわらずしばしば強制的に行われていたという問題、任意または強制の如何を問わずそもそも優生手術を定めることの問題など、この法律が定める優生手術については大きな憲法問題がある。かつてアメリカの一部の州は一定の犯罪の常習犯に対して強制不妊手術を行っていたが、連邦最高裁はこれに違憲判決を下した[48]。その際、ジャクソン（Robert H. Jackson）裁判官の同意意見は、少数者の尊厳や人格を犠牲にして生物的実験を行うことには限界があると言及し、この種の規制が尊厳や人格を侵すものであることを示唆した[49]。

　優生学は遺伝治療の発展に寄与するという側面もあり、その限りでは一切を否定する必要はないかもしれないが、差別政策につながりやすく、少なくとも強制不妊は人の尊厳を傷つけるものであるといえる。この問題も、公衆衛生対策が人権侵害をもたらす一場面ということができる。

　優生保護法がもたらした人権侵害に対しては、2019 年に、被害を受けた人々の救済を行う強制不妊救済法が制定された[50]。同法前文は、強制不妊が被害者の心身に多大な苦痛を与えてきたことを謝罪し、「今後、これらの方々の名誉と尊厳が重んぜられるとともに、このような事態を二度と繰り返すことのないよう、全ての国民が疾病や障害の有無によって分け隔てられることなく相互に人格と個性を尊重し合いながら共生する社会の実現に向けて、努力を尽くす決意を新たにするものである」と述べ、救済金として一律 320 万円を支払うことを定めている。

　もっとも、強制不妊があまりに重大な人権侵害および深刻な被害をもたらしたこともあり、被害者らが旧優生保護法に対して国家賠償請求訴訟を提起し始めた。この訴訟では、強制不妊が行われてから年数が経過しているため、除斥期間（不法行為から 20 年たつと賠償を求める権利が消滅する）に該当することが多く、地裁レベルでは法の内容が違憲であることを示す判断が相次いだものの、結局は除斥期間によって請求がしりぞけられるケースが多かった[51]。そうした中、2022 年 5 月時点で、大阪高裁[52]と東京高裁[53]

＊48　Skinner v. Oklahoma, ex rel. Williamson, 316 U.S. 535 (1942).
＊49　316 U.S. 546 (Jackson, J., concurring).
＊50　旧優生保護法に基づく優生手術等を受けた者に対する一時金の支給等に関する法律（平成 31 年法律第 14 号）。
＊51　たとえば仙台地裁判決（令和元年 5 月 28 日判時 2413・2414 号合併号 3 頁）はリプロダクティブ権を認めたうえで違憲判断を下したが、除斥期間により国家賠償請求については認めなかった。同判決は、尊厳、リプロダクテ

が除斥期間の例外を認め、旧優生保護法を違憲であるとしたうえで、1000万円を超える損害賠償を認める判断を下している。

## （4）公衆衛生対策と司法審査

公衆衛生対策は、人々の生命や身体を守るものであり、それが国民の社会生活の維持・向上につながることを踏まえると、**公共の福祉**に仕えるばかりか、公共の福祉そのものということもできる。ゆえにその目的は正当であり、むしろ国家はそれを行う責務がある。ところが、それはしばしば国民の自由を強く制限し、場合によってはワクチン接種による副反応のように、逆にそれが生命に危険をもたらすこともある。そのため、公衆衛生対策による権利侵害に対しては裁判所による救済の途を確保しておかなければならない。

とはいえ、公衆衛生対策は社会生活や経済活動に大きな影響を与えるため、政治部門の総合的判断が必要となる。また、具体的な公衆衛生対策はそれを管轄する行政機関等の専門的判断に委ねざるを得ない側面がある。特に感染症対策はそれが国民の生命身体の安全に直結し、かつ緊急性を持つことも多く、その判断は民主的正当性を持つ政治部門または専門性を持つ行政機関の判断に任せざるを得ないことが多い。実際、パンデミックなどの事態は国家に緊急対応を求めるものであり、一般に安全をめぐる緊急事態においては司法が政治部門や専門機関の判断を尊重することが要請される傾向にある。

以上の特性から、公衆衛生対策、特に感染症対策の司法審査については、原則として政治部門または行政機関の**第一次的判断**を尊重することになる。換言すれば、裁判所は基本的に感染症対策の実質的内容の当否（具体的な感染症対策の是非など）を判断するのではなく、法律の授権、手続遵守、裁量逸脱濫用などの形式面や手続面を中心に審査することになる。

ブ権、救済など様々な論点を含んでおり、小山剛「人としての尊厳―旧優生保護法仙台地裁判決を受けて」判例時報 2413・2414 号合併号 17 頁（2019 年）、髙良沙哉「旧優生保護法仙台地裁判決の検討」沖縄大学人文学部紀要 24 号 101 頁（2021 年）、青井未帆「『憲法 13 条に違反するが、「救済」されないのは仕方ない』が意味すること―仙台地判 2019（令和元）年 5 月 28 日」法学セミナー 775 号 55 頁（2019 年）など多くの評釈がなされている。
＊52　大阪高判令和 4 年 2 月 22 日裁判所 HP。
＊53　東京高判令和 4 年 3 月 11 日判例集未登載。

そうなると、司法審査の対象は主として具体的適用の場面、すなわち感染症対策の実施についての合憲性の問題に限定されるかのようにみえるが、そうではない。公衆衛生対策は、科学的根拠がないにもかかわらず人種などの属性に基づいて行動を制限するなど差別や偏見に基づいていたり、あるいは政府に批判的な言動を封じ込めるために公衆衛生目的と称しながら別の目的を実現しようとしたりすることがありうる。このような疑いがある場合、裁判所は立法事実（法律の合理性を支える事実）や目的・手段の関連性を審査しながら**真の目的**を炙り出す必要があろう。また、公衆衛生対策は安全の維持などのような**消極的規制**にあたるので、社会経済の政策的側面が強い積極的規制と比べれば、裁判所の判断に馴染みやすいという側面がある。しかも、公衆衛生対策は国民の権利を強く侵害することが少なくないので、それが必要以上に自由を制約していないかどうかについて、**必要性**や**合理性**を審査することになろう。

　また、公衆衛生上の緊急事態の場面において、安全保障に関わる緊急事態のときと同じレベルで政治部門の判断を尊重することが求められるかについては、検討の余地がある。というのも、安全保障の場合と比べて、公衆衛生上の緊急事態において生じる憲法問題は司法審査に馴染みやすい側面があるからである。たとえば感染症関連の緊急時においては機密性を重視する安全保障と異なり情報を公開することが重要になるので、司法はオープンになった情報をもとに規制の合憲性を判断できる。換言すれば、機密情報に基づく政治部門や行政機関の判断を尊重する必要がないわけである。そのため、司法が直接に公衆衛生対策の合理性を判断するわけではないとしても、目的が公衆衛生上のものかどうか、そして目的と手段との間に関連性があるかどうかを審査することができる。実際、先述のジェイコブソン判決（▶10頁）はこの目的手段審査を行っている。

　さらに重要なのが**法の支配**の維持である。ここでいう法の支配とは、公衆衛生対策が議会の承認または法律の授権に基づいて行われていることを指す。裁判所が公衆衛生施策の具体的内容の適否を判断することは難しくとも、緊急時においてもそれが法に基づいて行われたかどうかのチェックはできる。実際、新型コロナ禍においても、各国の裁判所がこれを重視す

る姿が散見された。2021 年 7 月 14 日、スペイン憲法裁判所は、議会の承認を要しない警戒事態によってロックダウンを実施することは許されないとして違憲判断を下した[*54]。また、アメリカ連邦最高裁は 2022 年 1 月 13 日、大企業[*55]とヘルスケア施設[*56]に対するワクチン接種義務化の問題について法律の授権の有無に着目して判断を下し、大企業に対して従業員にワクチンを接種させることを義務づけることは法律の授権がないとして、違法判断を下した。

このように、比較法的考察からすれば、公衆衛生上の緊急事態においては司法がその任務を放棄するのではなく、少なくとも法の支配を維持するように努め、内容によっては目的と手段の関連性を審査するという傾向を看取することができる。

したがって、政治部門や行政機関の第一次的判断を尊重することが求められるものの、司法審査を行うことは可能であり、司法的救済は重要な意味を持つ。

## 4　公衆衛生法のアプローチ

学問としての公衆衛生法に近い法体系として衛生行政や医事法が挙げられる。衛生行政は主に行政法の観点から衛生事項を考察するもので、医事法は医療を軸に、医師や看護師、薬事、保健福祉、生命倫理といったことを考察するものである。いずれも公衆衛生法に含まれる分野を対象としており、公衆衛生法の先駆的存在といえる。

もっとも、公衆衛生法学の定義（▶29 頁）からすると、公衆衛生関連の法律について、当局の権限とその範囲・限界等を考察しつつ、公衆衛生対策と権利との調整を模索する必要がある。そのため、公衆衛生法という観点からすると、行政法的考察にとどまる衛生行政、医療関係を中心とする医事法は、視点や対象がやや狭いきらいがある。

---

*54　Sentencia del Tribunal Constitucional 148/2021, de 14 de julio.《BOE》núm. 182 de 31 de julio de 2021.
*55　Nat'l Fed'n. of Indep. Bus. v. DOL, 142 S.Ct. 661（2022）.
*56　Biden v. Missouri, 142 S.Ct. 647（2022）.

## （1）衛生行政の概念

　もっとも、かつて磯崎辰五郎と高島學司が著した『医事・衛生法』[*57]は、衛生行政に着目しながら医事法を考察し、公衆衛生法の端緒となるものであった。同書によれば、「衛生法というのは、衛生行政に関する法ということである」[*58]という。それは、衛生行政に着目しながら公衆衛生法を分析したものであり、公衆衛生法学のフロンティア的存在である。かれらによれば、明治憲法時代に発展した「衛生」という分野は行政が中心となって行われてきた点に特徴があり、それが衛生行政と呼ばれてきたという。そのため、かれらは行政による衛生活動を中心に記述しており、主に行政法的観点から分析を加えた内容となっている。

　まず、かれらは衛生の定義につき、衛生とは「人の健康の保持及び増進をはかること」[*59]を指すとし、それは各人の健康増進にかかる個人衛生と国民全体の健康増進を目指す公衆衛生に分けることができるとする。もっとも、両者は相互不可分の関係にあり、衛生は両方を含むものであるとする。[*60]

　そして**衛生行政**は、憲法によってそれを行うことが義務とされていること、国民との関係では間接的規制が多いこと、科学的・技術的性格の強い行政であること、常時改善が要請される行政であることなどを特徴として挙げている。[*61]

　衛生上の行政行為は現在の衛生上の法関係に影響を与えることのない消極的衛生処分と現在の衛生上の法関係に影響を与える積極的衛生処分とに分かれるとする。[*62]前者は医師免許の拒否処分などであり、後者は衛生確認処分、衛生創設処分（衛生命令、衛生許可、衛生免除、衛生地位設定処分、衛生特許、衛生認可、対物的衛生処分）、衛生変更処分、衛生廃棄処分などがある。

　また、衛生行政を実施する際の方法として、指導、観念行為、料金、強

---

*57　磯崎辰五郎・高島學司『医事・衛生法〔新版〕』（有斐閣、1979 年）。なお、初版は 1963 年に刊行されている。
*58　同上 10 頁。
*59　同上 2 頁。
*60　同上 3 頁。
*61　同上 5–9 頁。
*62　同上 19–22 頁。

制執行、衛生罰、争訟、損失補償、衛生行政組織などがあるとし、伝染病予防などに関する直接規制衛生行政、医療関係者などに関する人的間接規制衛生行政、医療関係施設などに関する施設的間接規制衛生行政、食品衛生や薬物などに関する物的間接規制衛生行政、公害などに関する環境保全的間接規制衛生行政があるとする。

このように、かれらのアプローチは、衛生活動の主体が行政であることに着目し、衛生に関わる行政活動についてその行為類型や実施方法などを概観し、衛生行政という分野を開拓した点に意義がある。また、伝染病に限らず、食品衛生や環境衛生も射程に含めたことも、公衆衛生が広い分野に関わることを示唆する点において意義を有するといえよう。

他面、衛生行政にフォーカスしたがゆえに、行政法的色彩が濃くなり、人権保障との兼ね合いに関する考察が少なく、また感染症法が制定される前であったために明治憲法以来の行政の強制力を中心とした対策が尾を引いていた中で、人権保障や経済活動などとの調整を念頭に置いた総合的な感染症対策を扱えなかったという側面がある。

公衆衛生法という観点からすれば、公衆衛生に関する法制度の考察を軸にしながら、どのようにして公衆衛生の維持と法の支配や権利保障との調整をはかるかという点に着目し、適切な公衆衛生の維持のあり方を探求することが重要になってくる。その際、行政法の観点から行政の衛生活動を考察する作業も重要ではあるものの、それは総論を踏まえたうえでの検討作業になると思われる。

したがって、公衆衛生法については、なぜ国家が公衆衛生を維持する責務を担うのかを明らかにしたうえで、公衆衛生に関する歴史的展開を振り返りながら、現代における公衆衛生に関する法制度を考察し、国と地方の役割分担、権利保障との調整、法の支配との関係、実施措置について法制度および実施活動の範囲と限界、具体的場面における法的問題などを考察することがその主な内容になる。

## (2) 公衆衛生に関連する法分野

国家が良好な衛生状態を維持し、国民の健康増進に努める諸施策を対象

とする法制度の総称が公衆衛生法であると考えると、その対象となる法律は多岐にわたる。感染症対策がその典型ではあるものの、感染症に付随する分野だけでも、医療関係、健康・保健・栄養、施設や営業管理、解剖・解体・埋葬などきわめて多くの分野が関わり、それぞれについて多くの法律が存在する。また感染症以外にも、環境・化学・兵器などの分野も公衆衛生に関わる事項であり、そしてそれについても多くの法律が存在している。

　公衆衛生法の分野に入る法律を分野ごとに類型化すると、①感染症、②医療（医療行為・医薬品管理・医療機器）、③健康・保健・栄養、④施設・営業管理、⑤解剖・解体・埋葬、⑥環境・化学・兵器の6分野に分けることができる[*63]。それ以外にも、農林、海洋、動物、労働、風俗、刑事収容施設、情報など様々な分野において公衆衛生に関わる部分がある。もっとも、関連法令を挙げ始めればきりがないことに加え、これらの法令はむしろ個々の分野として成立していることから、それぞれの分野の中で公衆衛生を取り上げた方が効果的であるように思われる。そのため、公衆衛生法はあらゆる公衆衛生に関する法令を取り上げるのではなく、「公衆衛生を軸に考えるべき分野」を対象とする。そしてそれ以外の分野における公衆衛生の問題は、公衆衛生法で取り上げた内容をもとに個別の分野における公衆衛生の問題を考える。つまり、公衆衛生法は総論となりうる事柄を対象とし、それ以外の分野ではこの総論を踏まえて個別の公衆衛生の問題を考えるという仕分けを行う、ということである。

　また、6分野に絞った場合でも、各分野には公衆衛生に関係する法律が多々あり、すべて挙げることは難しい。以下では、各分野における主な法律を挙げることにする。

　①は公衆衛生法の核となる感染症関連の法律である。感染症法、予防接種法[*64]、新型インフルエンザ特措法、検疫法[*65]、入管法[*66]、狂犬病予防法[*67]などがそれにあたる。以前は伝染病予防法を中心に、性病予防法[*68]、結核予防法[*69]、

---

＊63　大林・前掲注2) 36頁。
＊64　予防接種法（昭和23年法律第68号）。
＊65　検疫法（昭和26年法律第201号）。
＊66　出入国管理及び難民認定法（昭和26年政令第319号）。
＊67　狂犬病予防法（昭和25年法律第247号）。

寄生虫病予防法[*70]、HIV 予防法[*71]など個別の疾病に対する法律が存在していた。しかし、1998 年に感染症法が制定されたことに伴い、これらの法律は感染症法やその他の法律に組み込まれることになった。なお、性病関連では売春問題が公衆衛生に関わる事項とみなされてきたが、戦後になって公娼制度が廃止され、また売春防止法が制定されたことにより[*72]、売春自体が違法となった。そのため、一般に性病問題を扱う性病予防法が制定され、その後、感染症法に移管された。

②は、医療や医薬品に関わるものである。これらは人の生命、身体、健康に影響するものであることから、公衆衛生に密接に関わる。医師法[*73]、医療法[*74]、保助看法[*75]、歯科医師法[*76]、薬機法[*77]、薬剤師法[*78]、麻薬取締法[*79]、覚醒剤取締法[*80]、大麻取締法[*81]、あん摩師等法[*82]、障害者基本法[*83]、精神保健福祉法[*84]、臓器移植法[*85]などが挙げられる。これらの法律は、適切な行為または処方をしなければ人の健康に大きな影響を及ぼすもの、また適切でない医行為や医業類似行為など人の健康に害を及ぼすものについて規制をかけるものである。

③は、健康予防、保健、栄養、保険に関わるもので、健やかな状態を維持するために必要なものが対象となる。健康増進法[*86]、がん対策基本法[*87]、地域保健法[*88]、学校保健安全法[*89]、学校給食法[*90]、栄養士法[*91]、母子保健法[*92]、母体保

---

*68　性病予防法（昭和 23 年法律第 167 号）。
*69　結核予防法（昭和 26 年法律第 96 号）。
*70　寄生虫病予防法（昭和 6 年法律第 59 号）。
*71　後天性免疫不全症候群の予防に関する法律（平成元年法律第 2 号）。
*72　売春防止法（昭和 31 年法律第 118 号）。
*73　医師法（昭和 23 年法律第 201 号）。
*74　医療法（昭和 23 年法律第 205 号）。
*75　保健師助産師看護師法（昭和 23 年法律第 203 号）。
*76　歯科医師法（昭和 23 年法律第 202 号）。
*77　医薬品、医療機器等の品質、有効性及び安全性の確保等に関する法律（昭和 35 年法律第 145 号）。
*78　薬剤師法（昭和 35 年法律第 146 号）。
*79　麻薬及び向精神薬取締法（昭和 28 年法律第 14 号）。
*80　覚醒剤取締法（昭和 26 年法律第 252 号）。
*81　大麻取締法（昭和 23 年法律第 124 号）。
*82　あん摩マツサージ指圧師、はり師、きゆう師等に関する法律（昭和 22 年法律第 217 号）。
*83　障害者基本法（昭和 45 年法律第 84 号）。
*84　精神保健及び精神障害者福祉に関する法律（昭和 25 年法律第 123 号）。
*85　臓器の移植に関する法律（平成 9 年法律第 104 号）。
*86　健康増進法（平成 14 年法律第 103 号）。
*87　がん対策基本法（平成 18 年法律第 98 号）。
*88　地域保健法（昭和 22 年法律第 101 号）。
*89　学校保健安全法（昭和 33 年法律第 56 号）。
*90　学校給食法（昭和 29 年法律第 160 号）。
*91　栄養士法（昭和 22 年法律第 245 号）。
*92　母子保健法（昭和 40 年法律第 141 号）。

護法、未成年者飲酒禁止法[*93]、未成年者喫煙禁止法[*94]、国民健康保険法[*95]などが[*96]これにあたる。疾病予防が主な対象になるが、母体の保護や未成年者、就学児童・生徒の健全な発達も対象に含めている。また、日本では戦前から保健所が各地域で公衆衛生の維持に重要な役割を果たしてきた。戦後制定された保健所法[*97]が1994年の改正により地域保健法に改称されている。

④は、日常生活に密接に関わる営業や施設の衛生状態に関するものである。公衆浴場法[*98]、食品衛生法、製菓衛生師法[*99]、調理師法[*100]、食鳥規制法[*101]、生衛法[*102]、美容師法[*103]、理容師法[*104]、旅館業法[*105]、クリーニング業法[*106]、毒物混入防止法[*107]などが挙げられる。主に営業についての許可や届出などの規制によって衛生管理が要求されている。

⑤は、人やその他の生物の解剖や埋葬に関するもので、感染症予防に密接に関わる。感染症にも死体に関する規定があるが、それ以外の法律では死体解剖保存法[*108]、と畜場法[*109]、墓地埋葬法[*110]などが挙げられる。

⑥は、健康な状態でいるための環境に関するものを中心に、その他人体に影響する化学物質や毒物、さらには兵器に関する規制である。環境基本法[*111]、大気汚染防止法[*112]、水質汚濁防止法[*113]、生物兵器規制法[*114]、化学兵器規制法[*115]、廃棄物処理法[*116]、化審法[*117]、毒物及び劇物取締法[*118]などが挙げられる。

*93　母体保護法（昭和23年法律第156号）。
*94　未成年者飲酒禁止法（大正11年法律第20号）。
*95　未成年者喫煙禁止法（明治33年法律第33号）。
*96　国民健康保険法（昭和33年法律第192号）。
*97　保健所法（昭和22年法律第101号）。
*98　公衆浴場法（昭和23年法律第139号）。
*99　製菓衛生師法（昭和41年法律第115号）。
*100　調理師法（昭和33年法律第147号）。
*101　食鳥処理の事業の規制及び食鳥検査に関する法律（平成2年法律第70号）。
*102　生活衛生関係営業の運営の適正化及び振興に関する法律（昭和32年法律第164号）。
*103　美容師法（昭和32年法律第163号）。
*104　理容師法（昭和22年法律第234号）。
*105　旅館業法（昭和23年法律第138号）。
*106　クリーニング業法（昭和25年法律第207号）。
*107　流通食品への毒物の混入等の防止等に関する特別措置法（昭和62年法律第103号）。
*108　死体解剖保存法（昭和24年法律第204号）。
*109　と畜場法（昭和28年法律第114号）。
*110　墓地、埋葬等に関する法律（昭和23年法律第48号）。
*111　環境基本法（平成5年法律第91号）。
*112　大気汚染防止法（昭和43年法律第97号）。
*113　水質汚濁防止法（昭和45年法律第138号）。
*114　細菌兵器（生物兵器）及び毒素兵器の開発、生産及び貯蔵の禁止並びに廃棄に関する条約等の実施に関する法律（昭和57年法律第61号）。
*115　化学兵器の禁止及び特定物質の規制等に関する法律（平成7年法律第65号）。
*116　廃棄物の処理及び清掃に関する法律（昭和45年法律第137号）。
*117　化学物質の審査及び製造等の規制に関する法律（昭和48年法律第117号）。

6 分野の内容をみると、感染症予防のような古典的分野から環境保護な
どのような現代的分野まで様々なものがある。その多くは国家が公衆衛生
維持の責務を果たすために行う消極目的規制であるといえるが、憲法 25
条の要請に基づく福祉国家的な内容も含まれている部分がある。

　公衆衛生法を扱うのであれば、6 分野すべてを扱いながら体系的にまと
めることが望ましいが、それは別の機会に託すとして、本書では公衆衛生
法の基本となる感染症分野に焦点を絞って考察する。

　感染症分野の法律は感染症を軸にしたものもあれば別の事柄を主目的と
する法律の中に感染症関連の規定が設けられていることもある。本書では
前者を中心に取り上げ、感染症対策の法的構造を明らかにするとともに、
対策の限界について考察を加える。感染症分野の法律には緊急事態宣言や
隔離といったものものしい規定が散見されるが、後者の内容をみても感染
症が例外的重大事項と扱われている様子を垣間見ることができる。たとえ
ば、旅館業法は原則として宿泊を拒むことを禁止しているが、その例外の
1 つに、明らかに感染症に罹患している者を挙げている。[119] また、学校保健
安全法は、学校設置者は感染症予防を理由に臨時休校することができると
し、[120] 校長は感染症患者等に対する出席停止を命じることができるとしてい
る。[121] このように感染症は、平時にはみられない例外的対応を許容する側面
があり、それは時に国民の自由を強く制限することがある。しかし、感染
症対策はともすれば行き過ぎてしまうおそれがあり、常に自由との関係を
意識し、必要最小限の措置でなければならないことが要求される。感染症
対策が広い意味での安全に関わるものであるとすれば、感染症分野の法律
または措置のあり方はいかに自由と安全のバランスをとるか、これにかか
ってくるのである。[122]

---

＊118　毒物及び劇物取締法（昭和 25 年法律第 303 号）。
＊119　旅館業法 5 条 1 号「宿泊しようとする者が伝染性の疾病にかかっていると明らかに認められるとき」。
＊120　学校保健安全法 20 条「学校の設置者は、感染症の予防上必要があるときは、臨時に、学校の全部又は一部の休
　　　業を行うことができる」。
＊121　学校保健安全法 19 条「校長は、感染症にかかっており、かかっている疑いがあり、又はかかるおそれのある児
　　　童生徒等があるときは、政令で定めるところにより、出席を停止させることができる」。
＊122　小山剛「コロナ禍の自由と安全」法律時報 93 巻 13 号 1 頁（2021 年）。

# 第3章　感染症予防
―― 予防対策と水際対策

　感染症対策の枢要は、**予防、行動制限、治療**の3点である。予防は、主に感染症の発生やまん延を防ぐためにあらかじめ様々な対策を講じておくことを指し、情報収集や医療体制など様々な方策を含む。ただし、予防は感染症発生前に限られず、発生後やまん延時における対策も含むことがある。行動制限は、感染症発生後にまん延を防ぐために行われるもので、ロックダウンや強制入院のような強い制限から外出自粛のような穏健な制限まで様々なレベルの制限がある。治療は、主に感染症患者の治療を指すが、ワクチンなどの感染予防の措置を含むこともある。

　この3要素は感染症の発生前・発生後・まん延時など、感染症流行の推移にリンクする側面があるが、必ずしも一場面にとらわれず、またそれぞれが混在することもある。たとえば、予防は、感染症の発生前から必要とされるが、発生後においてもまん延を防止するために必要とされるし、ワクチンは予防的側面もあれば治療的側面もある。

　実際、法制度をみると、感染症対策の基本法たる感染症法は予防、行動制限、治療の各要素について規定を設けている。そのため、感染症に関する法制度を考察するときに何を軸にするかは難しいところがあり、感染症対策自体と感染症法制度の両方を踏まえながら考察をする必要がある。

　そこで本書では次のような構成をとる。まず、予防については事前の感染症防止対策にフォーカスし、一般的な予防対策と水際対策を取り上げる。そこで対象となる法律は、感染症法、検疫法、入管法である。次に、感染症一般の対策として感染症法に光を当て、検査、入院、利用制限、治療など全般的な流れを概観する。続けて、新型インフルエンザ流行の際に活用された特措法を取り上げ、様々な行動制限のあり方を考察する。最後に、ワクチン接種について、予防接種法を中心に考察する。なお、新型コロナ禍は上記の様々な場面に関わるものであったので、適宜、新型コロナ対応

にも触れることにする。

# 1 感染症予防

　感染症対策は感染症が発生してからでは遅く、その前から対策を行っておかなければならない。なぜなら、いったん感染症が発生すると瞬く間にまん延してしまい、甚大な被害をもたらすおそれがあるからである。そのため、まずは予防対策を行うことが重要であり、感染症が発生してもその被害を最小限にとどめる計画を立てておくことが肝要となる。

## (1) 予防対策

　感染症は細菌やウイルスなどの病原体が人や動物などの宿主に感染することで広がるものであり、病原体、感染経路、宿主を特定し、感染を防いだり適切な治療を施したりすることが対策となる。そのため、感染症予防は対象となる病原体を措定して初めて具体的対策が可能になるが、未知の病原体が発生する可能性もある。そのため、既存の病原体に対する予防をもとに、未知の病原体に対しても研究などを通じて対応策を講じておく必要がある。

　**感染症予防**とは、「感染症が発生し、特に社会的にまん延（感染症にかかった患者が増加していく状態）を防止すること」を意味する。[*1] 予防は感染症の発生やまん延を防ぐための事前予防措置と発生後被害拡大を防ぐ防止措置の両方を含み、患者に対する医療や治療は含まないとされるが、ここではまず感染症発生前の予防対策をみることにする。[*2]

　感染症の予防には、感染症の予防に特化した方策を行う**直接的予防**と良好な公衆衛生や健康状態を維持していくことによって感染症予防につなげる**間接的予防**がある。直接的予防として、国や地方自治体は感染症に関する研究、感染症に対する医療体制の整備、感染症に関する情報収集や知識の普及などを進める必要がある。そこで感染症法３条は、「国及び地方公

---

*1　厚生労働省健康局結核感染症課監修『詳解　感染症の予防及び感染症の患者に対する医療に関する法律』26 頁（中央法規、2016 年）（以下「**詳解感染症法**」という）。
*2　詳解感染症法 26 頁。

共団体は、教育活動、広報活動等を通じた感染症に関する正しい知識の普及、感染症に関する情報の収集、整理、分析及び提供、感染症に関する研究の推進、病原体等の検査能力の向上並びに感染症の予防に係る人材の養成及び資質の向上を図るとともに、社会福祉等の関連施策との有機的な連携に配慮しつつ感染症の患者が良質かつ適切な医療を受けられるように必要な措置を講ずるよう努めなければならない」とし、国や地方自治体に対して総合的な予防策を実施するように求めている。また、感染症法は国や地方自治体のみならず、国民、医療関係者、獣医師に対しても予防努力を求めている。たとえば、同法4条は、「国民は、感染症に関する正しい知識を持ち、その予防に必要な注意を払うよう努め……なければならない」とし、5条は「医師その他の医療関係者は、感染症の予防に関し国及び地方公共団体が講ずる施策に協力し、その予防に寄与するよう努め……なければならない」としている。

　間接的予防は感染症対策に限るわけではなく、国民の健康増進と国民保健の向上を推進する健康増進法（健康増進法1条）、「医師は、医療及び保健指導を掌ることによつて公衆衛生の向上及び増進に寄与し、もつて国民の健康な生活を確保するものとする」（医師法1条）と定める医師法、保健所を通じた地域住民の健康増進を目指す地域保健法（地域保健法1条）など、公衆衛生や国民健康に関する規定を置く様々な法律が関わる。なお、保健所は伝染病に関する企画、調整、指導、事業も所掌範囲に含まれている（同法6条12号）。

## (2) 基本指針・予防計画・基本方針・医療計画

　感染症予防を実践するための方策として、感染症法は国による基本指針の作成と地方自治体による予防計画の作成を義務づけている。

　まず、厚生労働大臣は、感染症の予防の総合的な推進をはかるための基本的な指針（**基本指針**）を定めなければならない（9条1項）。その基本指針には、①予防推進の基本的な方向、②感染症発生予防のための施策、③まん延の防止のための施策、④医療体制確保、⑤感染症や病原体の調査および研究、⑥医薬品開発、⑦検査体制や検査能力の向上、⑧感染症予防に

関する人材養成、⑨感染症に関する啓発や知識の普及と患者の人権尊重、⑩特定病原体等の適正な取扱い、⑪緊急時の予防、まん延防止、医療提供、⑫その他の予防（9条2項1～12号）について定めることになっている。

　次に、厚生労働大臣の基本指針を受けて、都道府県はそれに従って感染症の予防のための施策の実施に関する計画（**予防計画**）を定めなければならない（10条）。予防計画は、市町村、診療に関する学識経験者の団体の意見を聴いたうえで（同条5項）、①地域の実情に即した予防やまん延防止策、②地域における医療提供体制確保、③緊急時の予防、まん延防止、医療提供（同条2項1～3号）について定め、④研究推進、人材養成、知識の普及について定めるよう努めなければならない（同条3項）。予防計画については厚生労働大臣に提出することが義務づけられている（同条6項）。

　また、特に総合的に予防のための施策を推進する必要がある感染症については、別途、特定感染症予防指針を作成しなければならない（11条1項）。特定感染症予防指針の対象となる感染症については、厚生労働省令（感染症法施行令）2条がインフルエンザ、結核、後天性免疫不全症候群（HIV）、マラリアなど22の感染症を挙げている。

　なお、通常の医療提供体制確保については医療法30条の3が厚生労働大臣に基本方針を作成するように定め、それに則して都道府県はその地域における医療提供体制の確保をはかるための医療計画を作成することになっている（医療法30条の4）。ここでは医療提供体制確保に関する基本事項が定められるが、感染症に関する規定が設けられていない。通常の医療提供確保と感染症の医療提供確保を分けて考えるアプローチもありうるが、新型コロナ禍ではまん延時の医療体制の確保が繰り返し問題になったことから、通常の医療提供確保と感染症の医療提供確保について連動的に捉えながら調整することが、検討課題として挙げられる。

　感染症法9条の基本指針は感染症の予防に関するものであることから、個々の感染症に対して個別の対応が必要なこともある。新型インフルエンザ等については新型インフルエンザ特措法6条1項が政府に新型インフルエンザ等対策に関する政府行動計画を作成するように規定している。それを受けて、都道府県知事は、その地域版である**都道府県行動計画**を作成す

ることになっている（特措法7条1項）。

## 2　水際対策としての検疫

### （1）検疫

　感染症が国外で発生した場合、それが国内に入り込むことを防ぐことができれば、感染症被害を受けずに済むので、最善の策である。仮に完全に侵入を防ぐことが難しくても、侵入の規模を最小限に抑えることができれば、国内におけるまん延スピードを遅らせたり、まん延地域を限定したり、感染者数を抑えたりすることができる可能性がある。そのため、水際対策は感染症予防の防波堤的役割を担う。特に、日本は他の国と陸続きで接していないので、水際対策による効果が一層期待される。

　**水際対策**は、感染症の流行地から来る者または感染している疑いのある者が入国する場合に、検査、停留、隔離、入国拒否などを行うことによって外国の感染症が国内に上陸しないようにする措置である。

　たとえば、1900年初頭、移民や貿易など人と物の移動であふれていたニューヨークは、感染症まん延を防ぐために、感染流行地から来航した船の検疫を義務化し、人や荷物は許可証がなければ市内に上陸できず、船舶も検疫の許可がでるまで市から300ヤード以内に入ることを許さないとする法律を制定した[*3]。検疫は人や物の流れを一時的に止めるため、実施する側も実施される側にもコストがかかり、経済効率の観点からすれば大きな負担となる。

　とりわけ、グローバル時代を迎えた現代においては、エネルギー、食料、医薬品、機械、半導体など、重要な資源や物品について相互依存しており、検疫はその足かせとなる存在でもある。現在のようにグローバル化が進んでいなかった時代においても、ニューヨークなどの都市部では人や物の移動は重要な事柄だったわけであるが、それでも検疫を実施したという事実は、感染症まん延がもたらすコストの大きさが認識されていたことを示す。

---

＊3　Susan Wade Peabody, *Historical Study of Legislation Regarding Public Health in the States of New York and Massachusetts*, THE JOURNAL OF INFECTIOUS DISEASES Vol. 6, Supplement 4. 1, 11 (1909).

もっとも、検疫の実施は必ずしもその国の一存で決められるわけではなかった。その卑近な例が19世紀後半の日本である。日本では江戸時代から明治時代にかけてコレラがたびたび流行したが、それはアメリカやイギリスなど開港を迫る外国政府との関係で本格的な検疫体制を整えることが難しかったという背景があった。当初、日本は消毒所などを設けて対応していたが、1879年に海港虎列刺病予防規則が公布され[*4]、コレラ流行地から来航する船舶に対して停留などの検疫措置をとることになった。その後、1899年に海港検疫法[*5]、1927年に航空検疫規則[*6]が制定され、船舶・航空に対する検疫体制が整い始めた。そして戦後になり、1951年に制定されたのが検疫法である。

## （2）検疫法と検疫の概略

　**検疫法**は水際対策の基盤となる法律である。検疫法は、外国から来る船舶や航空機に対して、すべて入港前に検疫を受けることを義務づけている。そのため、**検疫済証**を受けなければ上陸したり荷揚げをしたりすることができない。

　検疫自体の流れとして、まず入港前に検疫所長に対して一定事項を知らせなければならない。一般に、航空会社や船舶代理店等を通して検疫所に出発地、到着地、日時、病人の有無などが伝えられる。なお、検疫所は全国に13あり[*7]、その他支所や出張所が多数設置されている。

　それから検疫を受ける**検疫区域**に入り、検疫が始まる。船舶等の長は、検疫所長に船舶等の名称、発航地名、寄航地などを記載した明告書を提出しなければならず、検疫所長は乗員乗客に対して必要な質問をしたり、

写真3-1　横浜港の検疫船（写真手前）（中村庸夫／アフロ）

---

*4　明治12年太政官布告第28号。
*5　明治32年法律第19号。
*6　昭和2年内務省令第37号。
*7　小樽検疫所・仙台検疫所・成田空港検疫所・東京検疫所・横浜検疫所・新潟検疫所・名古屋検疫所・大阪検疫所・関西空港検疫所・神戸検疫所・広島検疫所・福岡検疫所・那覇検疫所がある。

検疫感染症に関する診察や船舶等に対する病原体の有無の検査を行ったりすることができる。一般に、入国者は質問票の提出やサーモグラフィーチェックを通じて検疫ブースに行き、症状がなければ入国できる。症状がある場合には医師の診察を受ける。

　もし、検疫感染症の病原体に感染し、または感染したおそれがある場合には、患者を隔離したり、感染したおそれのある者を停留したりすることができる。その他、検疫所長は応急措置、消毒、駆除、検査、診察などを行うことができる。

# 3　検疫法

## (1) 検疫法の目的と対象

　検疫法の目的は、船舶や航空機を介して国内に常在しない感染症の病原体が外国から入り込むのを阻止するために必要な措置を行うことである（検疫法1条）。必要な措置には検査、隔離、消毒など様々な事項が含まれる。

　検疫法は対象とする感染症を**検疫感染症**と指定し、感染症法上の1類感染症、新型インフルエンザ等感染症、国内に常在しない感染症のうち病原体が国内に侵入することを防止するためその病原体の有無に関する検査が必要なものとして政令で定めるものがそれにあたる（2条1〜3号）。また、上記の感染症患者に該当しない場合でも、1類感染症の擬似症者、新型インフルエンザ等感染症に感染したおそれのある者、1類感染症または新型インフルエンザ等感染症の無症状感染者は上記感染症に含まれる者として扱うとしている（2条の2第1〜3項）。また、検疫法34条1項は、外国で検疫感染症以外の感染症が発生し、検疫を行わなければ病原体が国内に侵入して国民の生命および健康に重大な影響を与えるおそれがあるときは、政令で1年間のみ検疫の対象等にすることができる。当初、新型コロナはこの規定に基づいて検疫感染症に含まれることになった[*8]。なお、その後、2021年2月3日の感染症法改正に伴い、新型コロナウイルスが「新型イ

---

*8　令和2年政令第28号。

ンフルエンザ等感染症」に含まれることになったため、検疫法2条2号の新型インフルエンザに含まれることになった。

　検疫法の目的は、国内に常在しない感染症の病原体が外国から入り込むのを阻止するために必要な措置を行うことであるため、基本的には外国発の感染症が国内に入り込むのを防ぐことを念頭に置いている。ただし、それは国内で感染例がないということだけを意味するわけではなく、あくまでに国内に常在しない感染症を対象としている。そのため、国内においてすでに感染例がある感染症も対象になるわけであり、たとえば1類感染症の中でいえばペストはかつて日本にも侵入した過去がある。

## （2）検疫開始前

　外国を発航または外国に寄港した船舶・航空機、あるいはそれらの船舶から人や物を移した船舶・航空機はすべからく検疫の対象となる（検疫法4条）。検疫済証または仮検疫済証が交付されなければ、これらの船舶・航空機は入港、着陸、着水できない[*9]。それと同時に、検疫済証または仮検疫済証が交付されなければ、何人も、その船舶から上陸したり、物を陸揚げしたり、航空機や検疫飛行場ごとに検疫所長が指定する場所から離れたり、物を運び出してはならない（5条）。違反した場合には1年以下の懲役または100万円以下の罰金に処される（35条1号）。検疫を受けるとき、船舶・航空機は原則として検疫区域に入らなければならない（8条）。

　また、検疫を受けようとする船舶等の長は、その船舶等が検疫港や検疫飛行場に近づいたとき、検疫港や検疫飛行場に置かれている検疫所長に、検疫感染症の患者または死者の有無その他厚生労働省令で定める事項を通報しなければならない（6条）。

## （3）検疫の実施

　船舶・航空機が検疫区域に入った場合、検疫所長は原則として速やかに検疫を開始しなければならない（10条）。まず、船舶・航空機の長は船舶等の名称または登録番号、発航地名、寄航地名、その他厚生労働省令で定

---

*9　ただし、検疫を受けるために指示された場所に向かう場合や検疫所長の許可がある場合は例外となる（同法4条）。

める事項を記載した明告書を検疫所長に提出しなければならない（11条1項）。検疫所長は乗組員名簿、乗客名簿、積荷目録の提出や航海日誌または航空日誌、その他検疫のために必要な書類の提示を求めることができる（同条2項）。

次に、検疫所長は、乗員・乗客等に対して必要な質問を行ったり（12条）、診察や検疫感染症の病原体の有無に関する検査を行ったりすることができる（13条1項）。また、必要があれば、死体の解剖を行うこともできる（同条2項）。積載貨物についての検査が難しいときは、検疫所長が指示する場所にそれを陸揚げするように指示することができる（13条の2）。

## （4）検疫措置

検疫所長は、①検疫感染症の流行地域を発航または寄港して来航した船舶等、②航行中に検疫感染症の患者または死者が発生した船舶等、③検疫感染症の患者、その死体、ペスト菌を保有または保有しているおそれのあるねずみ族が発見された船舶等、④その他検疫感染症の病原体に汚染または汚染したおそれのある船舶等について、合理的に必要と判断される限度において隔離や停留等の一定の措置を行うことができる（14条[10]）。

このように、検疫において隔離や停留のような強い措置が実施可能となっていることにはいくつかの理由が考えられる。すなわち、①歴史的に各国において検疫に伴う措置が強制的に実施されてきたこと、②感染流行地から来航した船舶等や検疫感染症の患者が発生した船舶等について隔離や停留を行うことは合理的であること、③感染症対策においては水際対策が防波堤の役割を果たしており万が一検疫感染症を国内に侵入させてしまうと取り返しのつかない損害を被るおそれがあること、④そもそも入国事項についてはその国の裁量が広く認められること、などである。

ただし、検疫法はその措置について「合理的に必要と判断される限度に

---

*10　検疫法14条「検疫所長は、検疫感染症が流行している地域を発航し、又はその地域に寄港して来航した船舶等、航行中に検疫感染症の患者又は死者があった船舶等、検疫感染症の患者若しくはその死体、又はペスト菌を保有し、若しくは保有しているおそれのあるねずみ族が発見された船舶等、その他検疫感染症の病原体に汚染し、又は汚染したおそれのある船舶等について、合理的に必要と判断される限度において、次に掲げる措置の全部又は一部をとることができる」。

おいて」（**合理的必要性**）と規定している。このような合理的必要性を要求しているのは、それが身体や自由に対する強い制約になっていることを考慮し、過度な実施や恣意的な措置を防ぐためである。そのため、通常の規制と比べると、その実施において慎重さが要求される。とはいえ、感染症法や新型インフルエンザ特措法がその措置について要求する権利への配慮と比べると、その程度はそこまで強くない。これらの法律は必要最小限の措置であることを要求しているが、検疫法の場合は合理的必要性にとどまるからである。

　しかも「判断される限度」というフレーズは当該措置の限界を厳密に措定するというよりも、その限度の判断を実施機関に委ねることを意味している。換言すれば、実施機関が合理的に必要であると判断すれば実施できるということであり、客観的にみて合理的に必要であることが求められるわけではないのである。

　これらのことは警察官職務執行法[*11]と比べるとわかりやすい。同法1条2項は「この法律に規定する手段は、前項の目的のため必要な最小の限度において用いるべきものであつて、いやしくもその濫用にわたるようなことがあつてはならない」と規定し、職務執行に伴う手段を必要最小限に用いるべきものとしていることから、必要最小限性を規範的に要求しているといえる。その一方で、同法6条は緊急時の警察官の建造物等への立入につき、「警察官は、前二条に規定する危険な事態が発生し、人の生命、身体又は財産に対し危害が切迫した場合において、その危害を予防し、損害の拡大を防ぎ、又は被害者を救助するため、已むを得ないと認めるときは、合理的に必要と判断される限度において他人の土地、建物又は船車の中に立ち入ることができる」としている。ここでは検疫法14条と同様に「合理的に必要と判断される限度において」というフレーズが用いられている。この場面では、検疫法14条と同じように、警察官が合理的に必要と判断すればそれが可能になっている。ただし、警察官職務執行法1条2項が必要最小限性を要求していることから、同法6条の判断は厳密に設定されており、緊急時において危害を予防する等やむを得ないと認める場合でなけ

---

*11　昭和23年7月12日法律第136号。

ればならない。そのため、検疫法の規定と比べて、統制の度合いが強まっていることがわかる。

　検疫は隔離や停留に限らず、協力要請、消毒、埋葬、使用制限や移動禁止措置、ねずみ族などの駆除など、様々な措置を含む。検疫所長は、新型インフルエンザ等の患者または感染したおそれのある者に対して感染防止に必要な報告や協力を求めることができ（検疫法14条1項3号）、検疫感染症の病原体に汚染したか汚染したおそれのある物や場所を消毒し、消毒による対応が難しい場合は廃棄を命令する

写真 3-2　汚染場所を消毒する人（イメージ）（AFRC_224／イメージマート）

ことができ（同項4号）、検疫感染症の病原体に汚染し、または汚染したおそれのある死体の火葬を行い（同項5号）、検疫感染症の病原体に汚染し、汚染したおそれのある物もしくは場所の使用を禁止・制限し、これらの物の移動を禁止することができ（同項6号）、ねずみ族または虫類の駆除を行わせることができ、（同項7号）、必要と認める者に対して予防接種を行うことができる（同項8号）。

## （5）隔離

　検疫措置の中で最も典型的なものが**隔離**である。検疫所長は検疫感染症の患者を隔離することができる（14条1項1号）。感染症関連の法令において正面から「隔離」という文言を用いているのは、実は感染症法ではなく、この検疫法なのである。もともと、英語の quarantine（隔離）はイタリア語の「40日」を意味する quaranta giorni に由来する。[*12] 14世紀、ベネチアではペスト対策のために来航する船舶を40日間は入港させなかったことから、その言葉が転じて英語の quarantine となり、隔離を意味するようになった。したがって、それは主として検疫の場面で用いられる文言であり、日本の検疫法は隔離という文言を用いているわけである。一方、国内の感染症患者に対して一定の場所に収容することは入院措置（強制入

---

*12　Kelly S. Culpepper, *Bioterrorism and the Legal Ramifications of Preventative and Containment Measures,* 12 Quinnipiac Health L.J. 245, 261 (2008-2009).

院）と呼ばれる。

　隔離措置は検疫法15条に基づいて行われる。感染症法に基づく強制入院と異なり、隔離を行うにあたっての勧告の前置や、期間の定めに関する規定は置かれていない。つまり、検疫感染症の患者であることが判明し、検疫所長が隔離を要すると判断すれば、ただちに強制的に隔離できる規定となっている。

　隔離先については、感染症ごとに医療機関に入院を委託して行うことになっている（15条）。1類感染症であれば特定感染症指定医療機関（同条1項1号）、新型インフルエンザ等であれば特定感染症指定医療機関、第1種感染症指定医療機関または第2種感染症指定医療機関が指定されている（同項2号）[*13]。ただし、緊急その他やむを得ない理由があるときは、検疫所長が適当と認める病院等に入院を委託して行うことができる。

　隔離されている患者が病原体を保有していなければ隔離を行う必要性がなくなる。そのため、検疫所長は患者が病原体を保有していないことが確認されればただちに隔離を終わらせなければならず（15条2項）、指定医療機関の管理者は患者が病原体を保有していないことを確認した場合には検疫所長にそのことを知らせなければならない（同条3項）。病原体保有の有無の確認が隔離解除の基準になることから、病原体を保有しているかどうかの確認がなされないと隔離は解かれない。そのため、隔離されている患者またはその保護者は検疫所長に対して隔離を解くことを求めることができ（同条4項）、その求めがあったときには、検疫所長は当該感染症の病原体を保有しているかどうかの確認をしなければならないことになっている（同条5項）。

　もっとも、隔離はその人の自由を著しく制限するものであることから、検疫所長と病院の判断のみに任せるわけにはいかない。そのため、隔離に対しては審査請求を行う規定が設けられており、被隔離者またはその保護者が審査請求を行うことができるよ

写真 3-3　隔離対応に当たる人（イメージ）（Science Photo Library: アフロ）

*13　これらの医療機関は、感染症法6条13〜15項が定義するものを指す。

うになっている（16条の3）。審査請求に対する厚生労働大臣の裁決は、30日を超える隔離の場合は審査請求があった日から5日以内（同条2項）、30日を超えない隔離の場合は隔離が始まった日から35日以内にしなければならない（同条3項）。

　なお、隔離の最中に逃亡したときは1年以下の懲役または100万円以下の罰金に処される（35条2号）。

## （6）停留

　隔離と類似の措置に**停留**がある。船舶や航空機はいわゆる「3密」（密閉・密集・密接）になりやすく、感染症の発生が発覚した時点ではすでに感染が広がっている可能性がある。そのため、感染症の病原体に感染したおそれのある者を一定の場所にとどめておき、国内に持ち込ませないようにする必要がある。そのため、隔離が検疫感染症に感染している患者を対象とするのに対し、停留は検疫感染症に感染しているおそれがある者を対象とする点に違いがある。擬似症者や無症状感染者は患者とみなされて隔離の対象になるので、あくまで感染しているおそれがある者を対象とする停留は場合によっては医療機関ではなく船舶内にその者を収容することもあり、またあらかじめ期限が設定される点も隔離と異なる。

　検疫法に基づき、検疫所長は検疫感染症の病原体に感染したおそれのある者を停留することができる（14条1項2号）。ただし、感染したおそれがある者の対象は広範に及ぶ可能性があり、それは人やモノの移動に大きな影響を与え、自由を大幅に制約してしまうおそれがある。また、その認定は検疫所長の判断に委ねられるため、恣意的な判断で決められてしまうおそれもある。そのため、同条は、感染したおそれがある者がいる場合にはすべて停留対象とするのではなく、停留措置を行うときは外国で発生した検疫感染症の病原体が国内に侵入し、国民の生命および健康に重大な影響を与えるおそれがあると認めるときに限るとしている。

　停留措置を行う場合は期間を定めなければならない（16条1項）。具体的期間については、ペストについては144時間、それ以外については504時間を超えてはならず、感染症ごとに潜伏期間を考慮して政令で定められ

ることになっている（同条3項）。これを受けて検疫法施行令1条の3が感染症ごとの停留期間を設定しており、たとえば新型コロナは336時間（14日間）となっている（表3-1）。停留場所は、1類感染症であれば特定感染症指定医療機関や第1種

表3-1　停留期間（検疫法施行令1条の3）（2022年7月時点）

| エボラ出血熱およびラッサ熱 | 504時間 |
|---|---|
| クリミア・コンゴ出血熱 | 216時間 |
| 痘そう | 408時間 |
| 南米出血熱 | 384時間 |
| マールブルグ病、新型インフルエンザ | 240時間 |
| 新型コロナウイルス感染症 | 336時間 |

感染症指定医療機関に入院を委託して行うが、緊急その他やむを得ない理由があるときは、検疫所長が適当と認める医療機関にその入院を委託したり、船舶の長の同意を得たうえで、船舶内に収容したりすることができる（16条1項）。新型インフルエンザ等であれば特定感染症指定医療機関、第1種感染症指定医療機関または第2種感染症指定医療機関に入院を委託して行うが、検疫所長が適当と認める医療機関にその入院を委託したり、管理者の同意を得て宿泊施設内に収容したり[*14]、船舶の長の同意を得たうえで船舶内に収容したりすることができる（同条2項）。

　停留は感染のおそれがある者を対象とするため、感染していないことが判明すればただちに停留を解除しなければならない。停留解除の要件は隔離と同様である。すなわち、検疫所長は被停留者が病原体を保有していないことが確認されればただちに停留を解かなければならず（16条4項）、指定医療機関の管理者は被停留者が病原体を保有していないことを確認した場合には検疫所長にそのことを知らせなければならない（同条5項）。被停留者またはその保護者は検疫所長に対して停留を解くことを求めることができ（同条6項）、その求めがあったときには、検疫所長はその者が当該感染症の病原体を保有しているかどうかの確認をしなければならないことになっている（同条7項）。

　なお、隔離と同様、停留の最中に逃亡したときは1年以下の懲役または100万円以下の罰金に処される（35条2号）。

---

*14　宿泊施設とは、感染症法44条の3第2項が規定する「当該感染症のまん延を防止するため適当なものとして厚生労働省令で定める基準を満たすもの」を指す。

## (7) 協力要請

　水際対策では、隔離や停留のような強力な措置だけでなく、感染防止のために必要な協力を求めることも必要である。そのため、検疫所長は、検疫感染症の患者や感染したおそれのある者に対して感染防止に必要な報告や協力を求めることができる（検疫法14条1項3号）。

　新型インフルエンザ等の患者に対しては、感染症の病原体を保有していないことが確認されるまで、体温や健康状態について報告を求め、宿泊施設から外出しないように要請するなど、感染防止に必要な協力を求めることができる（16条の2第1項）。報告を求められた患者は、正当な理由がある場合を除いて応じなければならないとされているので（同条3項）、回答は義務となっている。また、外出禁止要請に協力しない者に対しては隔離の対象となる（同条4項）。

　また、新型インフルエンザ等に感染したおそれのある者に対しては、潜伏期間などを踏まえた一定期間、その者の居宅またはこれに相当する場所から外出しないなど、感染防止に必要な協力を求めることができる（16条の2第2項）。なお、感染したおそれのある者への協力は義務ではなく努力規定にとどまっている（同条3項）。

　なお、隔離措置を受けている間に逃亡した場合は罰則の対象となり、また隔離措置を受けていない患者がその宿泊施設からの外出禁止要請に従わない場合には隔離の対象となるので、検疫法の対象となる感染者に対する外出制限は強制的に行われることになっている。一方、感染症法の対象となる感染者は入院中に無断外出した場合の罰則がなかったため、2021年2月の法改正の際に罰則が設けられた（▶105頁）。

## (8) 検疫証等の交付

　検疫の結果、検疫所長が検疫感染症の病原体が国内に侵入するおそれがないと認めたときは、船舶等の長に対して検疫済証を交付しなければならない（検疫法17条1項）。もっとも、常におそれがないと認めることができるわけではなく、おそれがないと断定することが難しいケースもありう

る。だが、断定はできないとはいえ、ほとんどおそれがないにもかかわらず検疫証を交付しないことになると、その船舶等の乗員・乗客に多大な影響が生じ、また人や物の移動に支障が生じ、大きな混乱を招くおそれがある。そのため、断定することはできなくても、病原体が国内に侵入するおそれがほとんどない場合には一定期間を定めて仮検疫済証を交付することができることになっている（18条1項）。

　ただし、感染が広がるリスクは存在するので、仮検疫済証を交付した場合に、停留を求められない者に対して一定の健康チェックをしておかなければ、万一、感染症がまん延した場合に**感染経路**を特定できないおそれがある。2003年のSARSの流行の際にそうした懸念が提示され、検疫法に健康監視制度が導入された。[*15]

　検疫所長は、検疫感染症（新型インフルエンザを除く）の病原体に感染したおそれのある者で停留されないものに対して、旅券の提示を求め、当該者の国内における居所、連絡先、氏名、旅行の日程その他の厚生労働省令で定める事項について報告を求めることができ、仮検疫済証の期間内においてその者の体温その他の健康状態について報告や質問を行うことができる（18条2項）。

　もし、健康状態に異状を生じた者を確認した場合、検疫所長はその者に対して保健所や医療機関において診察を受けるように伝え、検疫感染症の予防上必要な事項を指示し、その者の居所の所在地を管轄する都道府県知事に通知しなければならない（18条3項）。

　なお、新型インフルエンザの場合につき、検疫所長は、旅券の提示を求め、その者の国内における居所、連絡先、氏名旅行の日程その他の厚生労働省令で定める事項について報告を求めることができ（18条4項）、その内容をその者の居所の所在地を管轄する都道府県知事に通知しなければならない（同条5項）。

---

*15　「感染症対策に関する行政評価・監視―国際的に脅威となる感染症への対応を中心として―結果報告書」46頁（平成29年12月総務省行政評価局）。

## （9）その他の衛生業務

検疫を行う際に、その船舶等が検疫感染症以外の感染症の病原体に汚染[*16]または汚染したおそれがある場合、検疫所長は緊急の必要があるときには診察や消毒等の予防に必要な応急措置を行わなければならない（24条）。また、検疫の際にねずみ族の駆除が十分でないと判断した際には、検疫所長は当該船舶の長に対し、ねずみ族の駆除を命令することができる（25条）。

検疫関連の措置は、検疫所長が要求する場合以外に、船舶所有者等や外国に行こうとする者が求めることもある。その場合、検疫所長は検疫業務に支障がない限り求めに応じることができる。

船舶等の所有者または長が実費を勘案して政令で定める額の手数料を納めて、検疫感染症の病原体の有無に関する検査、消毒、ねずみ族、虫類の駆除、乗組員等に対する診察、予防接種、これらの事項に関する証明書の交付を求めてきたときは検疫業務に支障のない限りこれに応ずることができる（26条1項）。

また、検疫所長は、外国に行こうとする者が、実費を勘案して政令で定める額の手数料を納めて、検疫感染症に関する診察、病原体の有無に関する検査、予防接種、これらの事項に関する証明書の交付を求めたときも、検疫業務に支障のない限り、これに応ずることができる（26条2項）。

そのほかにも、貨物輸出者が貨物の輸出の際の検疫感染症の病原体の有無に関する検査、消毒、虫類の駆除、証明書の交付を求めた場合（26条3項）、外国に行こうとする者等が検疫感染症以外の感染症に関する診察[*17]、病原体の有無に関する検査、予防接種、証明書の交付を求めたときは、検疫業務に支障のない限り、これに応ずることができる（26条の2）。

検疫所長は、検疫感染症やそれに準ずる感染症の病原体を媒介する虫類の有無、これらの感染症に関する港や飛行場の衛生状態を明らかにするため、検疫港や検疫飛行場ごとに政令で定める区域内に限り、その区域内に

---

*16 対象となる感染症は感染症法6条3〜5項、8項に規定されているものとされる。すなわち、2〜4類感染症と指定感染症が対象となる。

*17 24条が規定する感染症に加え、1類感染症、新型インフルエンザ等、5類感染症も含まれる。

ある船舶等について、食品、飲料水、汚物、汚水、ねずみ族および虫類の調査を行い、当該区域内に設けられている施設、建築物その他の場所について、海水、汚物、汚水、ねずみ族および虫類の調査を行うことができる（27条1項）。それ以外にも、上記の感染症が流行または流行するおそれがあるとき、その区域内にある船舶等や施設、建築物その他の場所について、ねずみ族、虫類の駆除、清掃もしくは消毒を行い、さらに区域内で労働に従事する者の健康診断や虫類の駆除を行うことができる（同条2項）。

また、検疫所長は、出入国者に対して検疫感染症の外国における発生状況や予防方法について情報提供を行わなければならず（27条の2第1項）、これらの情報収集等に努めなければならない（同条2項）。

### （10）新型コロナ禍における検疫法

新型コロナ禍では、まず検疫法上、新型コロナをどのような位置づけにするかが問題となった。2020年1月30日にWHOがパンデミック宣言を行ったことを受けて、日本は2020年2月1日に新型コロナを検疫法2条3号の検疫感染症に指定し、[*18]これにより検査を行うことが可能になった。この頃、問題となったのがクルーズ船・ダイヤモンドプリンセス号（約3700人の乗員・乗客）であった。この船は2月3日に横浜港に到着したが、途中で寄港した香港で下船した乗客が新型コロナ陽性であることが判明し、船内で乗員・乗客の検査を行うこととなった。検査の結果、陽性者が出たため、どのように対応するかが問題となった。

2月5日、政府は乗客全員に対して健康観察のための自室待機を要請し、14日後の2月19日に陰性であることが確認された者は検疫法5条1号に基づき順次下船を開始するという対応を行った。[*19]もっとも、2条

写真3-4　横浜市に停泊するダイヤモンドプリンセス号
（石井正孝／アフロ）

---

*18　検疫法2条3号「前二号に掲げるもののほか、国内に常在しない感染症のうちその病原体が国内に侵入することを防止するためその病原体の有無に関する検査が必要なものとして政令で定めるもの」。
*19　厚生労働省「横浜港にて検疫中のクルーズ船の乗客の健康観察期間終了に伴う下船について」（令和2年2月18

3号指定では検査しかすることができないので、政府は2月14日に新型コロナを検疫法34条1項[20]の対象とした。これによってはじめて検疫法2条2号（新型インフルエンザ等）と同等の扱いとなり隔離や停留が可能となった。ただし、ダイヤモンドプリンセス号のケースにおいて、隔離や停留の措置が実施されたかどうかは明らかにされていない。結局、政府は、2月19日以降の下船は5条1号に基づく上陸許可、またPCR検査を受けて陽性とされて病院に運ばれた者は同条3号に基づく緊急対応として下船が認められたという形をとった[21]。しかし、これはあくまで上陸許可に至るまでの問題であって、その間、いかなる法的根拠に基づいて船内の自室で待機を求めたのかなどの問題がある。

　すなわち、14日以前から乗客が各部屋で過ごすことを求められたのはいかなる法的措置であったのか、14日以降は16条2項に基づく船舶内収容（停留）がなされたことになるのか、また途中で病院に搬送された感染者は14条1項に基づく隔離が行われたのか、という問題が残る。

　それ以外にも、ダイヤモンドプリンセス号をめぐる検疫法上に基づく対応についてはいくつかの問題点を指摘できる。まず、横浜港に到着してから11日後に、隔離・停留の対象となる34条の指定がなされたのであるが、もっと早いタイミングで同条の指定が必要だったのではないかという問題がある。

　次に、クルーズ船内の個室は普通クラスだと狭くて窓がない部屋も多く、運動をすることも難しいので、精神的にも肉体的にも疲弊する。また、船内の安全・非安全ゾーンの区分も不十分であったとの指摘もあり、陽性者が増え続けていった。14日後に下船するまでに約700人以上の感染者が出たと報告されている[22]。そのため、法的には船内停留が可能であったとしても、効果的な停留措置を行うのであれば感染対策が万全な場所で対応す

---

日）（報道発表資料）。

*20　検疫法34条「外国に検疫感染症以外の感染症（次条第1項に規定する新感染症を除く。）が発生し、これについて検疫を行わなければ、その病原体が国内に侵入し、国民の生命及び健康に重大な影響を与えるおそれがあるときは、政令で、感染症の種類を指定し、1年以内の期間を限り、当該感染症について、第2条の2、第2章及びこの章（次条から第40条までを除く。）の規定の全部又は一部を準用することができる。この場合において、停留の期間については、当該感染症の潜伏期間を考慮して、当該政令で特別の規定を設けることができる」。

*21　検疫法5条3号「緊急やむを得ないと認められる場合において、検疫所長の許可を受けたとき」。

*22　山岸拓也・神谷元・鈴木基・柿元健作「ダイヤモンド・プリンセス号新型コロナウイルス感染症事例における事例発生初期の疫学」IASR41号106-108頁（2020年）。

べきではなかったかという問題もある。なお、船内収容における感染対策が十分でなかったこともあり、乗員・乗客は下船後も健康監視対象となり、下船日から14日間、健康フォローアップを受けることとなった。[*23]

また、新型インフルエンザ等の患者に対する外出禁止等の協力要請は義務ではなく努力規定にとどまるため（16条の2第3項）、部屋から出たとしてもそれを強制的に止めることは、少なくとも検疫法上はできない。これは、隔離や停留といった強い措置が盛り込まれている検疫法ではあるものの、あらゆる感染防止対策を強制的に行えるとしたわけではなく、感染症のレベルに応じた対応を設けたためであると思われる。そのため、今回のケースで協力要請を行っていたとしても、それに従わない者が出てきた場合にどうするのかという問題が残る。

## 4　入管法

### （1）上陸拒否

水際対策では**入管法**も重要な役割を果たす。入管法の目的は文字通り人の出入国、とりわけ外国人の在留管理であるが、人の入国は水際対策と密接に関連する。また、検疫法による対応は個別の船舶・航空機を念頭に置いているが、そこでは入国に関する全般的な取扱いを念頭に置いていない。そのため、人の入国に関する全般的対応は入管法に基づいて対応することになる。

入管法5条は上陸拒否事由を列挙し、最初に感染症に罹患している外国人について規定している。5条1項1号によれば、感染症法が定める1〜2類感染症、新型インフルエンザ等感染症、指定感染症の患者、新感染症の[*24]

---

*23　厚生労働省健康局結核感染症課「ダイヤモンド・プリンセス号の下船者に対する健康フォローアップについて（依頼）」（事務連絡令和2年2月23日）。

*24　入管法5条1項1号「感染症の予防及び感染症の患者に対する医療に関する法律（平成10年法律第114号）に定める1類感染症、2類感染症、新型インフルエンザ等感染症若しくは指定感染症（同法第7条の規定に基づき、政令で定めるところにより、同法第19条又は第20条の規定を準用するものに限る。）の患者（同法第8条（同法第7条において準用する場合を含む。）の規定により1類感染症、2類感染症、新型インフルエンザ等感染症又は指定感染症の患者とみなされる者を含む。）又は新感染症の所見がある者」。1〜2類感染症の疑似症患者、新型インフルエンザ等感染症の疑似症患者で当該感染症にかかっていると疑うに足りる正当な理由のある者、1類感染症の無症状病原体保有者、新型インフルエンザ等感染症の無症状病原体保有者も患者に含まれる。なお、感染症法7条により指定感染症も政令に基づいて上記の者も患者とみなされる。

所見がある外国人は日本に上陸することができないとしている。しかし、この規定は基本的に患者、疑似症患者、無症状病原体保有者を念頭に置いており、感染症流行地域から来た者全般を対象としているわけではない。そのため、新型コロナ禍の際は感染症流行地域からの入国を禁止するために別の規定を適用した。それが5条1項14号である。同規定は「前各号に掲げる者を除くほか、法務大臣において日本国の利益又は公安を害する行為を行うおそれがあると認めるに足りる相当の理由がある者」と定めており、外国から新型コロナウイルスを持ち込む可能性がある者は日本の利益を害することになると解釈して、これを適用したのである。そのため、一定の地域からの外国人の入国につき、特段の事情がない限り上陸が拒否されることになった。[*25]

　この規定は、「前各号に掲げる者を除くほか」と定めていることからわかるように、各号に規定されている事項に該当しない場合に適用するための包括的・抽象的規定となっている。そのため、かねてからその濫用が懸念されており、本規定を拡大適用すべきではない。感染症が流行している地域から来る者は感染症にかかっている可能性があり、その者の入国を認めることはたしかに日本に損害を与えると考える相当の理由があるともいえるが、しかし、「利益」や「公安」に言及されていることからすると、本規定の適用は治安や秩序維持を意図した規定であると考えられる。また、感染症関連の事項は1号に規定されており、本規定が感染症関連の不足事項を補うと解することには疑問が残る。

　そのため、法改正を行い、感染症流行地域からの外国人の入国を拒否するための規定を別途創設すべきである。ただし、そうした規定は抽象・広範になりやすいため、感染症流行地域の認定やその期間についての判断についても、一定の定めを設けるべきであろう。また、どの程度の滞在をもって対象とするのか、また寄港しただけの場合についてはどうするかなどについても規定することが望ましいが、感染症のレベル次第で異なりうるので、政令事項とすることが現実的であると思われる。

---

*25　出入国在留管理庁「新型コロナウイルス感染症に関する上陸拒否の措置及び同措置に係る『特段の事情』について」（令和2年4月14日）（報道発表資料）。なお、特別な事情に該当する者の多くは航空機等の乗組員であった。

## (2) 通報義務

　また、水際対策とは異なるが、新型コロナの際には患者等が退去強制事由に該当する外国人である場合にどのような対応をするかという問題があり、そこでも入管法が関連することになった。

　入管法 62 条 2 項は、国または地方の公務員に対し、退去強制事由に該当する外国人であることを知った時は通報しなければならないと定めている。しかし、新型コロナ禍においてこの義務を厳格に要求すると、公務員が不法滞在者とおぼしき外国人に対して新型コロナ対策を施そうとするときに躊躇してしまうおそれがある。たとえば、陽性反応が出た外国人に対して氏名、住所、職場、身分などを確認した結果不法滞在が明らかになるといったケースがありうる。このとき、公務員が人道的観点から強制退去になってしまうことを懸念して新型コロナ対策の実施を躊躇してしまうと、適切な感染症対策ができなくなるおそれがある。あるいは、通報義務を履行して強制退去となってしまうと、かえってそのプロセスにおいて感染機会が増えてしまうおそれもある。さらには、不法滞在をしている外国人が通報義務をおそれて検査等に消極的になってしまうかもしれない。

　そこで厚生労働省は、以前に出された法務省の通知[27]を活用し、「入管法に基づく通報義務を履行した場合に当該目的を達成できないおそれがあるような例外的な場合には、当該行政機関において、通報義務により守られるべき利益と各官署の職務の遂行という公益を比較衡量して、通報するかどうかを個別に判断した結果、通報しないことも可能である」との通知を出した[28]。これによって、通報義務の程度が緩和されることになり、外国人に対するワクチン接種も円滑に進められることになった。

---

*26　入管法 62 条 2 項「国又は地方公共団体の職員は、その職務を遂行するに当つて前項の外国人を知つたときは、その旨を通報しなければならない」。

*27　「出入国管理及び難民認定法第 62 条第 2 項に基づく通報義務の解釈について（通知）」（平成 15 年 11 月 17 日付法務省管総第 1671 号法務省入国管理局長通知）。

*28　厚生労働省新型コロナウイルス感染症対策推進本部「新型コロナウイルス感染症対策を行うに当たっての出入国管理及び難民認定法第 62 条第 2 項に基づく通報義務の取扱いについて」（事務連絡令和 3 年 6 月 28 日）。

**コラム②　ウィズコロナか、ゼロコロナか**

　感染症対策において水際対策に失敗すると、一気に国内に感染症がまん延してしまうおそれがあるので、初動が極めて重要であるといわれる。新型コロナ対策においては、日本では水際対策に遅れが生じた結果、対応が後手に回ってしまい、感染が全国に広がってしまった。そのため、法制度上可能かどうかはさておき、国内で強い措置をとっても封じ込めることが難しくなったがゆえに、穏健な対策によってウィズコロナ対応をせざるを得なくなったという見方があった。

　一方、中国では、新型コロナ発生が国内（武漢）であったものの、初動で強い封じ込めを徹底した結果、当初は他国と比べて感染者数や死亡者数を抑え込んだという評価がなされていた。ただし、各国がある程度コロナに慣れてきた頃になっても、依然として中国は封じ込めによるゼロコロナ政策を実施したため、上海などの大都市でも都市封鎖が行われることとなり、社会経済生活に不安を抱えることとなった。

　ウィズコロナとゼロコロナのいずれが適切かについては、感染症対策としての有効性のみならず、社会経済生活とのバランスの観点からも考慮する必要があるが、なお感染状況や社会状況によって評価が左右されうるので、まだその評価はできない。将来的にその検証をする際には、統計データのみならず、各場面や各時点における社会状況をも踏まえて総合的に検証する必要があるだろう。

# 第4章　感染症対策の基本的枠組
――基本法としての感染症法

## 1　感染症法成立の背景

　感染症に関する基本法的地位を占める法律が**感染症法**である。この法律は、コレラ、ペスト、結核といった悪名高い感染症から、季節性インフルエンザなどのようなありふれた感染症まで、様々な感染症につき、1類〜5類感染症、新型インフルエンザ等感染症、指定感染症、新感染症に類型化し、その予防、対策、治療に関する規定を設けている。もっとも、この法律が制定されたのは1998年のことであり、はるか昔から感染症が人類の脅威になってきたことを踏まえると、ずいぶんと歴史が浅いように思える。それでは、それまで感染症に関する基本的な法律がなかったかというと、そういうわけではない。というのも、感染症法は新たに制定されたものではあるが、それ以前には別の法律が存在していたからである。そこで、まずは感染症法の制定に至る経緯を確認しながら、感染症法の中身をみていくことにしよう。

### （1）従来の伝染病対策

　日本の人口は江戸時代以降増加していったが、当時は鎖国していたこともあり、重度の感染症は結核、コレラ、ハンセン病などにとどまった。もっとも、鎖国中であってもパンデミックの影響が日本にも及んだことがある。コレラは19世紀初頭にパンデミックを引き起こしたが、当時鎖国中であった日本でも1822年に流行し、その後も19世紀中盤にかけてのパンデミックに呼応するような形で、再び流行したとされる[*1]。

　明治に入ると、1875年に内務省に**衛生局**が設置され、**長与専斎**局長が中心となって公衆衛生対策に取り組んだ[*2]。1877年に再びコレラが流行した

---

*1　金川英雄『感染症と隔離の社会史―避病院の日本近代を読む』56頁（青弓社、2020年）。

こともあり、政府は防疫に取り組むようになり、さらに 1880 年に伝染病予防規則が制定された。[*3]当初、衛生局がコレラ対策に取りかかり、**避病院**などでの隔離政策を中心に対応していたが、強制力を有する警察行政を求める声が上がり、また中央衛生会や地方衛生会、衛生組合など幅広い組織的な感染症対策が行われるようになった。[*4]

写真 4-1　長与専斎（public domain）

## （2）伝染病予防法

そうした中、1894 年に日清戦争が勃発し、日本兵も当時中国で流行していたコレラに感染し、戦死者以上に多数の病死者が出た。富国強兵のスローガンのもと、今後の戦争や国内の安定を目指す形で、1897 年に伝染病予防法[*5]が制定されることとなった。

この伝染病予防法の規定は、今日の新型コロナ禍において欧米諸国が行った強い措置に類似した規定を設けていた点が特徴である。同法（制定時）は、コレラ、赤痢、腸チフス、疱瘡、発疹チフス、猩紅熱、ジフテリア、ペストなどの伝染病を対象とし、避病院を伝染病院として位置づけ、隔離など強制的手法を用いながら対策をはかるものであった。

まず、医師は伝染病患者を診断した場合は市町村長等に届け出なければならず、家族内で伝染病の疑いのある者が出た場合には戸主等が市町村長等に届け出なければならない（3 条・4 条）。そして地方長官の指示が出た場合には、市町村は伝染病院や隔離病舎を設立しなければならない（17条）。

伝染病が流行または流行するおそれがあるとき、地方長官は市町村に対して予防委員を置くことを指示することができ、予防委員は検疫予防に関する事務に従事することになる（15 条）。伝染病予防のために必要な場合、伝染病患者は伝染病院や隔離病舎に入所させられる（7 条）。官吏は、必要

---

＊2　金川・前掲注 1）57 頁。
＊3　明治 13 年太政官布告第 34 号。
＊4　笠原英彦「伝染病予防法までの道のり―医療・衛生行政の変転」法学研究 80 巻 12 号 113 頁（2007 年）。
＊5　明治 30 年法律第 36 号。

があれば、一定期間、その家と周辺との交通を遮断することができ（8条）、伝染病予防のために必要があれば家宅等への立入を禁止できる（14条）。伝染病に汚染された物件については認可なく使用することが認められない（10条）。

　また、地方長官は、伝染病予防のために必要があれば、伝染病に罹患しているかどうかを検診させることができ（19条1号）、「市街村落の全部又は一部の交通を遮断すること」ができ（同条2号）、興行や集会等のために人が集まることを制限または禁止したりすることができる（同条3号）。さらに、同長官は、伝染病伝播のおそれがある物件への出入を制限または禁止でき（同条4号）、伝染病を媒介する飲食物の販売授受を禁止できる（同条5号）。

　このように、伝染病予防法は、隔離、ロックダウン（市街村落の交通遮断）、集会の禁止や制限、家宅への立入や物件への出入の制限や禁止を強制的に行うことができるようになっており、強制的手法を用いて対応する仕組みになっていたといえる。しかも、それらの実施の可否、具体的実施方法、実施される期間の判断等はほぼ実施機関の判断に委ねられており、恣意的に行われる余地があった。これが明治憲法時代ならまだしも、日本国憲法になってからも改正を経ながら継続したため、人権保障の点において大きな問題を抱えていたといえる。

## （3）戦時・戦後の感染症対策

　2つの世界大戦によって、兵士等の移動や衛生状態の悪化による感染症のまん延が起こるようになった。第一次世界大戦末期の1918〜1919年にかけてパンデミックを引き起こしたスペイン風邪は日本でも流行した。スペイン風邪は全国規模で流行し、40万人以上の死者を出したとされる[*6]。日本ではこれを機に健康保険制度が芽吹くこととなり、1922年に（旧）健康保険法が制定された。ただし、それは被保険者の対象が一定規模以上の事業者の正職員などに限定されており、保険制度としては不十分なものであった。また、感染症との関係でいえば、農村や漁村などの地方では医

---

*6　磯田道史『感染症の日本史』28頁（文藝春秋、2020年）。

者のいない地域が多く、結核や寄生虫病がまん延し、金銭的理由で都会の病院に診察に行けない者もいた。そこで市町村レベルで保険制度を整備するために、1938 年に（旧）国民健康保険法[*7]が制定された。これにより、被保険者の対象を増やすと同時に全体の衛生状態の改善をはかることにもなった。

　第二次世界大戦前には国民総動員の体制を構築するという観点から1937 年に（旧）保健所法[*8]が制定された。その後設置された厚生省体力局および 1940 年の国民体力法[*9]の制定を踏まえて、保健所は全国に設置されるようになり、国民全体の体力把握と体力向上をはかり、さらに結核患者等に対して必要な保健指導を行った。また、ハンセン病対策については強制隔離を中心とするために 1931 年に癩予防法（旧）を改正し[*10]、すべての患者を療養所に強制的に入所させるようにした。

　第二次世界大戦が終わると、GHQ が日本の衛生状態の改善に乗り出し、公衆衛生福祉局（Public Health and Welfare Section）を設置すると同時に、これまでの保健所を活用しながら感染症に対応した。そして政府は 1947 年に保健所法（新）を制定し、保健所は総合的な保健活動を行う機関となり、保健所長には医師が就任し、保健婦や薬剤師等の専門家がスタッフとして従事することになった[*11]。また、GHQ が主導して、感染症を媒介するシラミを減らすために各地で DDT（有機塩素系の殺虫剤）を散布し、さらに各保健所に設置された衛生班に蚊の駆除の任務が割り当てられた[*12]。

　一方、ハンセン病などの感染症については隔離政策の継続がその柱となった。また 1948 年に制定された優生保護法はハンセン病患者を不妊手術の対象に含め、さらに 1953 年のらい予防法は差別的取扱いの禁止規定（3条）を設けながらも、患者に対して国立療養所への入所を強制できるようにしていた（6 条 2 項）。結核については療養所や保健所を作るなど医学の

---

*7　「地域の医療と介護を知るために―わかりやすい医療と介護の制度・政策　第 4 回　日本の医療制度の特徴は、その歴史から生まれた（その 2）―大正・昭和時代における公的医療保険制度の創設」厚生の指標 63 巻 12 号 45 頁（2016 年）（以下 **大正・昭和時代における公的医療保険制度の創設** という）。
*8　（旧）保健所法（昭和 12 年法律第 42 号）。
*9　昭和 15 年 4 月 8 日法律第 105 号。
*10　昭和 6 年法律第 58 号。
*11　なお、保健所法は 1994 年の地域保健法に取って代わられている。
*12　関なおみ「戦後日本の『蚊とハエのいない生活実践運動』―住民参加と国際協力の視点から」国際保健医療 24 巻 1 号 1 頁、2 頁（2009 年）。

進歩にそった対応がなされたが、ハンセン病などは従来の隔離中心の対応が維持されたのである。

この時期、日本の衛生状態が大きく向上したにもかかわらず、時代遅れの隔離中心の対策が維持されたため、患者の人権の観点から問題視されるようになった。

このように、特定の感染症に対しては専門の施設で対応してきたが、一般的な風邪等に対しては通常の病院が診察、治療、入院などの対応を行う。日本の病院制度は外来と治療の任務を分けずに、病院の大きさにかかわらず総合的な対応を行ってきた点が特徴である。そしてそれは風邪などの一般的な感染症に広く対応することができる意味で優れていたといえる反面、個々の病院では未知の感染症まん延への備えを用意していなかったという問題も抱えていた。

日本の病院は、病床数に応じて病院と診療所に分けられる。1891 年、東京府が私立病院 並 ニ産院設立規則を制定し、10 人以上の患者を入院させる施設を病院と位置づけ、それに該当しないものを診療所とした。これが 1933 年の内務省令・診療所取締規則においても採用され、日本では病床数により病院と診療所が区別されることになった。このような制度は、外来のみを行うクリニックと治療や入院などの対応を行う病院とで区分する欧米型の制度と異なるものである。日本のような制度は、診療所では患者の受入数や治療ができる範囲に限界があるが、そこでも外来・治療・入院ができることから、幅広い医療対応が可能であった。もっとも、近年では病院の混雑と医療費の削減の観点から、診療所と病院の機能分離を進める改革がなされている。

以上を踏まえると、日本の公衆衛生は、①感染症対策において強制隔離が基本的方針であったこと、②保健所が公衆衛生業務に従事してきたこと、③国民健康保険制度が公衆衛生の向上に役立ってきたこと、④病院および診療所の両方が外来、治療、入院の対応をしてきたので重症化しない感染症には広く対応できたこと、という特徴があったといえる。

---

*13 「地域の医療と介護を知るために―わかりやすい医療と介護の制度・政策 第 3 回 日本の医療制度の特徴は、その歴史から生まれた（その 1）―明治時代における日本の医療制度と病院」厚生の指標 63 巻 11 号 51 頁（2016年）。

さて、戦後の伝染病予防に関する法制度は、主に伝染病予防法、結核予防法、らい予防法、性病予防法、トラホーム予防法、寄生虫予防法、狂犬病予防法、予防接種法、検疫法によって対応されてきたとされる。[*14]磯崎辰五郎と高島學司の整理によれば、伝染病予防は、①患者の発見、②予防接種、③患者に対する措置、④患者の死体の措置、⑤患者以外の者への措置、⑥物件、家屋、場所等に関する措置、⑦厚生大臣の防疫監吏等の派遣命令、⑧狂犬病予防、⑨検疫、⑩その他に分けられるという。[*15]

いずれも現代の感染症対策に共通する部分が多いが、核となる伝染病予防法が明治時代の1897年に制定された古いものであり、隔離や収容、治療命令、今日にいうロックダウン等の強制手法が中心であり予防的側面と権利保障的側面が不十分であったことに加え、対応が個別法ごとに分かれており、総合的見地から感染症対策を行う法律がなかった。

## （4）感染症法の制定

戦後になると、医療の進歩、新たな感染症の出現、人権意識の向上などにより、人類と感染症をめぐる状況は大きく変容し、感染症法制にも転機が訪れることになった。まず、医療の進歩によって感染症の治癒率が上がり、感染症治療も大幅に変化した。たとえば、世界ではWHOが1980年に**天然痘根絶宣言**を出し、国内では結核罹患患者数が減少した。また、ワクチンや抗生物質の開発などによって治療可能な感染症も増え、一部の感染症については隔離のような強制的手法を用いなくても対応できるようになった。

その一方で、1970年以降、エイズ、エボラ、O157など**新興感染症**が発生するようになり、またマラリアのような再興感染症も拡大の兆しを見せるようになった。さらにグローバル化の影響で国境をまたいで感染が広がるようになり、また地球温暖化の影響で熱帯地方のみで流行していた感染症が徐々に他地域への広がりを見せるなど、感染症はなお人類の脅威となっていた。

---

*14　磯崎辰五郎・高島學司『医事・衛生法〔新版〕』139頁（有斐閣、1979年）。
*15　磯崎・高島・前掲注14）139-163頁。

また、戦後の世界人権宣言や国際人権規約などによって人権意識が高まると、感染症対策においても人権に配慮した対応が求められるようになった。国際人権規約[*16]やWHO憲章[*17]が健康権に関する規定を設けて平等な医療へのアクセスなどを要請し、人権と医療をつなげたことも、感染症対策における人権保障の必要性に間接的に影響しているといえる。

　このように感染症および感染症対策をめぐる環境が大きく変化すると、それに対応する法制度を構築しなければならなくなった。そこで政府は伝染病予防法から約100年ぶりに感染症法制の改革を行い、伝染病予防法を廃止して、1998年に感染症法を制定した。[*18]

　感染症法は以上の変化を踏まえ、次のような前文を置いた。[*19]


　　人類は、これまで、疾病、とりわけ感染症により、多大の苦難を経験してきた。ペスト、痘そう、コレラ等の感染症の流行は、時には文明を存亡の危機に追いやり、感染症を根絶することは、正に人類の悲願と言えるものである。

　　医学医療の進歩や衛生水準の著しい向上により、多くの感染症が克服されてきたが、新たな感染症の出現や既知の感染症の再興により、また、国際交流の進展等に伴い、感染症は、新たな形で、今なお人類に脅威を与えている。

　　一方、我が国においては、過去にハンセン病、後天性免疫不全症候群等の感染症の患者等に対するいわれのない差別や偏見が存在したという事実を重く受け止め、これを教訓として今後に生かすことが必要である。

　　このような感染症をめぐる状況の変化や感染症の患者等が置かれてきた状況を踏まえ、感染症の患者等の人権を尊重しつつ、これらの者

---

*16　国際人権A規約（経済的、社会的及び文化的権利に関する国際規約）12条1項。
*17　WHO憲章前文（▶19頁）。
*18　正式名称は、感染症の予防及び感染症の患者に対する医療に関する法律（感染症法）（平成10年法律第114号）。なお、施行は1999年である。
*19　前文には、制定経緯や理念を述べることが多く、また基本的地位を占めることが多いことを踏まえれば、感染症法はこの分野の重要な法律ということになる。なお、法律に前文が設けられることは少なく、2003年の時点で13の法律しか前文を置いていない（衆議院憲法調査会事務局「日本国憲法前文に関する基礎的資料─最高法規としての憲法のあり方に関する調査小委員会（平成15年7月3日の参考資料）」衆憲資第32号10頁）。

に対する良質かつ適切な医療の提供を確保し、感染症に迅速かつ適確に対応することが求められている。

　ここに、このような視点に立って、これまでの感染症の予防に関する施策を抜本的に見直し、感染症の予防及び感染症の患者に対する医療に関する総合的な施策の推進を図るため、この法律を制定する。

　ここでは、感染症をめぐる変化を踏まえて、人権との関係を重視した対応と総合的な感染症対策をはかることが規定されている。前者については、ハンセン病患者やエイズ（HIV）患者に対する差別と偏見を止められなかったことを踏まえ、差別や偏見の解消に努めるとともに、感染者の人権を制約するような措置を行う場合には手続的整備をはかるとともに最小限の措置でなければならないことになった。また、これまでの伝染病予防法は伝染病という言葉を使っていたが、感染症法制定以降は感染症という言葉を使うようになった。厚生労働省の逐条解説によれば、医学的な意味の感染症は細菌やウイルス等の病原体が人体に入って引き起こす疾病であり、このうち人から人に感染する疾病を伝染病という。そのため感染症法では、人から人に感染しない非伝染性感染症も対策の対象とするべく、感染症という言葉を用いたという[21]。もっとも、立法案の検討に関与した竹田美文によれば、衛生水準が高まった結果、伝染病の多くが影を潜め、伝染病の対象が伝染病予防法に規定する法定伝染病と指定伝染病に限定されるきらいがあったという[22]。赤痢や腸チフスなどは強制隔離が不要になっていたにもかかわらず法定伝染病とされてきたという経緯を踏まえると、感染症という言葉に置き換えることでそのイメージを払拭し、差別や偏見に対応するという狙いもあったように思われる。

　感染症対策については、事後的対応中心から事前予防を含めた総合的な予防策へと大きく転換した[23]。従来は法定伝染病患者の入院、隔離、消毒が

---

＊20　同法は性病予防法やエイズ（HIV）予防法を取り込む形となっている。結核については、今もなお感染が続く感染症であり、また予防接種や治療などの体系的対応がはかられていることから、結核予防法はそのまま残されている。なお、らい予防法は 1996 年に廃止されている。

＊21　厚生労働省健康局結核感染症課監修『詳解　感染症の予防及び感染症の患者に対する医療に関する法律』52 頁（中央法規、2016 年）（以下**詳解感染症法**という）。

＊22　竹田美文「伝染病予防法見直しの視点」日本公衆誌 7 号 609 頁（1998 年）。

＊23　嶋田甚五郎「今、何故『伝染病予防法』の改訂が必要なのか」日本内科学会雑誌 88 巻 11 号 2 頁（1999 年）。

中心であり、感染症にかかった者に対する事後的・局所的対応が主な方法となっていた。しかし、それでは患者に過度な負担を課すだけで、感染症のまん延を効果的に防ぐことができなかった。そこで、あらかじめ感染症の予防計画や予防指針を設け、国、地方公共団体、医療機関が協力して感染症対策を行い、広く情報を国民に知らせて感染症対策の協力を呼びかけるなど、総合的感染症対策に乗り出したのである。感染症対策の内容につ

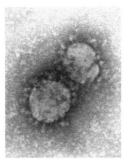

写真 4-2　SARS コロナウイルス
（アフロ）

いては、都道府県知事が感染に疑いのある者に対して健康診断、就業制限、入院措置、交通制限などを行うことができることとなり、その手続的整備もなされた。また個々の感染症の感染力や重症度に応じて類型化し、その感染症の内容に応じた効果的な対応を行うこととなった。

　もっとも、その後も感染症をめぐる状況は刻々と変化し、2001 年の同時多発テロに伴う生物テロ（炭そ菌など）の問題や、2002 から 2003 年にかけて SARS が流行した経緯を踏まえ、感染症法は 2003 年に改正された。[*24] その後も状況に合わせて、2007 年からは結核予防法と統合する形で改正され、2008 年には鳥インフルエンザ（H5N1）の感染拡大を踏まえ、新型インフルエンザが発生した場合のまん延に備えた改正が行われた。

## 2　感染症法の概要

　感染症法の目的は、その前文が述べているように、感染症をめぐる状況の変化や感染症の患者等が置かれてきた状況を踏まえ、①患者等の人権を尊重しながら迅速かつ的確な感染症対策を実施すること、そして②総合的な感染症対策を実施することである。

### （1）人権尊重

　**人権尊重**については、人権尊重の文言、必要最小限の措置、手続整備に

*24　岡部信彦「感染症法とその改正」ウイルス 54 巻 2 号 249 頁（2004 年）。

関する規定が設けられた。まず、感染症法2条は「感染症の発生の予防及びそのまん延の防止を目的として国及び地方公共団体が講ずる施策は、これらを目的とする施策に関する国際的動向を踏まえつつ、保健医療を取り巻く環境の変化、国際交流の進展等に即応し、新感染症その他の感染症に迅速かつ適確に対応することができるよう、感染症の患者等が置かれている状況を深く認識し、これらの者の人権を尊重しつつ、総合的かつ計画的に推進されることを基本理念とする」と定め、感染症対策が患者等の人権を尊重しなければならないとしている。また、同法4条は、「国民は、感染症に関する正しい知識を持ち、その予防に必要な注意を払うよう努めるとともに、感染症の患者等の人権が損なわれることがないようにしなければならない」と定め、国民に対しても感染症に関する知識の習得と予防に努めると同時に、患者等の人権に配慮しなければならないとしている。

　さらに、いくつかの条文が、感染症対策の措置については感染予防およびまん延防止のために必要最小限のものでなければならないことを定め、また個別の措置については手続規定が設けられている。たとえば、22条の2は、「第16条の3から第21条までの規定により実施される措置は、感染症を公衆にまん延させるおそれ、感染症にかかった場合の病状の程度その他の事情に照らして、感染症の発生を予防し、又はそのまん延を防止するため必要な最小限度のものでなければならない」と規定し、34条は、「第26条の3から前条までの規定により実施される措置は、感染症の発生を予防し、又はそのまん延を防止するため必要な最小限度のものでなければならない」と規定しており、個々の対策措置が必要最小限のものでなければならないことを要求している。

　このように、感染症法は人権尊重を念頭に置いた規定を設けているわけであるが、人権尊重の意味や程度については争いがあった。

　当初、2条の人権尊重規定は「配慮」という文言が提案されており、人権尊重か人権配慮かをめぐり立法案の検討段階で議論の応酬がなされた。[25]西山登紀子委員がハンセン病患者に対する差別の反省を踏まえると「人権

＊25　藤原淳一郎「わが国コロナ・パンデミック危機管理前史（1）―感染症法制定から 2020 年 3 月特措法改正まで」法学研究 94 巻 12 号 43 頁、73 頁（2021 年）。

に配慮」ではなく「人権に尊重」とすべきではないかと提案したのに対し、小林秀資政府委員は強制入院のように個人の自由と衝突せざるを得ない側面が出てくるが、そこでも人権侵害とならないようにしなければならず、そうした点を考慮して法案を作成したと回答した[26]。ここでは人権制約の場面においても人権侵害とならないように人権との調和をはかることを表すためには人権尊重ではなく、人権配慮という言葉を選ぶ必要があったと考えていたことがうかがえる。つまり、人権尊重はやや強いニュアンスをもつ言葉であり、人権とその制約のバランスを崩してしまうのではないかと考えていたように思われる。

　その後の審議ではこの点がよりストレートに議論された。石毛鍈子委員は、「尊重」という表現は人権を優先することに眼目を置くが、「配慮」という表現はそれより一段階下がってしまうことにならないかと問うた[27]。これに対して小林秀資政府委員は、感染症対策による制限と人権尊重の要請との間の最大限の調和をはかるために人権配慮の言葉を用いたと回答し、続いて小泉純一郎厚生大臣は、人権尊重は当然であるものの、感染防止のために人権が制約される場合があるので人権配慮という言葉が適切であると回答した[28]。それを踏まえて石毛委員は、人権尊重に立脚しそこから具体的な権利への配慮が出てくると考えているが、そうした理解を共有されるかを問い質した[29]。小泉大臣が基本的には同じ考え方であると回答したところ、石毛委員はそうであれば尊重という言葉にすべきとした[30]。小泉大臣が人権尊重と制限との調和をはかるために配慮という言葉が適切であると回答したことに対し、石毛委員は、人権尊重は人権にウェイトを置く言葉であり、この言葉を用いるべきとした[31]。

　この質疑を踏まえると、人権尊重という理念に基づくという点では両者が一致しているようにみえるものの、あくまで人権尊重を堅持することによって具体的権利への配慮が生じ、また人権優先のアプローチをとること

---

＊26　第142回国会参議院国民福祉委員会第7号15-16頁（平成10年4月14日）。
＊27　第142回国会衆議院厚生委員会第14号6頁（平成10年5月27日）。
＊28　同上6頁。
＊29　同上6-7頁。
＊30　同上7頁。
＊31　同上7頁。

ができると考えるのが石毛委員の立場で、人権尊重に立脚するものの権利と制約の調和を考えると配慮という言葉が適切であると考えるのが政府側の立場であると思われる。これを憲法学の観点から敷衍すると、権利と制約の調整をはかる際にどの程度人権に対して重みを置くかという点に両者の違いが出てくるように思われる。石毛委員の見解は、調整場面においても人権尊重の理念を忘れてはならず、バランシングによって容易に権利制約を認めてはならないというスタンスをとっているように考えられ、また人権を制約する場合でも人権尊重の観点からとりうる手段を限定し、人権を損なわないような対応を求めているように考えられる。一方、政府の見解は、調整の際に人権への配慮は必要だがその程度はそれほど強くなく、行き過ぎた対応にならないようにするというレベルのものであるように考えられる。

確かに、必要最小限性の規定との関連を踏まえると、人権を制限する場合でも手段を最小限にしなければならないことが求められることから、言葉としては「尊重」の方がより馴染みやすいといえる。

なお、最終的には政府案が承認されて「配慮」の文言のままで可決されたが、2006年の法改正により、人権配慮は「尊重」に修正され、現行規定同様、人権尊重規定となった。[32] 審議の際、菊田真紀子委員は本改正によって「配慮」から一歩踏み込んで「尊重」になったことにつき、これまで以上に患者の立場に立った格段の対応が求められることになるとし、差別や偏見をなくす取組みの内容について質問した。[33] これに対して柳澤伯夫厚生労働大臣は、感染症の性格からして患者に対する差別や偏見が生じやすく人権侵害も起こりやすいことに言及したうえで、「今回の改正によりまして、基本理念に人権の尊重という文言を特に盛り込みまして、その考え方のもとで施策を推進することを明示しているところでございます。例えば、就業制限や入院に関する手続制度の充実、あるいは、第三者機関である感染症診査協議会に、学識経験者という中で特に法律に関する学識経験者の参画を義務づける、こういうような規定を設けたところであります」[34]

---

＊32　藤原・前掲注25）78-79頁。
＊33　第165回国会衆議院厚生労働委員会第6号5頁（平成18年11月10日）。
＊34　同上5-6頁。

と回答している。

　ここでは、患者に対する差別や偏見をなくす取組みを行うことが人権尊重規定の意味として説明されているが、それは差別・偏見に対する積極的取組みが要請されることを示すと同時に、感染症対策が患者の人権を侵害しないようにするために手続的整備を行ったことが示されている。

　こうした経緯を踏まえると、感染症法2条の人権尊重の意味は、感染症対策と人権保障の調整という公共の福祉の枠内での調整にとどまらないことがわかる。つまり、通常の規制と比べて感染症対策は人権侵害の度合いが強いことから、単に人権制約の正当化をはかることができさえすればよいわけでなく、**手続的整備の充実**と**差別や偏見への対応**が求められるということである。

　一方、4条は国民に対して感染症予防に取り組む際に誤った知識に基づいて感染者に対して差別や偏見を行わないように求めるものである。これについては、厚生労働大臣が作成しなければならない基本方針においても、**患者等の人権の尊重**に関する事項を定めなければならないとしている。<sup>＊35</sup>

　感染症対策の措置に関する必要最小限規定や手続規定も人権尊重の要請に基づくものである。ハンセン病患者の隔離にみられるように、感染症対策はしばしば強力に患者等の行動を制限することがあり、また緊急性に乗じて過度な制限や恣意的な対応がなされるおそれがあることから、感染症対策のための措置を行う場合には人権を最大限尊重しなければならない。そのためには、感染症対策の措置を**必要最小限**にとどめる必要がある。そこで感染症法では、感染症の種類や感染判明の程度（患者、擬似症患者、無症状病原体保有者、罹患している疑いのある者など）によって異なるが、質問および調査、検体採取、健康診断、就業制限、入院、移送、消毒、駆除、物件に関する措置、死体の移動制限、水の使用制限、建物にかかる措置、交通制限や遮断、立入検査など諸々の措置を行う場合には必要最小限の措置でなければならないことが要求されている。また、これらの措置については、恣意的な判断や過度な制約にならないように、それを行う際の手続も規定されている。

---

＊35　感染症法9条2項9号「感染症に関する啓発及び知識の普及並びに感染症の患者等の人権の尊重に関する事項」。

## （2）総合的な感染症対策

　感染症法は、総合的な感染症対策を行うべく、事前に感染症対策の計画を立て、感染症のレベルに応じた対策を行い、予防やまん延防止に取り組むための制度を構築した。

　まず、感染症の感染力と重篤性に応じて、そのリスクに見合った対策の必要性を考慮し、対象となる感染症の種類を、**1 類感染症〜5 類感染症**に分け、さらに新型インフルエンザ等感染症、指定感染症、新感染症に分類した。1 類が最も感染力や重篤性のリスクが高い感染症であり、エボラ出血熱、クリミア・コンゴ出血熱、ペストなどがこれにあたる。2 類は急性灰白髄炎、結核、SARS など、3 類はコレラ、細菌性赤痢、腸チフスなど、4 類は E 型肝炎、狂犬病、マラリアなど、5 類は、インフルエンザ（鳥インフルエンザおよび新型インフルエンザ等感染症を除く）、エイズ、梅毒などがそれぞれ該当する。

　**新型インフルエンザ**は、いわゆる季節性インフルエンザとは異なり、新たに発生した、人から人に感染するインフルエンザウイルスで、国民の多くが免疫を獲得していないことから、全国的かつ急速なまん延により国民の生命および健康に重大な影響を与えるおそれのあるものを指す。

　**指定感染症**は、すでに存在している感染症（1 類〜3 類、新型インフルエンザ以外）がウイルスの変異などによって感染力や毒性を強め、1 類〜3 類と同等の措置を講じる必要が生じた場合に、緊急に対応するために指定するカテゴリーとなっている。そのような感染症に対して緊急の対応が必要になった場合に、政府は政令によってそれを指定感染症とし、1 年以内の期間で、1 類〜3 類と同等の対応を行うことになっている。当初、新型コロナウイルスはこの指定感染症に指定された。[*36] その後、2021 年 2 月の感染症法の改正により、新型コロナは新型インフルエンザ等感染症に含まれることになった。[*37]

　**新感染症**は、人から人に感染する感染症で、重篤かつ国民の生命や健康

---

*36　感染症法 7 条 1 項「指定感染症については、1 年以内の政令で定める期間に限り、政令で定めるところにより次
　　　条、第 3 章から第 7 章まで、第 10 章、第 13 章および第 14 章の規定の全部または一部を準用する」。
*37　令和 2 年政令第 11 号（2020 年 1 月 28 日）。

に重大な影響を与えるおそれのある未知の感染症を指す。2003年に流行したSARSは当初、新感染症に指定され、その後2類に移されている。

　以上の分類に基づき、感染症法はそれに見合った措置を行うことができるようになっている。たとえば、積極的疫学調査は1類～5類および新型インフルエンザのいずれの患者等に対しても可能であるが（15条）、建物の立入制限、禁止、封鎖は1類のみを対象とし（32条）、入院の勧告や措置は1類および2類の患者のみを対象とし（19条・26条）、就業制限は1類～3類および新型インフルエンザの患者（無症状病原体保有者を含む）のみを対象とするなど（18条2項）、類型に応じた対応が定められている（表4-1〔▶95頁〕）。

　次に、事前に基本的な感染症対策の指針を設定し、予防計画を立てておく必要がある。厚生労働大臣は、感染症の予防の総合的な推進をはかるための基本的な指針を定めなければならないことになっている（9条）。そこでは、感染症の予防の推進の基本的な方向や施策、医療提供体制、感染症等に関する調査や研究、医薬品開発、感染症に関する知識の普及、緊急時における感染症の発生の予防およびまん延の防止並びに医療の提供のための施策などが盛り込まれている。

　この基本方針に従って、各都道府県は予防のための施策に関する計画を定めなければならないことになっている（10条）。予防計画においては、①地域に則した予防やまん延防止策、②地域における医療体制の確保、③緊急時における予防やまん延防止策について定めなければならない（同条2項1～3号）。

　それ以外にも、感染症に関する情報収集や公表、感染症発生動向の把握、発生状況の届出をさせる病院等の指定など、感染症の予防やまん延の防止に向けた取組みが規定されている。また、感染症患者やその所見のある者が出てきた場合には、必要な調査や検査を行い、健康診断、就業制限、入院措置、移送、消毒や駆除など様々な実践的対策を行うことになっている。

　このように、感染症法はあらかじめ感染症を分類し、その類型に応じた措置を念頭に置きながら、事前対策としての計画を練り、医療体制の整備を行いつつ、情報収集や公表を行い、感染症が広がり始めた場合には様々

な対策を定めており、総合的な感染症対策を行っているといえる。

　具体的な感染症対策は先の類型に応じて異なるが、以下ではその概要と類型に応じた対応をみることにする。

## 3　情報収集と公表

　感染症を予防するためには、平時の頃から情報を集め、感染症が発生すれば、ただちにその状況を把握し、原因や動向を調査して、まん延防止対策を行わなければならない。感染症法第3章は「感染症に関する情報の収集及び公表」として、医師や獣医師の届出（12条・13条）、感染症発生状況と動向把握（14条）、調査（15条）、公表（16条）に関する規定を設けている。医師等が感染症患者を診断した場合にはその旨を保健所に届け、報告を受けた都道府県や厚生労働省は状況を把握し、必要があれば調査および公表を行うというプロセスを設定し、適切な情報収集をすることで効果的な感染症対策を行う手はずを整えている。

### （1）医師等の届出

　まず、感染症が発生した場合にはその状況を把握する必要がある。そのため、医師や獣医師等は感染症患者や罹患動物（患者等）を診断した場合に一定事項を保健所（最寄りの保健所長を経由して都道府県知事）に届け出なければならない（感染症法12条）。これには、医師や獣医師にすべての患者等の届出を求める全数把握と指定届出機関に報告を求める定点把握の方法がある。[*38]全数把握は、感染拡大を防止する必要がある場合、または発生数が稀少で限定的な方法では正確な傾向を把握できない場合に用いられ、定点把握は、発生動向の把握が必要なもののうち、患者数が多数で、全数を把握する必要がない場合に用いられる。そのため、感染症法は感染症の種類に応じて、全数把握を行うために医師に感染症患者に関する情報の報告を義務づける場合と、定点把握を行うために指定届出機関に感染症患者に関する情報の報告を義務づける場合とに分けている。

---

\*38　詳解感染症法 75 頁。

医師は、①1類～4類患者（無症状病原体保有者を含む）、厚生労働省令で定める5類感染症または新型インフルエンザ等感染症の患者および新感染症にかかっていると疑われる者を診断したときは、ただちにその者の氏名、年齢、性別その他厚生労働省令で定める事項を保健所に届け出なければならない。また、医師が②厚生労働省令で定める5類感染症の患者（厚生労働省令で定める5類感染症の無症状病原体保有者を含む）を診断したときは、7日以内にその者の年齢、性別その他厚生労働省令で定める事項を保健所に届け出なければならない。それは保健所を経由して都道府県知事に届けられ、都道府県知事は①についてはただちに、②については省令で定める期間内に当該届出の内容を厚生労働大臣に報告しなければならない。なお、知事は、患者が管轄外の者であった場合にはその居住地を管轄する知事に、患者が管轄内の者であった場合にはその保健所設置市等の長に、届出の内容を通報することになっている。

都道府県知事は、省令に基づき、開設者の同意を得たうえで、5類感染症のうち厚生労働省令で定めるもの、または2～5類感染症の疑似症のうち厚生労働省令で定めるものの発生状況の届出を担当させる病院や診療所を指定（指定届出機関）することになっている（14条の2）。指定届出機関の管理者は、一定の類型の感染症に属する患者を診断したとき、当該患者[*39]または当該死亡した者の年齢、性別その他厚生労働省令で定める事項を当該指定届出機関の所在地を管轄する都道府県知事に届け出なければならず、知事はその内容を厚生労働大臣に報告しなければならないことになっている。

## （2）積極的疫学調査

感染症が発生した場合、感染状況や病気の特徴等を調べることが感染拡大防止対策に役立つ。そのため、都道府県知事は、患者、疑似症患者、無症状病原体保有者、新感染症の所見がある者等に質問を行ったり調査を行ったりすることで情報を収集し、感染症の発生状況、動向、原因を明らか

---

*39　14条2項により、「厚生労働省令で定める5類感染症の患者（厚生労働省令で定める5類感染症の無症状病原体保有者を含む。以下この項において同じ。）若しくは前項の2類感染症、3類感染症、4類感染症若しくは5類感染症の疑似症のうち厚生労働省令で定めるもの」が対象となっている。

にし、感染拡大防止策を実施することになる（15条）。ここで行われる調査は、いわゆる積極的疫学調査のことである。そこで得た情報をもとに、潜伏期間や感染経路を分析していくことになる。

　積極的疫学調査の対象は、1類〜5類感染症患者、新型インフルエンザ等感染症患者、疑似症患者、無症状病原体保有者、新感染症の所見がある者、感染症を人に感染させるおそれがある動物やその死体の所有者または管理者その他の関係者[40]であり、都道府県知事は職員に質問させたり調査させたりすることができる（15条1項）。全国的に感染症が拡大するおそれがあるなど、まん延を防止する緊急の必要があるとき、厚生労働大臣も上記の調査を行うことができる（同条2項）。

　また、調査においては患者等から検体を採取することも必要である。そのため、都道府県知事は、必要があると認めるときは、患者等から検体を提出させたり提出するように求めたりすることができる（15条3項）。

　質問や調査はまず任意で行われるが、その場合も質問や調査に協力するように努めなければならないとされる（15条7項）。もし、特定患者等が正当な理由なく質問や調査に協力しない場合、都道府県知事または厚生労働大臣が、感染症の発生を予防し、またはそのまん延を防止するため必要があると判断すれば、その特定患者等に対して質問や調査に応じるように命令することができる（同条8項）。この命令を受けてもなお、職員の質問に対して正当な理由がなく答弁をしなかったり、虚偽の答弁をしたり、正当な理由なく調査を拒否・妨害・忌避したりした場合、30万円以下の過料が科される（81条）。

　もっとも、強制的に質問や調査が可能になると、できるだけ多くの情報を収集した方がよいと考えて、質問事項や調査項目が必要以上に広範に及んだり、対象者の範囲も広げられてしまったりするおそれがある。そのため、質問や調査に応じるように命令を行う場合は、それが感染症の発生やまん延防止のために必要最小限度のものでなければならないとされている（15条9項）。また、調査権限が濫用されないための手続も定められており、

---

*40　詳解感染症法91頁によれば、ここでいう関係者とは、患者の家族に限らず、広く医療関係者一般を含むとされる。

表 4-1 新型コロナ禍における検査対象者

| ①新型コロナウイルス感染症の患者 |
| --- |
| ②当該感染症の無症状病原体保有者 |
| ③当該感染症の疑似症患者 |
| ④当該感染症にかかっていると疑うに足りる正当な理由のある者(特定の地域や集団、組織等において、関連性が明らかでない患者が少なくとも複数発生しているなど、検査前確率が高いと考えられ、かつ、濃厚接触を生じやすいなど、クラスター連鎖が生じやすいと考えられる状況にあると認められる場合における、当該地域や集団、組織等に属する者) |

＊厚生労働省新型コロナウイルス感染症対策推進本部「新型コロナウイルス感染症に係る行政検査に関する　Q&Aについて」(事務連絡令和3年3月8日)より

質問や調査にあたる職員には身分証明書の携行義務およびその提示義務があり（同条12項）、質問や調査に応じるように命令を行う場合は、差し迫った状況がない限り、書面による通知が求められる（同条10項）。

## (3) 新型コロナ禍における積極的疫学調査

　新型コロナ禍では、集団感染（**クラスター**）を発見し、次のクラスターを防ぐことが感染拡大防止の有効策とされたこともあり、積極的疫学調査もクラスター発見に力点が置かれた。2021 年 1 月 8 日に国立感染症研究所が統一的な調査要領と調査票を作成して以降[*41]、これをもとに積極的疫学調査が行われるようになった。基本的には保健所の職員が患者やその家族から聞き取りを行い、患者の基本情報や臨床情報、発症 14 日前から診断されるまでの行動調査、発症後の行動調査を行いながら、濃厚接触者を特定したり、感染源・感染経路の推定・クラスターの発見に努めたりした。

　また、厚生労働省は新型コロナウイルス接触確認アプリ（COCOA）を提供し、陽性者に対して、本人の同意を得たうえで、陽性者であることをCOCOA に登録してもらい、同じく COCOA を利用している人（陽性でない人）が陽性者と接触した可能性がある場合に通知が受けられるようにした。つまり、陽性者の行動履歴に関する情報を集め、それを濃厚接触者に対して伝えるようにしたのである。具体的には、14 日間以内に陽性者と約 1 メートル以内で 15 分以上接近した可能性があった場合に通知される。ただし、任意であったこともあり、ほとんど普及しなかった。

---

＊41　国立感染症研究所「新型コロナウイルス感染症患者に対する積極的疫学調査実施要領」および「調査票」(2021年 1 月 8 日)。

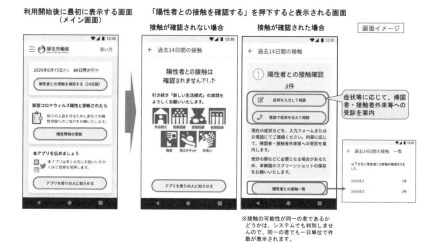

利用開始後に最初に表示する画面
（メイン画面）

「陽性者との接触を確認する」を押下すると表示される画面

接触が確認されない場合　　接触が確認された場合

画面イメージ

写真 4-3　新型コロナウイルス接触確認アプリ（COCOA）（厚生労働省「接触確認アプリ COCOA の現状と課題」
（2020 年 9 月 17 日）より転載）

　もっとも、厚生労働省は日本への入国者全員に対しては COCOA 利用について誓約書の提出を求めており、それが法的義務なのかどうかについて曖昧な状況が続いたが、2021 年の第 204 回国会（衆議院）における質問[*42]においてこの問題が問われた際、誓約書の提出は検疫法 16 条の 2 第 2 項に基づく協力要請であって強制ではないとしつつ、誓約書の提出を拒否するなどした者に対しては検疫法 16 条の 2 第 2 項に基づき指定宿泊施設での一定期間の待機を求め、その求めに応じない者に対しては検疫法 14 条 1 項 2 号に基づく停留の措置をとることとしている、との答弁がなされている[*43]。

## （4）公表

　感染症予防を推進するためには、感染症に関する情報や予防に必要な情報を積極的に公表し、国民が適切な予防を行えるように周知する必要がある。そのため、厚生労働大臣や都道府県知事は、調査等で集めた情報を分

---

*42 「新型コロナウイルス感染症の水際対策の法的根拠等に関する質問主意書」（山尾志桜里）令和 3 年 6 月 10 日提
　　出質問第 183 号。
*43 「衆議院議員山尾志桜里君提出新型コロナウイルス感染症の水際対策の法的根拠等に関する質問に対する答弁書」
　　内閣衆質 204 第 183 号令和 3 年 6 月 22 日（令和 3 年 6 月 22 日受領答弁第 183 号）。

析したうえで、感染症発生状況やその動向、原因に関する情報、予防や治療に関する情報などを広く公表しなければならない（感染症法16条1項）。

　こうした情報の公表によって正しい知識を普及することは、国民の感染症予防にとって必要なだけでなく、患者等が不当な差別や偏見の対象にならないようにする意図も含まれている[44]。

　もっとも、正しい情報を公表しても差別や偏見が生じるおそれがある。特に感染症は他者にうつるという性質がある以上、噂に尾ひれがつきやすく、正しい情報を提供しても、患者やその家族、医療関係者を非難・中傷したり、患者等に対して不必要な疎外行為を行ったり、あるいは情報伝達過程でイメージが歪められてしまい様々な差別や偏見を招くおそれがある。とりわけ、個人の特定につながるような情報は差別や偏見にさらされるおそれが高いことから、情報公表には慎重かつ十分な配慮を行う必要がある。そのため、16条2項は、情報公表に際し、**個人情報保護**に留意するように規定している。

　積極的疫学調査は2021年2月3日の感染症法改正までは努力規定にすぎなかったが、新型コロナ対応を踏まえた同改正により、正当な理由なく調査に応じない場合に命令や過料を科すことになり、強制的に行われうることとなった。しかし、積極的疫学調査は患者の医療情報のみならず、行動履歴も把握することになるため、いわゆるセンシティブ情報を強制的に収集することになる。感染症まん延防止のために必要な情報であるとはいえ、その取得は最小限でなければならず、厳密な管理が必要であり、目的外利用は禁止される。

　新型コロナ禍においては、積極的疫学調査の結果は、濃厚接触者を見つけてPCR検査や行動制限を求めることにより感染拡大防止をはかることに利用される。その際、市民に対する情報提供を行うという趣旨で、収集した情報を一定程度公表することがあるが、その内容は地方自治体によって異なる。個人名を公表することはないが、性別、職業、年代が公表されることがある。難しいのは勤務先の名称などの公表である。事業者名を公開すると来客等が激減するおそれがあり、営業上の損失を与える可能性が

---

*44　詳解感染症法98頁。

あるからである。他面、クラスター発生場所において濃厚接触者を特定できない場合にそのまま公表せずに不特定多数が利用する事業の営業継続を認めると、さらなる感染拡大につながるおそれがある。そのため、厚生労働省は、「感染者に接触した可能性のある者を把握できていない場合に、感染者と接触した可能性のある者を把握するため及び感染症をまん延させないための適切な行動等を個人がとれるようにするため、『不特定多数と接する場所の名称』、『他者に感染させうる行動・接触の有無』等を公表する」という指針を通達で示している。[*45]

　積極的疫学調査結果の公表については個人のプライバシーや事業者の利益を考慮して対応しなければならない反面、自らの生命や健康のためにかかる情報を知りたいと考える市民もいるはずである。その場合、市民は情報公開制度を利用して開示請求を行うことになり、実際にも様々な請求がなされている。たとえば、愛知県の事例では新型コロナ患者の行動調査票の開示請求がされており、そこには、患者が訪問した実家の住所や通勤ルート等が示されていたことから、実施機関は非開示決定を行った。審査請求を受けた愛知県情報公開審査会は、個人を識別できなくてもなお個人の権利利益を害するおそれがあるとし、さらに生命や健康のために公開することで得られる利益との比較衡量を行い、十分な感染症対策が行われていることや公表により生じる不利益を踏まえると非開示が妥当であるとの答申を行っている。[*46]

## 4　医療体制の確保

### （1）病床確保と人員確保

　感染症の発生予防やまん延を防ぐために緊急対策が必要になった場合、厚生労働大臣や各知事は検査状況などの情報を踏まえたうえで必要な措置を定め、医療や検査の体制を整えることになる。感染症法16条の2は、かかる事態に直面した場合に、厚生労働大臣や各知事が医療機関等に必要

---

*45　厚生労働省新型コロナウイルス感染症対策推進本部「新型コロナウイルス感染症が発生した場合における情報の公表について（補足）」（事務連絡令和2年7月28日）。
*46　愛知県情報公開審査会答申答申第963号（諮問第1641号）。

な協力を求めることができると規定している。

**協力**の内容には限定がつけられていないものの、その内容は本条の目的に照らして合理的なものでなければならず、基本的には医療機関における[47]病床確保の問題や医療関係者に対する感染治療従事などが念頭に置かれている。新型コロナ禍ではいかに医療ひっ迫を防ぐかが鍵になったため、病院の病床確保や医療スタッフの確保が喫緊の課題となった。その対応を行う際の根拠規定がこの16条の2である。

当初、政府は同条に基づく要請ではなく、医療機関が新たに確保した病床数に応じて補助金を交付することで病床確保を試みていた。しかし、これだけでは十分に病床確保を行うことができず、また病床確保をした医療機関であってもスタッフ不足等の問題があって、必ずしも最大限患者を受け入れないところも存在した。[48]

そのため、2021年2月の法改正により、16条の2は協力要請に加えて、正当な理由なく協力しなかったときは協力するように勧告することができ（16条の2第2項）、さらに正当な理由なく勧告に応じなかったときはそのことを公表することができることになった（同条3項）。5条1項により、もともと医療関係者は感染症対策に協力することが責務として定められていることもあり、それを実効化させる改正であったともいえる。

それでもなお、病床確保はなかなか進まなかったこともあり、2021年8月には国と東京都が都内の医療機関に病床確保や人材派遣を要請した。[49]もっとも、要請までに時間がかかったこと、そして要請後も新たな感染拡大の波が襲うたびに病床および人員の不足に陥ってしまい、なかなかこの問題は解決しなかった。

## （2）病床確保と人員確保のハードル

医療ひっ迫への対策が最も重要とされているにもかかわらず、なぜ日本では病床確保等が遅々として進まなかったのかという疑問が浮かぶ。それにはいくつかの理由が考えられる。

---

*47 詳解感染症法 100 頁。
*48 「コロナ病床、逼迫なぜ　重症者向けが手薄、転院調整に滞り」朝日新聞朝刊 2021 年 6 月 7 日 7 頁。
*49 「コロナ病床、国管轄病院は？　受け入れ数%、都内 1 カ所は専用に」朝日新聞夕刊 2021 年 9 月 2 日 9 頁。

第1に、事実上の障壁の問題がある。感染症法16条の2が任意であることからわかるように、感染症に対する医療的対応は医師等の医療関係者が協力してくれなければ意味がない。しかも、多くの病院や医師は普段の医療業務もこなさなければならず、感染症対策にすべての資源を割くことができるわけではない。また、医療スタッフ不足に加え、中小病院の経営問題、転院先確保の困難性、高齢者の入院長期化、他の病院の対応に委ねる傍観者効果[50]などの問題もあった[51]。

第2に、任意であることの問題がある。2021年の法改正によって勧告や公表などが盛り込まれたが、強制規定は設けられなかった。新型コロナ禍において、協力の可否が病院や医療関係者の意思に委ねられた結果、それぞれが個別の事情を踏まえて躊躇し、病床確保や人員確保が進まなかった可能性がある。もっとも、新型コロナ禍では変異株等による一時的な急激な感染拡大のため病院に入れずに死亡したケースが散見されたことを踏まえて、強制規定を設けることも視野に入れて法改正すべきとの意見が出された[52]。しかし、強制規定を設けて病床と医療スタッフを確保しても、その分、他の治療にあたる医療スタッフが不足してしまうと、結局救えない命が出てきてしまうという問題がある。

第3に、強制規定を設けることの問題がある。従来の政策では医療の地域配分などを考えながら病床数を抑制し、許可や保険指定の際に病床基準を考慮してきた。これまで病床抑制を求めてきたにもかかわらず、感染症の場面では病床確保を求めるように政策転換することは、病院や医療関係者の反発を買うおそれがある。

また、病床コントロールは病院の営業の自由を妨げる側面がある。実際、かつて病院側が営業の自由の侵害を主張して裁判になったことがあった。この事件では、知事が県の勧告に従わずに病床過剰地域に開設した病院に対して保険指定を拒否したため、当該病院が県を相手どって訴訟を提起し

＊50　ある状況において、ほかに傍観者がいる場合、自分が率先して行動を起こさなくなる心理のことをいう。たとえば、事故を目撃したときに、ほかに大勢の傍観者がいる場合には、誰かが救急車を呼ぶだろうと想定して、自分で率先して救急車を呼ばない、というようなことが挙げられる。
＊51　「民間病院、4割がコロナ対応遅れ、中規模施設、病床確保に国など強制権なし」日本経済新聞朝刊2021年4月3日1頁。
＊52　「病床確保へ強制力も　後藤厚労相、法改正視野　新型コロナ」朝日新聞朝刊2021年10月8日4頁。

た。争点となったのは保険指定拒否の妥当性であるが、その前提となる開設中止勧告の理由が病床問題であったことからすれば、実質的には病床コントロールと営業の自由の問題も含まれていたといえる。最高裁は、医療法30条の7の規定に基づく病院開設中止の勧告に応じずに開設された病院につき、健康保険法43条の3第2項（当時）にいう「其ノ他保険医療機関若ハ保険薬局トシテ著シク不適当ト認ムルモノナルトキ」にあたるとして同項により保険医療機関の指定を拒否することは、公共の福祉に適合する目的のために行われる必要かつ合理的な措置であり、職業の自由を侵害するとはいえないとした。[*53] 最高裁は指定拒否処分を合憲としたものの、この種の規制が営業の自由を制約する側面があることは確かであり、強制規定を設ける場合にはこうした問題を考慮しなければならない。

## 5　感染症まん延時の対策①──就業制限と入院措置

　いよいよ感染症がまん延した場合、感染者を入院させたり行動を制限したりして、これ以上まん延しないようにする必要がある。諸外国ではいわゆるロックダウン規定を設けているところもあり、感染の有無を問わず強制的に外出制限等を行う国もあるが、感染症法は入院措置と就業制限にとどめている。ただし、新型インフルエンザ等については後述する新型インフルエンザ特措法で別の行動制限が設けられている（▶123-141頁）。

　感染症法が入院措置および就業制限の対象としているのは、1類〜3類感染症、新型インフルエンザ等の感染者である。感染症法上の入院は勧告前置主義をとっているが、勧告に従わない場合は強制履行が可能となっている。また、2021年の法改正で違反者には過料が科せられることになった。就業制限は命令規定となっており、違反者に対しては罰金が科される。このように、入院および就業制限については強制的な規定となっている。

### （1）感染確認のための健康診断──健康診断の前置

　感染者に対して入院措置や就業制限を課す場合は、その者が1類〜3類

---

*53　最一小判平成17年9月8日集民217号709頁。

感染症、新型インフルエンザ等に感染していることが前提となる。[*54]そのため、その者が感染しているかどうかを確認するために医師が健康診断を行う必要がある。

そこで感染症法は都道府県知事に健康診断を受けさせる権限を付与している。それによれば、都道府県知事は、1〜3類感染症、新型インフルエンザ等のまん延防止のために必要な場合には、これらにかかっていると疑うに足りる正当な理由のある者に対して本当に感染しているかどうかを確認するために、医師の健康診断を受けさせるように勧告することができる（17条1項）。勧告に従わない場合、都道府県知事はその者に対して強制的に健康診断を受けさせることができる（同条2項）。

健康診断の結果、1類〜3類感染症、新型インフルエンザ等に感染していることが判明した場合、入院措置や就業制限が課される可能性がある。

### (2) 就業制限

都道府県知事は、まん延防止の必要がある場合には、1類〜3類感染症、新型インフルエンザ等の感染者またはそれらの無症状病原体保有者に対して、**就業制限**を課すことができる。就業制限を課す場合、知事はその旨を書面で通知する（感染症法18条1項）。[*55]そのうえで知事は、厚生労働省令で定める業務につき、感染症を公衆にまん延させるおそれがなくなるまで、感染症ごとに省令が定める期間、従事することを制限することができる（同条2項）。省令で対象となっている業務は、たとえば新型インフルエンザ等であれば、飲食物の製造、販売、調製の業務、取扱いの際に飲食物に直接接触する業務、接客業その他の多数の者に接触する業務が対象となる（感染症法施行規則11条2項）（資料4-1参照）。また、その期間は、新型インフルエンザ等であれば、その病原体を保有しなくなるまでの期間となる（同条3項2号）。

就業制限は憲法22条1項の職業の自由を制約するため、就業制限対象者は制限の対象でなくなったかどうかの確認（病原体を保有しているかど

---

*54　詳解感染症法106頁。
*55　なお、知事は当該通知をする際に、保健所の感染症診査協議会の意見を聴かなければならず（18条5項）、緊急の場合は事後に当該協議会に報告することになっている（同条6項）。

第11条
2　法第18条第2項の厚生労働省令で定める業務は、次に掲げる感染症の区分に応じ、当該各号に定める業務とする。
　一　エボラ出血熱、クリミア・コンゴ出血熱、南米出血熱、マールブルグ病及びラッサ熱　飲食物の製造、販売、調製又は取扱いの際に飲食物に直接接触する業務及び他者の身体に直接接触する業務
　二　結核　接客業その他の多数の者に接触する業務
　三　ジフテリア、重症急性呼吸器症候群（病原体がベータコロナウイルス属SARSコロナウイルスであるものに限る。以下単に「重症急性呼吸器症候群」という。）、新型インフルエンザ等感染症、中東呼吸器症候群（病原体がベータコロナウイルス属MERSコロナウイルスであるものに限る。以下単に「中東呼吸器症候群」という。）、痘そう、特定鳥インフルエンザ及びペスト　飲食物の製造、販売、調製又は取扱いの際に飲食物に直接接触する業務及び接客業その他の多数の者に接触する業務
　四　法第6条第2項から第4項までに掲げる感染症のうち、前三号に掲げるもの以外の感染症　飲食物の製造、販売、調製又は取扱いの際に飲食物に直接接触する業務

うかの確認など）を求めることができ（感染症法18条3項[*56]）、知事はその請求に応じて病原体保有や制限期間の確認をしなければならないことになっている（同条4項）。

## （3）濃厚接触者の就業制限

　就業制限の対象は感染している者であるため、感染者との濃厚接触者であるというだけでは対象とならない。あくまで感染していることが判明しなければ対象にならないのである。もっとも、新型コロナ禍の際、厚生労働省は濃厚接触者に対しても自宅待機要請を出し[*57]、濃厚接触者はPCR検査結果が陰性であっても一定期間出勤しないことが求められた[*58]。潜伏期間があるため、自宅待機または出勤停止としながら健康観察を行い、感染していないことが判明してから出勤を認めることにしたのである。ただし、感染症法18条の就業制限としてこれを命じることはできないため、同法44条の3第1項に基づき、感染症にかかっていると疑うに足りる正当な理由のある者に対する外出自粛要請として行われた。自粛要請にすぎないとはいえ、強い制約をかけることになることから、感染症法施行規則は協力を求める期間や理由を書面で通知するように義務づけている[*59]。

*56　この規定は、憲法22条を踏まえ、就業制限義務がないことの確認を求める権利と理解されている。詳解感染症法109頁。
*57　たとえば、厚生労働省新型コロナウイルス感染症対策推進本部「新型コロナウイルス感染症の感染急拡大が確認された場合の対応について」（事務連絡令和4年1月5日）4頁。
*58　「陰性検査、介護現場に不安　濃厚接触者、待機短縮　新型コロナ」朝日新聞朝刊2022年2月2日3頁。

なお、自粛要請ではあるものの、ほとんどの濃厚接触者が求めに応じたため、今度は逆に欠勤者が大幅に増加し、社会機能の維持が危ぶまれる事態が起き、待機期間を短縮するなどの対応が行われたこともあった。[*60]

## （4）入院措置

エボラ出血熱などのような1類感染症についてはその感染力や重篤性が高いことから、都道府県知事は1類感染症のまん延を防止する必要があるときにその感染者を入院させることができる。[*61]検疫法のように「隔離」という文言は用いていないものの、この**入院措置**は強制できることから、事実上の隔離にあたるといえる。

都道府県知事が入院を求める場合、まず感染者に対して入院勧告を行い（19条1項）、それに従わない場合に入院措置を命じることになる（同条3項）。なお、事実上の隔離を行うことになるので、強制的に入院措置を行うよりも、勧告に応じてもらうことが望ましい。そのため、知事は対象者に対して説明を行って納得してもらうように努めなければならないことになっている（同条2項）。入院の勧告または措置を行った場合は感染症診査協議会にそのことを報告しなければならない（同条7項）。

入院期間は3日間（72時間）でなければならないが（19条4項）、まん延防止のために必要であれば、10日まで入院期間を延長することができる（20条）。その場合も、勧告が前置され（同条1項）、それに応じない場合に入院措置を命じるという流れになっている（同条2項）。それ以降も入院を継続する必要があるときは10日以内の期限を定めて延長を更新することができる（同条4項）。入院の延長は対象者に対して大きな負担となり、また抽象的なおそれによって継続することがないようにしなければならないことから、入院を延長しようとする場合はそのたびごとに事前に感染症診査協議会の意見を聴かなければならない（同条5項）。また、入院時と同様、説明を行って納得してもらうように努めなければならないこ

---

*59　23条の3第1項。
*60　「専門家を追認、次が正念場　行動制限の是非、問われる岸田政権　オミクロン対応、転換次々」朝日新聞朝刊2022年1月30日3頁。
*61　なお、19条は26条2項によって新型インフルエンザ等感染症の患者についても準用されるため、新型コロナもこの対象に含まれる。

とに加え、対象者が意見を述べられるように意見聴取の機会が保障されている（同条6項）。

　入院は当該患者が感染していることが条件となるので、その病原体に感染していないことが確認された場合にはただちに退院できるようにする必要がある。病院等はその患者が病原体を保有していないことが確認された場合には知事にそのことを通知し（22条2項）、知事はその患者を退院させなければならない（同条1項）。感染の有無の確認が遅れたことにより入院が長引いてしまうことを避けるために、患者は退院請求をすることができ（同条3項）、知事はその請求に応じて感染の有無を確認しなければならないことになっている（同条4項）。

　入院措置は強制的に行えるものであるが、新型コロナ禍の際に入院中に無断で外出したり逃亡したりする事例があったとされ、[*62]入院中に逃亡した場合や入院措置が命じられたにもかかわらず入院しなかった場合に備えて、2021年2月の法改正の際に罰則が設けられた。これにより、勧告に従って入院した者が逃亡した場合や入院措置を命じられたにもかかわらず正当な理由なく入院しなかった場合（入院期間中の逃亡も含む）は、50万円以下の過料が科せられることになった（80条）。

　感染力や重篤性の高い感染症に罹患した者に対して自由に外出を認めてしまうと、他者に感染させてしまい、感染症のまん延を加速させてしまうおそれがある。そのため、当該患者については他者に感染させてしまうおそれがなくなるまで、一定期間入院させる必要が出てくる。入院は本人の治療にもなるため、本人の利益にもつながるものである。しかし、入院は事実上の隔離措置であり、当該患者の自由を著しく制限する。病室の中では自由であり、オンラインや電話等を通じて他者と連絡をとることも自由であるとしても、病院に収容して外出を制限することはその人の一般的自由を大きく制約し、収容が長引けば人格形成に影響を与えてしまうおそれすらある。したがって、入院措置はやむにやまれぬ場合でなければならず、適正手続を保障し、入院施設は適正な環境を維持し、期間を定め、退院を求める機会を保障しなければならない。

---

*62　「『入院拒めば罰則』どう思う？　国会で議論の感染症法改正案」朝日新聞朝刊2021年1月19日33頁。

問題は、入院に応じない者や入院先から逃亡した者に対する罰則をどうするかである。入院拒否や逃亡は社会を著しく危険にさらすことになるので罰則を設けて対処する必要がある、と考えることにも合理性がある。しかし、それは行為の重さ（重大性）に応じた罰則でなければならないと同時に、感染者という特性に応じた罰則でなければならない。たとえば、他の受刑者に感染させないようにしなければならないので、懲役や禁錮刑は難しいだろう。そうなると、現行法のように過料を科すことが合理的な方法のように思えるが、刑罰として罰金を科さなければ入院拒否や逃亡を抑止できない可能性もある。とはいえ、感染者は犯罪者というわけではないので、たとえ入院拒否や逃亡自体が犯罪行為にあたると解するとしても、ただちに罰金を科すことには慎重にならなければならないともいえる。

## (5) 検体採取

　健康診断、就業制限、入院措置以外の強制的感染対策として検体の採取がある。感染症予防のためには病原体を特定し、その特性に応じた対策が必要となる。実際、新型コロナ禍では、変異株が登場するたびに感染が広がり、それに応じた感染対策が必要になった。そのため、厚生労働大臣や各知事は、緊急の必要があるときには、1類・2類感染症、新型インフルエンザ等患者、疑似症患者、無症状病原体保有者、当該感染症にかかっていると疑うに足りる正当な理由のある者に対して当該検体の採取に応じるように勧告することができる。勧告に応じない場合は、職員が、検査のために必要な最小限度において強制的に検体を採取することができることになっている（16条の3）。なお、検体採取は強制的に行える規定になっているので、罰則等は設けられていない。

## (6) 必要最小限性の要求

　健康診断、就業制限、入院措置、検体採取はいずれも強制することができることから人権の制約度合いが強い。そのため、これらの措置は、感染症を公衆にまん延させるおそれ、感染症にかかった場合の病状の程度その他の事情に照らして、感染症の発生を予防し、またはそのまん延を防止す

るために必要な最小限度のものでなければならないとされている（22条の2）。

## 6 感染症まん延時の対策②
### ──消毒・水や建物の使用制限・交通制限・検体収去等

　就業制限や入院措置は主に人の行動を制限することによってまん延の防止をはかろうとするものであるが、より病原体に狙いを定めてまん延防止策を行う方法も用意されている。すなわち、消毒・水や建物の使用制限・交通制限・検体収去等である。

### （1）消毒

　感染症のまん延を止めるためには、感染者患者がいる（いた）場所や感染者の死体がある（あった）場所に存在している病原体を消毒し、それが広まらないようにする必要がある。そこで都道府県知事は、1類～4類感染症と新型インフルエンザ等のまん延を防ぐために、上記のような場所につき、患者本人、保護者、場所の管理者、代理人のいずれかに対して消毒するように命令することができることになっている（27条1項）。

　消毒には様々な方法があるが、感染症法施行規則14条は消毒薬を用いると定めており、その際には場所や病原体の性質等を考慮して十分な消毒が行える方法を用い（同条1号）、消毒者や周囲の者の健康や環境に配慮しなければならないとしている（同条2号）。もし、これらの者が消毒を拒否したり消毒を行う能力がなかったりする場合には、都道府県知事は、市町村に消毒をするよう指示するか、都道府県の職員に消毒をさせることができる（27条2項）。

　あわせて、ネズミや蚊などの昆虫が感染症を媒介することもあるため、知事は感染症まん延を防ぐためにその駆除をその区域の管理者に命令することもでき（28条1項）、命令によって駆除させることが難しいときは市町村に指示するか、都道府県の職員に駆除させることができる（同条2項）。

　また、病原体はネズミや昆虫以外にも、飲食物、衣類、寝具等の物に付

着している可能性がある。そのため、都道府県知事は1〜4類感染症と新型インフルエンザ等のまん延を防ぐために、病原体に汚染または汚染された疑いのある物の所持者に対して、当該物の移動を制限または禁止し、消毒や廃棄等の必要な措置を命令することができる（29条1項）。命令によってはそれらの措置を実現するのが困難な場合は、知事は市町村にそれらの物を消毒するように指示し、あるいは都道府県職員に消毒や廃棄等の必要な措置をとらせることができるようになっている（同条2項）。

　関連して、病原体に汚染または汚染されている疑いのある死体の取扱いについても規制する必要がある。都道府県知事は、そうした死体の移動を制限または禁止することができ（30条1項）、そうした死体は24時間以内に原則として火葬に付されることになる（同条2項）。

　消毒や駆除、物の移動や死体の移動に関する命令に従わなかった者は50万円以下の罰金を科せられる（77条5号）。

## （2）水や建物の使用制限

　感染症の種類によっては水を通してまん延するものがあり、その場合は汚染された生活用水の利用を止める必要がある。[*63] 他面、水の利用は生活を維持するうえで欠かせないものであるため、給水等を止めた場合でもその対象区域に居住する住民に対して水を供給する必要がある。

　都道府県知事は、1類〜3類感染症につき、感染症のまん延を防ぐ必要がある場合には、汚染または汚染された疑いのある生活用水の管理者に対して、期間を定めたうえで当該水の使用や給水を制限または禁止することを命令できることになっている（31条1項）。ただし、その命令が出された場合には、市町村が生活に必要な水を供給しなければならない（同条2項）。

　また、病原体の種類によっては上述の消毒だけでは十分な対応とならな

---

*63　詳解感染症法153頁。なお、水道法23条は、「水道事業者は、その供給する水が人の健康を害するおそれがあることを知ったときは、直ちに給水を停止し、かつ、その水を使用することが危険である旨を関係者に周知させる措置を講じなければならない」と定めており、この規定によって対応することもできる。ただし、水道法の規定は水道事業者に向けた規定であり、またその場面は感染症だけでなく、広く健康を害する場合を想定しているので、毒物による汚染なども含まれる。一方、感染症法の規定は都道府県知事による命令を定めるものであり、また水道以外の水の使用も対象となる。

いこともありうる。そのため、都道府県知事は、1類感染症のまん延を防止する必要がある場合には汚染または汚染された疑いのある建物の立入を制限または禁止することができる（32条1項）。ここで規制対象となっているのは立入行為なので、建物から出ていくことは可能であるが、出ていく場合は感染している可能性があるため、健康診断の対象となる。[64]

　立入の制限や禁止だけではまん延を防止できない場合、特に緊急の必要があるときには、**建物封鎖**や必要な措置を講じることもできるようになっている（32条2項）。封鎖になった場合は建物から出ていくことも規制対象になりうるが、それは隔離と同等の措置となり、きわめて強い制限となる。また、必要な措置には建物の焼却などが含まれるとされるため、建物の所有者の財産権を強く制限することになる。[65]

　こうした措置はいずれも強度な制約となるため、予防対策として行うことはできず、感染症まん延時の対策として行う場合に限られる。[66]

　水の使用や建物の使用制限に関する命令に従わなかった者は、50万円以下の罰金を科せられる（77条5号）。

　建物の立入制限・禁止・封鎖については、対象となる建物、期間、制限内容については書面で通知されることになっているが（感染症法施行規則19条3項1～3号）、感染症法34条がこれらの措置について必要最小限のものであることを要求していることもあり、いずれの事項も限定的に定める必要がある。また、これらの措置は一般的自由や財産権を強く制限するため、説明や補償が必要である。特に建物封鎖は建物内にいる者に対して十分な配慮を行わなければならず、封鎖の前に17条に基づき健康診断を受けさせ、封鎖が解除されるまでのあいだ居住する場所を用意するべきである。なお、「必要な措置」として建物の焼却等を行う場合、当然ながら中に人がいる場合には行ってはならない。

### （3）交通制限

　また、1類感染症のまん延を防ぐために緊急の必要がある場合、消毒だ

---

*64　詳解感染症法 154 頁。
*65　同上。
*66　同上。

けでは対応できないときには、都道府県知事は、政令の定める基準に基づき、72時間以内の期限を定めて、病原体に汚染または汚染された疑いのある場所の交通を制限または遮断することができる（33条）。**交通制限**の場合は緊急車両など一定の車両の交通は許される余地があるが、**交通遮断**の場合は一切の交通が禁止される[*67]。交通の制限や遮断は、当該場所への進入のみならずそこから出ることも規制対象となる。期間については、延長を認める規定がないので72時間以内に解除しなければならないが、その終了後もなお緊急の必要がある場合、新たに72時間以内の期限（33条）を定めて対応できるかどうかという問題がある。ただし、これを連続して行うことができるようになってしまうと、72時間以内の期限を定めた意味がなくなってしまうことに加え、当該措置は様々な自由を強く制限することから、無制限に行うことは許されない。特に交通遮断は強い措置であることから1回しか行うことができず、その後も続ける必要がある場合には交通制限に切り替えなければならないと解するべきである。

　交通規制については強行措置が可能と考えられており、「命令」の文言はないものの、命令に従わなかった者は50万円以下の罰金を科せられる（77条5号）ので、命令または強行措置が行われることが予定されている。

　交通遮断はいわゆる**ロックダウン**に近い措置となる。ロックダウンは必ずしも明確な定義があるわけではないが、新型コロナ禍における欧米のロックダウンの特徴を考慮すれば、「感染症のまん延を抑えるために、一定期間、特定の地域につき、感染の有無にかかわらず外出を制限したり人々の移動や行動を制限したりすること[*68]」と定義づけることができる。この点、交通遮断はあくまで交通をストップするものであって一般的に外出禁止をするわけでなく、また72時間以内と限定されていることからすれば、ロックダウンとはやや性質を異にする側面がある。ただし、交通遮断と建物封鎖を併せてみた場合にはロックダウンに近い状況になる可能性があり、当該規定が設けられた趣旨を考えなければならない。

　感染症法制定前の公衆衛生審議会の報告書は、当初、市街村落の交通遮

---

＊67　詳解感染症法155頁。
＊68　大林啓吾「新型コロナの憲法問題に関する覚書―ロックダウンとワクチンを中心にして」千葉大学法学論集36巻2号65頁（64頁）（2021年）。

断・人民隔離を廃止する方向の提言を行っていたが、その後検討の必要性を指摘する報告を受け、ノミやネズミによるペスト等の患者が多数発生した場合に病原体の流出を避けるために期限を定めて対応することとなり、当該規定が設けられるに至ったとされる。[*69]

この経緯を踏まえると、当初は市街村落の交通遮断・人民隔離というロックダウン類似の措置をなくすことが予定されていたものの、消毒や駆除をする間のみ病原体を出さないように交通を止め、短期間でそれを解除する方法を採用したといえる。換言すれば、この規定を用いてロックダウンを実施することは考えておらず、限定的かつ短期間の交通の禁止を予定していたわけである。

したがって、交通遮断、あるいは交通遮断と建物封鎖の併用によって事実上のロックダウンを行うことは予定されておらず、そのような運用は法律の趣旨に反することになるといえよう。

## （4）検体収去

感染症法15条や16条が検体採取に関する規定を設けていたが、これに対して26条の3と26条の4が、1類および2類感染症と新型インフルエンザ等の検体を採取・提出・収去するための規定を置いている。これは感染者や検体所持者から検体を採取・提出・収去することによって適切な感染防止対策をはかることを目的とするものである。これらの規定では、検体の提出命令を行い、それに応じない場合は強制的に収去できることになっている。また、1類および2類感染症と新型インフルエンザ等を人に感染させるおそれのある動物やその死体の所有者等に対し、検体を強制的に採取することもできる。

## （5）必要最小限性

以上の措置については、いずれも、感染症の発生を予防し、あるいはそのまん延を防止するために必要な最小限度のものでなければならない。[*70]特

---

*69　詳解感染症法156-157頁。
*70　感染症法34条「第26条の3から前条までの規定により実施される措置は、感染症の発生を予防し、又はそのまん延を防止するため必要な最小限度のものでなければならない」。

第4章　感染症対策の基本的枠組──基本法としての感染症法　　111

に使用制限や交通制限は権利制約の程度が強く、その運用如何によっては著しい権利侵害を惹起しかねない。そのため、たとえば交通遮断の規定を拡大解釈してロックダウンを実施することは、必要最小限性の要請に反することになろう。

# 第5章　新型インフルエンザ対策
── 特措法による状況に応じた対応

　毎年、いずれかのタイプの季節性インフルエンザが流行することから、インフルエンザはある意味身近な存在である。こうした季節性インフルエンザについては、重篤化する割合がそれほど高くなく、また一定のワクチン等もすでに開発されており、最も流行するシーズンがある程度予想されることもあり、特別な対応は求められていない。

　もっとも、インフルエンザウイルスは変異を繰り返したり、新たなインフルエンザウイルスが登場したりする場合もある。新たに登場したインフルエンザウイルスが人に重篤化をもたらす場合にはそれを「新型インフルエンザ」と指定し、それに特化した対応が必要である。なぜなら、そのような新型インフルエンザが流行した場合には、総力を挙げて感染を食い止めないと、人々に深刻な被害をもたらし、さらにワクチンや治療薬が開発されるまで感染が広がり続け、また入院が必要な患者が増加して医療のひっ迫を招き、個人の生命や健康を脅かすだけでなく、社会全体に大きな悪影響をもたらすおそれがあるからである。そこで、新型インフルエンザに対しては**新型インフルエンザ等対策特別措置法**（以下、単に「特措法」という）が制定されており、それに基づく対応が予定されている。

　一般に、インフルエンザのパンデミックを終息させるためには、抗体の自然獲得を目指すか、ワクチンを開発するか、有効性の高い治療薬を開発するか、はたまたウイルス自体が弱まるのを待つかなど、いくつかの選択肢がある。いずれの方法を選択するかについては、ウイルスのレベル、世界の衛生状態、ワクチンや治療薬の開発状況など、様々な要因が関連するが、ワクチン接種が大きな役割を果たす点については異論がないだろう。

　もっとも新型インフルエンザのパンデミックに対しすぐにワクチン等を製造できるわけではない。新型コロナ禍では各国がワクチン承認に特例的対応を行ったが、それでも約1年の開発期間が必要であった。そうなると、

ワクチン等ができるまでの間、どのような対応を行って被害を防ぐかが最も重要となる。特措法ではそうした対応を盛り込んだ内容になっている。

# 1 制定経緯

## (1) インフルエンザのパンデミック

　世界には様々な感染症が存在するが、20世紀以降、パンデミックを引き起こしてきたのはインフルエンザである。1918年のスペイン風邪、1957年のアジア風邪、1968年の香港風邪、2009年のH1N1インフルエンザ、2020年の新型コロナ——新型コロナの位置づけについては議論の余地があるが——と、いずれもインフルエンザが原因となっている。

　インフルエンザはエボラ出血熱ほど致死率が高くないが、その分ウイルスが広がりやすく、感染力が高い傾向にある。細菌ではなくウイルスが原因であるため、抗生物質がきかず、ワクチンや抗ウイルス薬が開発されるまでは対症療法を行うしかない。他方で、多くの人々に抗体ができるようになれば、季節性インフルエンザと同じような対応が可能となる。そのため、新型インフルエンザが大きな問題になるのは、ほとんどの人が抗体を持たない新しいタイプのウイルスが登場した場合である。

## (2) H1N1 インフルエンザの影響

　2009年の**H1N1インフルエンザ**では、WHOがパンデミックを宣言したものの、1年ほどで終息に向かった。死亡者数については計算方法によってばらつきがあるが、日本では死亡者数および死亡率ともに低く[*1]、その理由として広範囲の学校の休校、充実した医療体制、公衆衛生意識の高さが挙げられている[*2]。そのため、この時点では、新型インフルエンザのパンデミックが起きたとしても、これまでの医療体制や公衆衛生意識によって十

---

*1　厚生労働省の資料によれば、2010年3月30日時点で198人とされる（なお、世界全体では2010年1月3日時点で12,799人を超える死亡例が確認されている）。厚生労働省新型インフルエンザ対策推進本部事務局「日本におけるインフルエンザA（H1N1）の死亡者の年齢別内訳／死亡例まとめ」（平成22年3月30日）。

*2　厚生労働省「新型インフルエンザ（A/H1N1）対策総括会議　報告書」1頁（2010年6月10日）。「死亡率が低い理由については、現時点では未解明であるが、広範な学校閉鎖、医療アクセスの良さ、医療水準の高さと医療従事者の献身的な努力、抗インフルエンザウイルス薬の迅速な処方や、手洗い・うがいなどの公衆衛生意識の高さなどが指摘されている」としている。

分対応できると認識されていたといえる。ただし、学校が広範囲にわたっ
て休校とされたことは平時とは異なる大きな出来事であり、今後の対策と
して学校を含む社会活動や営業活動の制限について検討がなされた。[*3]厚生
労働省の新型インフルエンザ対策総括会議は、2010 年 6 月に、感染症危
機管理に関わる体制の強化として、事前の情報収集、保健所や地方衛生研
究所の大幅強化、アメリカの疾病予防管理センター（CDC）をモデルとし
た国立感染症研究所の機能強化などを提示し、実効的な対策のために、各
種対策の法的根拠の明確化をはかるべきであると提言した。[*4]

　こうした提言や地方公共団体の要望を踏まえ、政府は 2011 年 9 月 20 日
に新型インフルエンザ対策行動計画を改定し、[*5]将来的に重大な影響を及ぼ
すおそれのある新型インフルエンザが発生する事態に備え、法整備を行っ
た。

## 2　新型インフルエンザ特措法の目的

### （1）対策強化

　こうして 2012 年に新たに制定されたのが、新型インフルエンザ等対策
特別措置法（特措法）であった。同法 1 条によれば、国民の大多数が免疫
を獲得していないために新型インフルエンザがまん延し、感染した際に重
篤化するおそれがあり、国民の生活や経済に重大な影響を及ぼすおそれが
あることを踏まえ、新型インフルエンザ対策の強化をはかり、それによっ
て国民の生命および健康を保護し、国民生活や経済に及ぼす影響が最小と
なるようにすることを目的とするとしている。[*6]

---

＊3　大曽根暢彦「新型インフルエンザ等対策特別措置法の課題—特措法の概要と国会論議」立法と調査 427 号 4 頁
　　（2020 年）。
＊4　厚生労働省・前掲注 2）3 頁。
＊5　新型インフルエンザ対策閣僚会議「新型インフルエンザ対策行動計画」（2011 年 9 月 20 日）。
＊6　特措法 1 条「この法律は、国民の大部分が現在その免疫を獲得していないこと等から、新型インフルエンザ等が
　　全国的かつ急速にまん延し、かつ、これにかかった場合の病状の程度が重篤となるおそれがあり、また、国民生活
　　及び国民経済に重大な影響を及ぼすおそれがあることに鑑み、新型インフルエンザ等対策の実施に関する計画、新
　　型インフルエンザ等の発生時における措置、新型インフルエンザ等まん延防止等重点措置、新型インフルエンザ等
　　緊急事態措置その他新型インフルエンザ等に関する事項について特別の措置を定めることにより、感染症の予防及
　　び感染症の患者に対する医療に関する法律（平成 10 年法律第 114 号。以下「感染症法」という。）その他新型イン
　　フルエンザ等の発生の予防及びまん延の防止に関する法律と相まって、新型インフルエンザ等に対する対策の強化
　　を図り、もって新型インフルエンザ等の発生時において国民の生命及び健康を保護し、並びに国民生活及び国民経
　　済に及ぼす影響が最小となるようにすることを目的とする」。なお、2021 年改正後の規定である。

## （2）生命・健康と生活・経済の両立

　特措法の特徴としては、**新型インフルエンザ対策の強化**をはかる法律であることと、国民の生命や健康の保護だけでなく**生活や経済への影響を最小にすること**を目的としている点を挙げることができる。とりわけ、生活や経済への影響を最小にすることを掲げた点は大きな意味を持つ。これは、単に対策強化によって新型インフルエンザまん延による生活や経済への影響を最小にするということを意味するわけではない。対策強化によって影響を最小にするということは、その対策強化のあり方においても、生活や経済に対する影響を最小にすることに資するものでなければならないことが求められるからである。

　つまり、単に新型インフルエンザ対策を行えばよいというわけではなく、生活や経済と両立させながら対応をはかることが求められているのである。新型コロナ禍の際に、政府の感染症対策が生ぬるいという批判を浴びることが多々あったが、それは局面ごとの政策的判断に問題があったという側面もあったものの、そもそも法制度からして、感染症対策さえすればよいという構造にはなっていないことにも留意すべきである。

## （3）人権尊重

　こうしたスタンスは、人権尊重規定を設けたことにも表れている。特措法5条は、自由と権利に制限を加える場合には、対策のために**必要最小限**のものでなければならないとしているからである。[*7]感染症対策はしばしば強い手段を用いることになる傾向があるが、特措法は、権利や自由との関係で最も弱い措置を要請しているのである。

　「必要最小限」の意味については、一般には、「必要最小限の荷物」といったように、どうしても必要でこれ以上は減らせないなど、「最小限」とほぼ同じ内容を表すが、権利制約の文脈では、これを目的・手段関係で捉える必要がある。つまり、必要性と最小限の両方の意味を考えなければな

---

＊7　特措法5条「国民の自由と権利が尊重されるべきことに鑑み、新型インフルエンザ等対策を実施する場合において、国民の自由と権利に制限が加えられるときであっても、その制限は当該新型インフルエンザ等対策を実施するため必要最小限のものでなければならない」。

らない。すなわち、感染症対策という目的を実現するために必要で、かつそのための最小限の手段でなければならないという観点から考える必要があるのである。ここでは憲法上の権利を尊重するために必要最小限であることが要求されていることから、その制限措置がどうしても必要であることに加え、権利制約の程度を低く抑えるために最小限の手段であることが求められよう。

## (4) 法律が求める「必要最小限」の意味

　それでは、一般に人々の行動を制約することの多い法律がなぜこのような要求をしているのだろうか。それを考えるにあたっては、まずそもそも法律がこうした要求をすることができるのか否かを検討しなければならない。憲法は最高法規であることから、あらゆる国家行為は憲法に整合しなければならない。また、立法・行政・司法の三権の各アクターは「憲法尊重義務」を負っており、憲法に適った活動をすることが要求される。その[*8]ため、三権は憲法解釈を行って憲法に適合的な活動をすることになる。したがって、国会も法律を制定する際には、憲法に適合的な内容になるようにしなければならない。人権制約の場面で考えれば、公共の福祉に合致する内容の立法をしなければならないということである。この点につき、経済的自由の文脈ではあるが、最高裁は第一次的には立法府が比較衡量を行って立法を制定し、裁判所は公共の福祉との合致を審査するとしている。[*9]つまり、国会は立法の際に憲法適合的になるようにすることが要求されるのである。公共の福祉の内容については諸説あるが、人権相互の矛盾・衝突を調整するための実質的公平の原理とする一元的内在制約説が有力である。[*10]それによれば、自由権を公平に保障するための制約は必要最小限のものでなければならないとする。

　したがって、法律が自由権を制約する場合は必要最小限であることが要

---

*8　憲法99条「天皇又は摂政及び国務大臣、国会議員、裁判官その他の公務員は、この憲法を尊重し擁護する義務を負ふ」。
*9　薬事法距離制限事件判決（最大判昭和50年4月30日民集29巻4号572頁、576頁）。
*10　宮沢俊義『憲法Ⅱ〔新版〕』229-232頁（有斐閣、1971年）。なお、近年では、公共の福祉の内容は人権間の衝突に限られず、全体の利益も含まれるという指摘もある。長谷部恭男『憲法〔第8版〕』106頁（新世社、2022年）。

求されるわけであり、新型インフルエンザ特措法が少なくとも自由権を制約する場合には必要最小限の規制であることが憲法上要求されることになる。とりわけ、一般的行為や人身の自由など様々な自由を制約する可能性のある感染症対策立法においては、規制が広範になりやすく、また厳しい措置がなされることが多いこともあり、国会は必要最小限性を要求する規定を設けたと考えられる。したがって、特措法の必要最小限規定は、国会が憲法と適合するように考慮した結果とみることができる。

もっとも、法実務が必要最小限性の要請をどこまで実践してきたのかは必ずしも定かではない。憲法学説は、より具体的な違憲審査基準の形で示すために「二重の基準」を提唱し、すなわち、経済的自由には緩やかな「合理性の基準」、立憲民主政にとって不可欠の権利である精神的自由は「厳格な基準」によって審査されなければならないとしたが[11]、判例は泉佐野市民会館事件判決[12]や小売市場事件判決[13]などで二重の基準らしきことに触れるにとどまる。また、行政機関も法を適用する際にかかる要請を踏まえなければならないが、実際にその要請を意識しているかはわからない。

しかし、感染症対策はしばしば人々の行動を広く制約し、さらに強い制限をかけることも少なくない。そのため、法実務においても必要最小限性の要請が事前・事後の両面において要求されることになる。

したがって、特措法の必要最小限規定は、憲法上の要請をあらためて示すと同時に、事前策として、感染症対策を実施する際に権利侵害予防の観点から必要最小限の規制にとどめるように行政機関に要求するとともに、事後的には、裁判所が権利救済の観点から感染症対策が必要最小限になっているかどうかを審査することを求めるものになっているといえよう。

ところで、権利保障の観点から必要最小限性を求めるとしても、それを違憲審査基準として用いるように裁判所に要求するものであると解した場合、そのような要求が許されるのかを考えなければならない。なぜなら、裁判所が合憲性を審査する際に違憲審査基準を用いるとすれば、それを立法によって決められることは司法権の侵害になる可能性があるからである。

---

*11　芦部信喜（高橋和之補訂）『憲法〔第7版〕』104-105頁（岩波書店、2019年）。
*12　最三小判平成7年3月7日民集49巻3号687頁、697頁。
*13　最大判昭和47年11月22日刑集26巻9号586頁、591頁。

実際、アメリカでは信教の自由をめぐる問題につき、連邦議会が連邦最高裁の先例を覆すことを明示して「信教の自由回復法」[*14]を制定し、当該宗教に対して実質的負担を課するような政府の行為を正当化するためには厳格審査[*15]をパスしなければならないことを要求して物議をかもしており、連邦最高裁の裁判官の間では、法の要求通りにこの基準を用いるべきかについて、意見が分かれている。[*16]

　日本の場合、そもそも最高裁は違憲審査基準を用いていないという裁判官の補足意見があることもあり[*17]、この問題を検討する必要はないのではないかと考えることもできるかもしれない。しかしそうであるとしても、立法が一定の審査基準を要求する場合には判断方法を押し付ける結果になるので、やはりこの問題が生じることになる。ただし、それがアメリカの信教の自由回復法のように司法判断を乗り越えようとしたり、あるいは特定の違憲審査基準を裁判所に押し付けようとしたりするものでなければ、司法権の侵害にはならないと思われる。

　この点、特措法は新型インフルエンザ対策が必要最小限でなければならないとしているので、そこで主に念頭に置かれているのは新型インフルエンザ対策の実施に当たる行政機関であると考えられる。そのため、それが裁判で問われた場合には特措法の必要最小限性の要請との関係で、行政機関の行為の違法性が問われる形となる。つまり、当該規定は違憲審査基準の内容を縛るというよりは、行政行為の違法性を問う際の物差しを提示する機能を果たしていると考えられる。もちろん、その場合であっても、最高裁が通常の法令の解釈の一環として憲法上の必要最小限性の要請を特措法の必要最小限性の要請に組み込む形でその内容を考慮したり、あるいは法令の適用を違憲とする判断（適用違憲）や処分自体を違憲とする判断（処分違憲）を行ったりする場合にも憲法上の必要最小限性の要請がそこに絡んでくる余地があるが、それは違憲審査基準の内容を、司法権の侵害とな

---

*14　Religious Freedom Restoration Act, 42 U.S.C. § 2000bb.
*15　政府の行為が権利を制約する場合に、裁判所がその合憲性を厳しくチェックすることを「厳格審査」または「厳格な基準」という。特に、表現の自由や信教の自由など重要な権利に対する規制については厳格審査が要求されると考えられている。
*16　*See, e.g.,* Fulton v. City of Philadelphia, 141 S.Ct. 1868 (2021).
*17　堀越事件判決（最二小判平成 24 年 12 月 7 日刑集 66 巻 12 号 1337 頁）における千葉勝美裁判官の補足意見（1349–1350 頁）を参照。

るほどにまで拘束しているとはいえないだろう。

　他面、特措法5条の必要最小限規定が人権制約に関する基本原則を示していることからすれば、それは総論的位置づけとなり、行政機関による具体的実施場面のみならず、その実施内容を定める事項にも要請が及ぶ可能性がある。つまり、特措法を改正する際に新たな新型インフルエンザ対策を盛り込む場合には、それにも必要最小限性が要求されるということである。

　なお、憲法上必要最小限性が求められるとすれば（▶117頁）、それはいわば厳格審査に服することを意味し、すなわち権利制約を伴う措置は感染症対策の目的のために必要不可欠でなければならず、かつ、規制が制限される権利に対してより制限的でない方法でなければならないことが要求されることになろう。[18]

## 3　対策プロセスの概要

### （1）プロセス

　特措法に基づく新型インフルエンザ対策のプロセスは、〈平時の備え→まん延防止等重点措置→緊急事態宣言〉という流れで推移し、それぞれの[19]段階において講じられる対策も変わってくる。各段階の判断は全国的見地から行う必要があることから、その中心的役割を担うのは国である。

### （2）役割分担

　一方、実際の感染症対策を行うのは地方自治体である。そのため、特措法は一定の連携を前提としつつ、国と地方自治体の役割を一定程度分けている。国は、各段階の判断を行いつつ、適宜様々な情報提供を行い、全国に共通して必要な対策の指針を示すことになる。対策指針として重要となるのが基本的対処方針である。ここでは、感染状況や医療や治療状況に関

---

[18]　その意味では、いわゆる LRA の基準に近い内容となる。なお、手段審査における必要性の内容等については、伊藤健『違憲審査基準論の構造分析』109–231 頁（成文堂、2021 年）が詳しい。
[19]　なお、まん延防止等重点措置を経ずに緊急事態宣言が発令されることもあれば、緊急事態宣言後にまん延防止等重点措置に移行することもある。

する情報を提供し、感染防止に関する全般的な方針と対策措置に関する重要事項が示される。公衆衛生の観点からすれば、強い措置をとって早く終息に向かわせることが重要であるが、特措法1条や5条は国民の生命や健康の保護と同時に、国民生活や経済に及ぼす影響を最小にし、対策は必要最小限の権利制約にしなければならないとしている。国民の活動を制約するためには法律の規定が必要であることから、国はどこまで国民の活動を制約できるかについての限界ラインを提示しなければならず、それをもとに各地方自治体は実際の対策を講じていくことになる。

### （3）情報・対策・治療

特措法に基づく新型インフルエンザ対策の種類は、**①情報収集・提供・公表**、**②感染防止対策**、**③治療**の3つに大別される。まず、国は新型インフルエンザ発生前から**政府行動計画**を作成し、情報収集および提供を行い（6条2項2号）、さらに発生後も、基本的対処方針の中で状況把握を行わなければならない（18条2項1号）。あわせて、地方自治体も都道府県行動計画や市町村行動計画を作成して情報収集および提供を行う（7条2項2号および8条2項2号）。なお、情報の収集や公表については感染症法第3章にも定めがあり、また新型コロナ禍では基本的対処方針の中で情報提供や共有についての方針が示されている。

次に、新型インフルエンザ発生時には、国は**基本的対処方針**において全国的見地から感染防止対策の指針を示すことになる（18条）。新型コロナ禍の基本的対処方針では、どのような対策が求められるか、そして地方自治体がどのような措置を行うことが要請されるかが示されると同時に、必要な検査や検査方法、医療体制の整備や治療プロセスの提示、財政支援制度などが盛り込まれた。それをもとに都道府県が市町村や保健所と連携しながら、具体的に、検査、医療、治療、感染防止措置、財政的支援を行い、また各行政機関だけでなく、住民や医療機関に対しても感染対策に必要な様々な要請を行うことになる。新型コロナ禍では、マスク供給、PCR検査、医療整備、要請内容、事業者や住民への助成や補償などにつき、地方自治体が当該地域の状況を踏まえて国の方針とは異なる対応を行うことも

あり、国と地方の調整のあり方が課題として残された。また、公衆衛生の維持のために埋葬等について特別な対応を行う必要が生じる場合がある。緊急事態宣言時にそうした対応が必要になったときは、厚生労働大臣が特例を定めることになっている（56条）。

写真 5-1　基本的対処方針分科会の冒頭で状況を説明する西村康稔経済再生担当相（毎日新聞社／アフロ）

　治療については、具体的内容は基本的対処方針に示されることになる。法令上は、緊急事態宣言時には病院等が医療や医薬品、医療機器の製造や販売のための必要な措置を講じることになっている（47条）。また、感染症法に基づき、感染症治療やそのための病床確保などの措置が必要な場合には医療機関に協力要請ができることになっており（感染症法16条の2）、入院、移送、退院についても定めが置かれている（同法19～22条）。ワクチンや治療薬の開発については、国が調査・研究に努めることになっている（特措法3条2項）。

### （4）規制態様

　特措法に基づく感染防止対策は、感染症のまん延を防ぐために人々の接触機会を減らすことに重点を置いている。その対象分野は多岐にわたることもあり、当該感染症の特性や感染状況に応じて柔軟に対応する必要がある。そこで、状況に応じて必要な要請を行うという形で対応することが基本となる。ただし、要請は強制行為ではなく事実行為であり、「お願い」にとどまることから、すべての人々がそれに従うとは限らない。そのため、特措法では、まず要請を行い、それに従わない者に対しては命令を出し、それにも従わない者に対しては過料を科すという流れになっている。ただし、規制は必要最小限でなければならないことから、命令や過料の対象は個人ではなくあくまで事業者となっている。

## 4　全国的流行──第1段階

### （1）発生段階──組織的準備と基本的対処方針の作成

　まずは、新型インフルエンザ等が発生した際、どのようなプロセスを経て対応することになるのかを概観する。厚生労働大臣は、新型インフルエンザ特措法の対象となる感染症が発生し、その病状の程度が重篤で、かつ全国的かつ急速なまん延のおそれがある（**全国的流行**）と認識したとき、内閣総理大臣に発生状況等を報告する（14条）。それを受けて内閣総理大臣は、病状の程度が季節性インフルエンザのレベルよりも高い場合、内閣に新型インフルエンザ等対策本部（政府対策本部）を設置し（15条）、自らがその本部長となる（16条）。

　**政府対策本部**は、原則として新型インフルエンザ等対策推進会議の意見を踏まえたうえで、政府行動計画に基づいて新型インフルエンザ等への基本的対処方針を定める（18条）。基本的対処方針には、発生状況、対応に関する方針、対策の重要事項が定められることになる。[20]

### （2）地方自治体との連携

　基本的対処方針は国全体としての全般的な感染対策方針であり、具体的な対応に当たるのは各行政機関や地方自治体である。特に地方自治体は現場の対応に当たることから、政府対策本部が設置されたら、ただちに**都道府県対策本部**も設置されなければならないことになっており（22条1項）、都道府県知事がその本部長を務めることになっている。地方レベルではこの都道府県対策本部が中心となって、都道府県や市町村等の区域における対策を推進する役割を担う（同条2項）。

　このように、国レベルの政府対策本部と地方レベルの都道府県対策本部が司令塔となって感染対策に当たることになる。もっとも、国レベルと地方レベルとで対策に食い違いが生じてしまうと有効な対応ができなくなるおそれがある。そこで特措法20条は、対策を的確かつ迅速に実施するた

---

[20]　基本的対処方針は状況に応じて改定される。新型コロナ禍では、2020年3月28日に方針が出され、その後緊急事態宣言や状況の推移に合わせて、同年だけでも7回改定・変更され、2021年に入ってからも5月末までに15回変更されている。

めに、政府対策本部長に各行政機関や都道府県等と総合調整を行う権限を与えている。ただし、この総合調整機能は国の一方的な視点から行われるわけではなく、都道府県知事等は政府対策本部長に対して意見を述べることができる（同条2項）。そして、対策に必要な調整が生じた場合には、都道府県対策本部長は政府対策本部長に総合調整を行うように要請することもできる（24条4項）。また、都道府県対策本部長は区域内の市町村等が実施する対策について総合調整を行ったり、実施状況等の報告を求めたりすることができる（同条1項）。

## （3）地方自治体の対策

　全国的流行時において、都道府県対策本部長は調整を行ったり報告を求めたりする以外に、次のような対策を行うことができる。第1に、指定行政機関や指定公共機関と緊密な連絡をはかる必要があるときには、それらの機関に対して指名する職員を派遣するように求めることができる（24条3項）。第2に、当該都道府県の警察と教育委員会に対して、対策に必要な措置を講ずるように求めることができる（同条7項）。第3に、対策を的確かつ迅速に実施する必要がある場合には、指定行政機関等（地方も含む）の長に対して、対策のために必要な要請をすることができる（同条8項）。第4に、対策を的確かつ迅速に実施する必要があるときには、団体や個人に対して必要な協力の要請をすることができる（同条9項）。この協力要請は「お願い」にとどまるため、その範囲について特別な定めが置かれていないが、緊急事態宣言時にも要請の規定が存在するため（45条1項・2項）、後述するように、それとの区別が問題となる。なお、新型コロナ禍の際には、いくつかの地方公共団体が同条項に基づき独自の自粛要請を行った。

## （4）諸々の専門家組織

　パンデミック対策を行う際、政府は感染症等の専門家から意見を聞きながら具体的対応を決定することになる。もっとも、これまでの経過をみると、法的根拠に基づいて設置された専門家組織からそうでないものまで、

様々な専門家のアドバイザリー組織が作られてきた。

2009 年の H1N1 インフルエンザのパンデミック後、2011 年に、内閣に新型インフルエンザ等対策閣僚会議が設けられた。2012 年、閣議口頭了解に基づき、その諮問機関として、新型インフルエンザ等対策有識者会議（**有識者会議**）が設置され、さらにその下に基本的対処方針等諮問委員会が設置された。

新型コロナ禍では、特措法制定後初のパンデミックだったこともあり、様々な会議体が設置された。2020 年 1 月 30 日、閣議決定に基づいて新型コロナウイルス感染症対策本部が設置され、新型コロナ対策において中心的役割を担うことになった。2 月には、同本部の下に新型コロナウイルス感染症対策専門家会議（**専門家会議**）を設置し、医学的見地から助言を述べることになった。

また、2020 年 2 月の特措法改正により新型コロナが特措法上の対象に含まれることになったため、有識者会議も特措法上の新型インフルエンザ等対策推進会議（70 条の 2）として位置づけられることになった。また、2020 年 3 月 28 日、新型コロナウイルス感染症対策本部は特措法 15 条 1 項が定める政府対策本部として指定され、新型コロナウイルス感染症対策本部は法律の根拠に基づく機関となった。

一方、専門家会議は法的根拠が不明確なままで活動を続けたが、専門的見地から生活様式のあり方など積極的な提言を行い、また頻繁に記者会見を行って情報の発信に努めた。ところが、そうした活動はまるで専門家会議が政策を決定しているような印象を与えてしまう側面があった。本来、政府は専門家の助言を聞いて、それを参考に政策を決定するというプロセスが想定されており、専門家の役割はあくまで助言にとどまるものであるが、専門家会議の提言と政府の決定が異なる場面もあり、国民の側からすれば誰が決めたことに従えばよいのかがわかりにくい状況に映った。また、議事録がないという問題点も指摘された。

その結果、専門家会議は 7 月 3 日に廃止され、専門家会議の代わりに、有識者会議の下に新型コロナウイルス感染症対策分科会（**感染症対策分科会**）が設置されることとなり、有識者会議の下で医療・公衆衛生に関する

分科会、社会機能に関する分科会、新型コロナウイ
ルス感染症対策分科会の3つの分科会が活動するこ
ととなった。有識者会議が特措法に基づく組織であ
るため、感染症対策分科会も法律の根拠に基づく組
織という位置づけになった。専門家会議の副座長だ
った尾身茂が感染症対策分科会の会長を務め、同分
科会はワクチンを含む新型コロナウイルス感染症対
策に関する事項を扱うことになった。

写真5-2　新型コロナウイルス
感染症対策分科会の尾身茂会長
（毎日新聞社／アフロ）

### （5）専門家の役割と政府の役割

　このように専門家集団からなる組織体は複数あり、どの機関がいかなる
役割を果たしているのかがわかりにくいが、重要なのは専門家集団の役割
は**助言**にとどまるという点である。たとえば感染症専門家は感染症という
専門分野に立脚した提言を行うわけであり、その内容は感染症のまん延を
防ぐことが中心になる。他面、感染症対策は単に感染症まん延を防げばよ
いだけでなく、個人の自由や経済活動、社会生活等と両立させなければな
らない。そのため、感染症問題の専門分野は多岐にわたる結果となり、専
門家同士の間でも意見が対立することが少なくない。

　政府は様々な専門家の意見を踏まえたうえで総合的見地から決断を下す
ことになる。[21]そのため、政府の決断と専門家の意見が対立することは当然
ありうることであり、政府は専門家の意見と異なる判断を行うことができ
るが、その政治的責任は政府が負うことになる。

## 5　まん延防止等重点措置──第2段階

### （1）重点措置の段階

　全国的流行に続き、それが生活や経済に大きな影響を与えるような区域

---

*21　新型コロナ禍の際、専門家の役割が法学や政治学などの分野で注目を集めた。岡山裕「政治家と専門家の関係─
政権は医学専門家に主導権を握られたのか」大林啓吾編『コロナの憲法学』225-235頁（弘文堂、2021年）、竹中
治堅『コロナ危機の政治─安倍政権 vs. 知事』（中公新書、2020年）、武藤香織ほか「［座談会］コロナ対策におけ
る専門家と／の政治」法律時報93巻12号7頁（2021年）などを参照。

が出てきて、まん延防止等重点措置（**重点措置**）を行う必要が生じると、政府対策本部長は重点措置を行う必要のある事態（まん延防止事態）が発生したことを発表することになる（31条の4第1項）。このとき、本部長は重点措置を実施する期間と対象区域を公表する（同項1号・2号）。その期間は6か月を超えてはならないことになっているが（同条2項）、期間の延長や区域の変更は可能である（同条3項）[*22]。重点措置を行う必要がなくなれば、本部長は速やかに当該事態の終了を発表しなければならない（同条4項）。

　この重点措置制度は、新型コロナ禍の際に緊急事態宣言を出していったん感染が落ち着いても、その後感染再拡大（リバウンド）が起き、それを繰り返してしまうと、国民の生活や経済に大きな影響を与えるおそれがあることから、緊急事態宣言に至る前後で対応するために設けられたものである。

　ただし、重点措置は、新型コロナ禍における緊急事態宣言の効果が当初よりも弱まってきた状況を受けて、命令や過料といった強制力を担保する特措法の改正（2021年2月）の中で設けられたものである[*23]。そのため、重点措置は感染症対策の改善という側面だけでなく、感染症対策の強化という側面をも有する。

## (2) まん延防止事態の要件

　特措法はまん延防止事態の要件を施行令に委ねている。施行令は、まず対象となる新型インフルエンザについて、重篤化の発生頻度が季節性インフルよりも相当程度高い場合とする（特措法施行令5条の3第1項）[*24]。そして、まん延防止事態の要件として、特定区域の感染者、無症状病原体保有者、感染経路が特定できない者等の発生状況や感染拡大状況を踏まえると、重点措置を行わなければ当該都道府県において新型インフルエンザの感染

---

*22　なお、期間を延長する場合、延長期間は6か月以内でなければならないが、延長回数に制限はない。
*23　令和3年政令第28号。
*24　施行令5条の3第1項「法第31条の4第1項の新型インフルエンザ等についての政令で定める要件は、当該新型インフルエンザ等にかかった場合における肺炎、多臓器不全又は脳症その他厚生労働大臣が定める重篤である症例の発生頻度が、感染症法第6条第6項第1号に掲げるインフルエンザにかかった場合に比して相当程度高いと認められることとする」。

が拡大するおそれがあり、当該都道府県の区域において医療がひっ迫する
おそれがあると認められる場合であると定めている（同条2項）[*25]。そのた
め、感染拡大と医療ひっ迫がその要件になるわけであるが、具体的にそれ
ぞれどの程度の状況になればそうした事態になるのかについては明確にさ
れていない。

## (3) 実際の判断基準

　2021年の改正で重点措置を盛り込む際、その判断要素について付帯決
議が付けられ、政府に対して客観的な指標を作成することが求められた[*26]。
新型コロナ禍では、2回目の緊急事態宣言後に再び感染増加傾向がみられ
た際、新型コロナウイルス感染症対策分科会が感染拡大状況と医療ひっ迫
状況のレベルに合わせて、ステージ1〜4を設定した[*27]。ステージ1は感染
者の散発的発生・医療体制に特に支障がない状況、ステージ2は感染者の
漸増・医療体制への負荷が蓄積している状況、ステージ3は感染者の急
増・医療体制に大きな支障が発生している状況、ステージ4は爆発的な感

表5-1　感染症拡大のステージ（2021年4月時点）

| ステージ1 | 感染者の散発的発生・医療提供体制に特段の支障がない段階 |
|---|---|
| ステージ2 | 感染者の漸増・医療提供体制への負荷が蓄積する段階 |
| ステージ3<br>（まん延防止） | 感染者の急増・医療提供体制における大きな支障の発生を避けるための対応が必要な段階 |
| ステージ4<br>（緊急事態） | 爆発的な感染拡大・深刻な医療提供体制の機能不全を避けるための対応が必要な段階 |

---

[*25] 施行令5条の3第2項「法第31条の4第1項の新型インフルエンザ等まん延防止等重点措置を集中的に実施すべき事態についての政令で定める要件は、当該新型インフルエンザ等まん延防止等重点措置を集中的に実施しなければ、同項の特定の区域（以下この項において単に「特定の区域」という。）が属する都道府県における新型インフルエンザ等感染症の患者及び無症状病原体保有者（感染症法第6条第11項に規定する無症状病原体保有者をいう。以下この項において同じ。）、感染症法第6条第8項に規定する指定感染症（法第14条の報告に係るものに限る。）の患者及び無症状病原体保有者又は感染症法第6条第9項に規定する新感染症（全国的かつ急速なまん延のおそれのあるものに限る。）の所見がある者（以下「感染症患者等」という。）の発生の状況、当該都道府県における感染症患者等のうち新型インフルエンザ等に感染し、又は感染したおそれがある経路が特定できない者の発生の状況、特定の区域における新型インフルエンザ等の感染の拡大の状況その他の新型インフルエンザ等の発生の状況を踏まえ、当該都道府県において新型インフルエンザ等の感染が拡大するおそれがあると認められる場合であって、当該感染の拡大に関する状況を踏まえ、当該都道府県の区域において医療の提供に支障が生ずるおそれがあると認められるときに該当することとする」。
[*26] 第204回国会閣法第6号附帯決議「新型インフルエンザ等対策特別措置法等の一部を改正する法律案に対する附帯決議」。付帯決議1号「まん延防止等重点措置を公示する際に満たすべき要件について、新型コロナウイルス感染症対策分科会が提言したステージIからIV、6つの指標及び目安との関係などを含め、あらかじめ客観的な基準を示すこと」。
[*27] 新型コロナウイルス感染症対策分科会「ステージ判断のための指標」「感染再拡大（リバウンド）防止に向けた指標と考え方に関する提言」5頁（令和3年4月15日）。

染拡大・深刻な医療体制の機能不全を避ける必要がある状況である。このうちステージ3が、まん延防止事態に該当するとされた。

## （4）重点措置

　まん延防止事態の発生が公表されると、都道府県知事は事業者に対して営業時間の変更を求めたり、その他政令で定めるまん延防止に必要な措置（その他の措置）を行うよう求めたりすることができる（特措法31条の6）。営業時間の変更は主に営業時間の短縮（時短）が念頭に置かれており、知事は住民に対して時短要請に従わない店には行かないよう要請することもできる（同条2項）。その他の措置とは、①従業員への検査勧奨、②感染防止のための入場者の整理や誘導、③感染症状者の入場の禁止、④消毒設備、⑤事業所の消毒、⑥入場者のマスク着用、⑦正当な理由のないマスク着用拒否者の入場禁止、⑧その他厚生労働大臣が定める必要な措置、である（特措法施行令5条の5）。

　**時短要請**については、事業者がそれに従わない場合に強制力を担保している。事業者が正当な理由なく要請に応じない場合、都道府県知事は特に必要があると認めるときに限り要請に基づく措置を命令することができる（31条の6第3項）。もし、この命令にも従わなかった場合には、知事は当該事業者に対して20万円以下の過料を科すことができる（80条1号）。なお、要請や命令を行う場合は事前に専門家の意見を聴かなければならず（31条の6第4項）、また要請や命令を行ったときは、それを公表できることになっている（同条5項）。

## （5）強制力の問題

　このように、重点措置には要請に従わない者へのサンクションがつけられているため、当該措置が自由を制限する場合には、単なる自粛の場合と比べて、より明確に憲法上の権利を制約することになる。2021年改正における当初の改正案は、違反者に対して行政罰としての過料ではなく、刑事罰を科すべきとするものであったが、憲法上の権利との関係で問題が生じるという意見が強く、行政罰にとどまることになった。特措法5条が人

権尊重と必要最小限性を要求していることを踏まえると、刑罰ではなく行政罰にしたことはそれに適ったものであるといえる。また、要請—命令—過料と段階を踏み、違反に正当な理由がない場合で特に必要があると認めるときに限り命令できるとしている点も、憲法上の権利に配慮した内容になっているといえる。他面、それは要請の力が強制力を背景に強まる結果となり、要請が行政指導の枠を越えて行政処分に近づくことになる。

　もっとも、都道府県知事が命令を出すにあたって考慮することとなる正当な理由や、特に必要があると認める場合の判断に関する規定がないことから、その運用次第では恣意的な命令が行われる可能性もある。新型コロナ禍では、時短命令を受けたグローバルダイニング社やMTコーポレーション社などの飲食店が、命令の違法・違憲を主張して訴訟を提起した。

## (6) 対策不足？

　そのほか、重点措置はなお感染症対策としては不十分ではないかという問題もある。たとえば、大規模事業者にとっては時短に応じたときの損失が大きいため、過料が最大20万円程度であれば、経営的にはそれを支払ってでも営業を続けた方がよいと判断して、そもそも従わない可能性がある。また、強制力が担保されているのは時短営業だけなので、それだけで感染拡大を抑え込めるのかという課題もあるだろう。

　そのため実際には、ここに挙げられた事項以外にも、都道府県知事はまん延防止事態発生時に様々な要請を行うことが多かった。たとえば、知事は、特措法24条9項に基づく協力要請規定をもとに、外出自粛、在宅勤務、路上飲酒自粛、県境をまたぐ移動の自粛、混雑時接近回避などを要請した。ただし、後述するように、24条9項に基づく協力要請の程度（内容）は緊急事態宣言時の要請より上回ってはならないはずであり、要請にとどまるといってもみだりに拡大することには違法の疑いがある。

## 6　緊急事態宣言——第3段階

　新型インフルエンザ等が全国的レベルで急速に広がり、国民生活や国民

経済に甚大な影響をもたらす場合またはそのおそれがある場合、政府対策本部長は最終手段として**緊急事態宣言**を発令することになる（特措法32条1項）。先の重点措置が区域レベルのまん延であるのに対し、緊急事態宣言は全国レベルのまん延という点に大きな違いがある。重点措置で対応できなくなった場合に緊急事態宣言が発令されることもあれば、いきなり緊急事態宣言が発令されることもあるので、必ずしも重点措置から緊急事態宣言に移行するという順序が予定されているわけではない。

## （1）緊急事態宣言の要件

　緊急事態宣言が発令されると、新型インフルエンザ対策として強制措置や要請が行われるようになり、国民の行動を制約することになるため、特措法はその発令に一定の要件を定めている。特措法32条1項によれば、①新型インフルエンザ等が国内で発生し、②その全国的かつ急速なまん延により国民生活および国民経済に甚大な影響を及ぼす（またはそのおそれがある）ものとして政令で定める要件に該当する事態が発生した場合が、緊急事態にあたるとしている。[*28]

　①については2021年2月の改正前までは特措法施行令6条にその定めが置かれていたが、改正により、重点措置の要件を定める5条の3第1項に移されたため、その要件の内容は重点措置の対象となる新型インフルエンザと同じである。

　②について特措法施行令6条は、感染状況や感染経路不明の状況を踏まえて、1つの都道府県を超えて新型インフルエンザが拡大・まん延し、医療提供に支障が生じている都道府県がある場合をその要件としている。[*29]要件の内容としては重点措置とほぼ同じであり、感染拡大が1つの都道府県

---

*28　特措法32条1項「政府対策本部長は、新型インフルエンザ等が国内で発生し、その全国的かつ急速なまん延により国民生活及び国民経済に甚大な影響を及ぼし、又はそのおそれがあるものとして政令で定める要件に該当する事態（以下「新型インフルエンザ等緊急事態」という。）が発生したと認めるときは、新型インフルエンザ等緊急事態が発生した旨及び次に掲げる事項の公示（第5項及び第34条第1項において「新型インフルエンザ等緊急事態宣言」という。）をし、並びにその旨及び当該事項を国会に報告するものとする。」（下線筆者）

*29　特措法施行令6条「法第32条第1項の新型インフルエンザ等緊急事態についての政令で定める要件は、都道府県における感染症患者等の発生の状況、感染症患者等のうち新型インフルエンザ等に感染し、又は感染したおそれがある経路が特定できない者の発生の状況その他の新型インフルエンザ等の発生の状況を踏まえ、一の都道府県の区域を越えて新型インフルエンザ等の感染が拡大し、又はまん延していると認められる場合であって、当該感染の拡大又はまん延により医療の提供に支障が生じている都道府県があると認められるときに該当することとする」。

にとどまらなくなっていることが、緊急事態宣言発出の要件になっているといえる。

もともと緊急事態宣言の要件に**医療ひっ迫**の要素は含まれていなかった。しかし、新型コロナ禍において、実際には医療ひっ迫の度合いが緊急事態宣言の発令や解除の重要な要素になっていたことを踏まえて、2021年2月の特措法施行令改正により、医療ひっ迫が含まれることとなった。

写真5-3　新型コロナ禍において東京に4度目の緊急事態宣言発令をする菅首相（2021年7月8日）（毎日新聞社／アフロ）

感染拡大規模が1つの都道府県にとどまっているかどうかが重点措置との大きな違いとなるが、発令時にはそうした要素が重視されるものの、解除や延長の判断時には、当該都道府県において強い措置や要請を行う必要があるかどうかで判断していたといえる。というのも、そもそも緊急事態宣言は1つの都道府県にとどまらない場合を想定しているので、通常その対象は1つの都道府県にとどまらず、複数の隣接する都道府県を含む地域か全国レベルが対象になる。たとえば、東京都を中心に感染が拡大していれば、首都圏（神奈川県や埼玉県、千葉県など）がその対象になるといった具合である。しかし、延長や解除の判断時には、感染状況が落ち着いてきた都道府県から解除し、継続的に強い措置や要請がなお必要と考えられる都道府県については延長してきた。たとえば、当初首都圏を対象としていた場合でも、東京都だけ感染状況が改善されないのであれば、東京都だけ緊急事態を継続するといった具合である。そうなると、緊急事態宣言の要件である感染拡大規模は事実上、発令時のみにかかるものであり、解除や延長の判断時にはそれが十分考慮されない可能性がある。

### （2）期間や区域

緊急事態宣言を発令する場合、政府対策本部長はその期間と対象区域を発表することになる（32条1項1号）。その期間は2年を超えてはならないが（同条2項）、状況次第では期間を延長したり区域を変更したりする

ことができる（同条3項）。「〔延長
は〕1年を超えてはならない」と定
められているが（同条2項）、再延
長が可能かどうかは定かではない。
重点措置には再延長を認める定めが

表5-2 新型コロナ禍における緊急事態宣言（2022年7月時点）

| 第1次緊急事態宣言 | 2020年4月7日 |
| 第2次緊急事態宣言 | 2021年1月8日 |
| 第3次緊急事態宣言 | 2021年4月25日 |
| 第4次緊急事態宣言 | 2021年7月12日 |

＊対象地域、延長、終期などについては省略

あることからすると、緊急事態宣言の再延長は認められないようにも思え
る。他面、再延長が必要な場合には、いったん緊急事態宣言終了日を待っ
て、すぐに再び緊急事態宣言を発令すればよいので、実務上は問題になら
ない可能性もある（事実上の再延長）。しかし、再延長または事実上の再延
長を認めると緊急事態宣言を永続的に認めることとなり期間を定める意味
がなくなってしまう。最初の発令が最大2年で延長が最大1年とされてい
ることを踏まえると、3年以内の期間で再延長または事実上の再延長を行
うことは許されるとしても、最大で3年を上回るような再延長または事実
上の再延長を認めるべきではないと思われる。緊急事態宣言の発令および
延長には国会への報告が義務づけられ、さらに2020年3月の特措法改正
の際に国会への報告が原則事前になされることを求める附帯決議が付けら
れたことを踏まえると、国会が発令および延長を監視しようとするもので
あることがわかる。したがって、再延長および事実上の再延長は3年経過
時点でいったん打ち切り、緊急事態宣言の継続について国会の議論を経た
うえで、発令の可否を判断すべきであろう。

## （3）実際の判断基準

　緊急事態宣言の判断基準としては、新型コロナ禍における2021年度の
対応でいえば、感染症対策分科会が提示したステージ4の状況がそれにあ
たる。すなわち、爆発的な感染拡大・深刻な医療提供体制の機能不全を避
けるための対応が必要な段階に至った場合である。分科会が出した指標に

---

＊30　なお、期間の延長や区域の変更を行う場合は国会にそれを報告しなければならない（32条3項）。
＊31　特措法31条の4第3項「当該延長に係る期間が経過した後において、これを更に延長しようとするときも、同様とする」。
＊32　第201回国会閣法第46号附帯決議「新型インフルエンザ等対策特別措置法等の一部を改正する法律案に対する附帯決議」。付帯決議3号は、「緊急事態宣言をするに当たっては、特に緊急の必要がありやむを得ない場合を除き、国会へその旨及び必要な事項について事前に報告すること。緊急事態宣言を延長する、区域を変更する、又は解除する場合も同様とすること」。

表5-3　ステージ判断のための指標

| | ①医療のひっ迫具合 | ②療養者数 | ③PCR陽性率 | ④新規陽性者数 | ⑤感染経路不明割合 |
|---|---|---|---|---|---|
| ステージ3 | 入院病床使用率20%以上<br>入院率40%以下<br>重症者病床使用率20%以上 | 20人/10万人以上 | 5%以上 | 15人/10万人/週以上 | 50%以上 |
| ステージ4 | 入院病床使用率50%以上<br>入院率25%以下<br>重症者病床使用率50%以上 | 30人/10万人以上 | 10%以上 | 25人/10万人/週以上 | 50%以上 |

よれば、医療提供体制等の負荷（①医療のひっ迫具合と②療養者数）と感染の状況（③PCR陽性率、④新規陽性者数、⑤感染経路不明割合）に応じて判断するとした。[*33]具体的には、①医療のひっ迫具合が入院医療確保病床の使用率50%以上、入院率25%以下、重症者確保病床の使用率50%以上、②療養者数10万人当たり30人以上、③PCR陽性率10%以上、④新規陽性者数10万人当たり25人以上（週）、⑤感染経路不明割合50%以上が、緊急事態宣言の対象となるステージ4にあたる。

## （4）具体的措置

緊急事態宣言が発令されると、その対象区域となった特定都道府県知事や特定市町村長は様々な措置や要請を行うことが可能になる。[*34]まず、特措法45条1項は最も概括的な対応について規定している。すなわち、感染を防ぎ、国民の生命・健康を守り、生活や経済の混乱を防ぐために、住民に対して外出自粛を要請したり、その他防止に必要な協力を要請したりすることができるとする。その内容は状況によって異なるが、たとえば、新型コロナ禍における第4次緊急事態宣言（2021年9月13日〜30日）において、東京都は医療機関への通院、食料・医薬品・生活必需品の買い出し、必要な職場への出勤、屋外での運動や散歩など、生活や健康の維持のために必要な場合を除き、原則として外出しないこと等を要請した。とりわけ、20時以降の不要不急の外出自粛、混雑している場所や時間を避けた行動、感染対策が徹底されていない飲食店等や休業要請または営業時間短縮の要

---

*33　新型コロナウイルス感染症対策分科会（第2回）（令和3年4月15日）。
*34　特措法32条1項2号によって緊急事態措置を実施すべき区域とされた市町村を特定市町村といい、それらの属する都道府県のことを特定都道府県という。

請に応じていない飲食店等の利用自粛、不要不急の帰省や旅行など都道府県間の移動や感染拡大地域への不要不急の移動の自粛、路上・公園等における集団での飲酒の自粛など、感染リスクが高い行動の自粛が求められた。

　さらに、45条2項は、学校、社会福祉施設、興行場（スポーツ施設など）、その他多数の者が利用する施設の管理者や催物開催者に対して、施設の使用の制限や停止を要請したり、その他政令で定める措置を要請したりすることができるとする。簡潔にいえば、この規定は事業者に対する要請である。これにより、たとえば学校に対して休校を要請したり、飲食店に対して休業や営業時間短縮を要請したりすることができる。たとえば、新型コロナ禍における第4次緊急事態宣言において、東京都は業態ごとに様々な要請を行った。特に感染リスクの高い酒類やカラオケ設備を提供する事業者については休業を要請し、それ以外の事業者については営業時間を17時〜20時に短縮するように要請し、イベント関連施設については規模要件等に沿った施設の使用や営業時間短縮を要請し、生活必需物資を除く大規模商業施設や遊興施設等については営業時間を17時〜20時に短縮するように要請し、学校等については感染リスクの高い活動等の制限や遠隔授業も活用した方法等を要請した。

　45条2項に基づく要請に応じない事業者がいた場合の対応については2021年改正の前後で異なる。改正前の規定では、特定都道府県知事は特に必要があれば要請に応じるよう事業者に指示できるとされていた。[*35]一方、改正後の規定では、特に必要があれば要請に応じるように事業者に命令することができるとされ、強制的手法に切り替わった。[*36]命令を行う際にはあらかじめ専門家の意見を聴かなければならず（45条4項）、また命令をした場合にはそれを公表することができる（同条5項）。

　さらに、命令にも応じなかった場合には罰則も設けられた。改正後の規定は、命令違反者に対し、30万円以下の過料を科すと規定している（79条）。新型コロナ禍においては、たとえば東京都では第2次緊急事態宣言

---

[*35]　改正前の45条3項に指示規定があり、同条4項はそれを公表しなければならないとしていた。

[*36]　改正後の45条3項は「施設管理者等が正当な理由がないのに前項の規定による要請に応じないときは、特定都道府県知事は、新型インフルエンザ等のまん延を防止し、国民の生命及び健康を保護し、並びに国民生活及び国民経済の混乱を回避するため特に必要があると認めるときに限り、当該施設管理者等に対し、当該要請に係る措置を講ずべきことを命ずることができる」と定める。

（2021年1月〜3月）下における時短営業命令に応じなかった飲食店4店舗に対して初めて過料を科し、裁判所がそれぞれに過料25万円を決定した。

写真5-4　飲食店の時短営業のお知らせ（spihar／イメージマート）

　また改正前から、ほかにも強制的規定が存在する。緊急事態宣言下において、特定都道府県知事は臨時の医療施設を開設するために土地等所有者等の同意を得て土地等を使用することができ、所有者等に正当な理由がない場合や所在が不明な場合には、臨時の医療施設を開設するため特に必要があると認められる場合に限り、同意を得ずに土地等を使用することができる（49条）。さらに、特定都道府県知事は医薬品や食品等の必要な物資の所有者に対して、当該特定物資の売渡しを要請することができ、所有者が正当な理由がないにもかかわらず要請に応じないときは、緊急事態措置を実施するため特に必要があると認めるときに限り、特定物資等を収用することができ（55条1項・2項）、特定物資の生産、集荷、販売、配給、保管、輸送の事業者に対してそれらの保管を命ずることができる（同条3項[*37]）。土地使用、売渡要請、保管命令は財産権に対する強制的制約であることから、それに伴って損失が発生した場合にはその損失を補償しなければならないとされている（62条）。

　そのほかにも、緊急事態時には予防接種（46条）、金銭債務の支払猶予等（58条）、生活物資の価格安定措置（59条）、融資（60条）、通貨・金融の安定（61条）、財政上の措置（70条）等が行われることになっている。

## 7　「協力要請」と「措置時の要請」の異同

　特措法24条9項は、都道府県は新型インフルエンザ等対策を的確かつ迅速に実施するために、必要があるときにはその実施について必要な協力の要請をすることができると規定している（以下「**協力要請**」という）。他方で、特措法には、別途、まん延防止等重点措置に基づく要請（31条の

---

*37　なお、55条3項違反については罰則が設けられている（76条）。

6）（以下「**重点措置要請**」という）と緊急事態宣言に基づく要請（45条）（以下「**緊急事態措置要請**」という）が規定されていることから、これらの要請と24条9項に基づく協力要請との関係が問題となる。とりわけ、重点措置要請と緊急事態措置要請が明示的に規定している要請と同じ内容の要請を協力要請としても求めることができるのかどうか、求めることができるとしても、それは同じレベルの要請なのかどうかが問題となる。

## （1）2021年改正前

　2020年5月25日に出された政府の基本的対処方針は、特措法24条9項の協力要請に基づき施設使用や外出の自粛を要請し、それでも感染のまん延を防げない場合に45条に基づく緊急事態措置要請ができると解している。換言すれば、協力要請は広く一般的な「お願い」をするもので、それが十分な効果を上げられなかった場合には、緊急事態宣言下において「一歩踏み込んだお願い」をすることになると解釈しているようにみえる。

　この構造につき、特措法の構造として〈感染症発生を踏まえた注意段階→感染症がまん延した緊急対応段階〉というエスカレーションが想定されていることを踏まえると、24条9項に基づく協力要請は感染症に対する注意喚起段階にあたるので、それを根拠には強い協力要請を行えないはずである。行政法の観点から言い直せば、組織規範（行政機関の組織に関する規範）であるはずの24条9項を具体的に実施する場合には別途そのための根拠規定が必要であり、それがないまま24条9項のみを根拠として施設使用を要請することは法治主義に反するという指摘がある。[39] つまり、政府の方針は協力要請を弱い要請と位置づけているが、それは広く薄い注意喚起レベルのものにとどめなければならず、24条9項は具体的内容の要請——たとえば対象を特定して詳細な内容の要請を行うことなど——を行う根拠にはなりえないということである。

　これについて特措法の逐条解説は、「緊急事態の宣言前においても、学

---

*38　内閣官房新型コロナウイルス感染症対策推進室長「第45条の規定に基づく要請、指示及び公表について」（事務連絡令和2年4月23日）1頁。

*39　安田理恵「日本の新型コロナウイルス感染症対策からみみた国、都道府県および住民の関係」法学セミナー788号7-8頁（2020年）。

校、社会福祉施設等での文化祭等のイベントを延期することや施設の使用を極力制限することなど、感染対策を実施すること等の協力を要請すること等を想定している」と説明している。この説明に基づけば、24 条 9 項を根拠に特定の施設に対して具体的な要請を行えることになる。そのため、この解釈によれば、協力要請においても緊急事態宣言時と同様の具体的な要請を行えることになる。

　実際、2020 年 4 月 23 日に内閣官房新型コロナウイルス感染症対策推進室長が各都道府県知事宛に出していた事務連絡は、「第 1 段階として特措法第 24 条第 9 項の規定に基づく協力の要請を業種や類型毎に行ったのち、それに正当な理由がないにもかかわらず応じない場合に、第 2 段階として特措法第 45 条第 2 項の規定に基づく要請、次いで同条第 3 項の規定に基づく指示を個別の施設の管理者等に対して行い、その対象となった個別の施設名等を公表するものとする」とし、連動的・段階的に捉えることで、同じ要請をすることができるという立場をとっている。つまり、要請の強度（レベル）は異なるものの、協力要請においても緊急事態宣言時の要請を行えると解釈しているわけである。

　しかしながら、そのような解釈は妥当なのであろうか。協力要請と緊急事態措置要請を連動させることができるのは緊急事態宣言が発令されている場合に限られる。なぜなら、協力要請を行った後に緊急事態措置要請を出すという順序は協力要請後に緊急事態宣言が発令されることを前提として初めて成り立つものであり、協力要請後に宣言が発令されなければこの順序は成り立たない。つまり、宣言が出ていない場面における協力要請は、緊急事態措置要請とは切り離されることになる。

　そもそも緊急事態宣言は一定の要件を満たした場合に初めて発令されるものであり、強い要請や措置を可能にするための前提となるものである。そうだとすれば、たとえ要請にとどまるとしても、宣言が出される前の協力要請と、宣言が出されて初めて可能になる緊急事態措置要請とは、対象

＊40　新型インフルエンザ等対策研究会編『逐条解説　新型インフルエンザ等対策特別措置法』86 頁（中央法規出版、2013 年）。
＊41　内閣官房新型コロナウイルス感染症対策推進室長「第 45 条の規定に基づく要請、指示及び公表について」（事務連絡令和 2 年 4 月 23 日）。

や内容のレベルが異なると考えるべきである。そのため、協力要請によって緊急事態措置要請と同内容の要請（たとえば飲食店に対する休業要請など）を行うことには問題があるように思われる。

## (2) 2021 年改正後

2021 年 2 月の特措法改正により、協力要請と緊急事態措置要請の間に重点措置要請が設定された。それに伴い、2021 年 2 月 12 日に内閣官房新型コロナウイルス感染症対策推進室長が各都道府県知事および各指定公共機関に対して出した事務連絡は、「法第 31 条の 6 第 1 項又は法第 45 条第 2 項の要請に際して法第 24 条第 9 項に基づく要請の前置は不要」であるとした。[42] この事務連絡は、それまでの協力要請と緊急事態措置要請を連動的に捉えていたものとは一線を画する。つまり、協力要請の有無とは関係なく、重点措置が発令されていれば重点措置要請を行うことができ、緊急事態宣言が発令されていれば緊急事態措置要請を行うことができるとしたのである。

この点につき行政法学者の山本隆司は、要請の法的性格が行政指導にあたるという観点から次のような整理をしている。[43] すなわち、行政指導の中にも①行為のオプションを残す行政指導と②法規命令・行政処分と機能的に等しい行政指導とがあり、当初協力要請は①として想定されていたが、緊急事態宣言の要件が厳しく解釈され、2021 年改正による重点措置の法定によって、こうした解釈が固定化したことにより、協力要請は②型の行政指導を包含する、または①か②かが不明な行政指導になったというのである。つまり、行政指導の中には、要請に従うかどうかが国民の判断に委ねられるものと、要請に従うことを国民に求める事実上の強制に近いものとがあるわけであるが、2021 年改正後は、協力要請は前者と後者のハイブリッドになっているということになる。

この整理は、行政指導の強弱に応じて区分を行うものであり、少なくと

---

*42　内閣官房新型コロナウイルス感染症対策推進室長『『新型インフルエンザ等対策特別措置法等の一部を改正する法律』及び『新型インフルエンザ等対策特別措置法等の一部を改正する法律の施行に伴う関係政令の整備に関する政令』の公布について（新型インフルエンザ等対策特別措置法関係）」17 頁（令和 3 年 2 月 12 日）。
*43　山本隆司「移動の自由の制限に関する法理と手続―感染症まん延対応を素材に」法学セミナー 798 号 18-19 頁（2021 年）。

も 2021 年改正前は、ソフトな協力要請とハードな緊急事態措置要請とに分かれるという形になる。この区分は行政指導の実質的作用に着目した機能的アプローチであり行政活動の実態に対応するものといえるが、しかし、それをどのように区別するのかという問題がある。協力要請と緊急事態措置要請についていえば、形式的には区別できるものの、実質的な機能をどのように区別するかという問題が生じる。

たしかに、協力要請と緊急事態措置要請とでは受け取る側の重みが異なり、また後者は特措法施行令 11 条が要請対象を定め、12 条が具体的措置を定めていることから、区別は可能だと説明することもできよう。だが、同じ内容を要請した場合、やはりその実質的差異を明確にすることは難しい。

両者を明確に区別するとすれば、むしろ要請内容の範囲を区別する必要がある。そもそも特措法の構造が「協力要請→重点措置要請→緊急事態措置要請」という流れになっていることに加え、重点措置要請と緊急事態措置要請は違反者に対して命令や過料を科すことができるようになっていることを踏まえると、重点措置要請および緊急事態措置要請に基づく要請と同じ内容を協力要請で求めることはできないと解釈するのが妥当である。たとえば施設使用につき、重点措置要請は営業時間に関する要請、緊急事態措置要請は休業要請を含む施設使用制限の要請を行えるようになっていることからすれば、協力要請によって同様の要請を行うことはできないということになる。

ところが、先述の 2 月 12 日事務連絡は、協力要請によって施行令 11 条 1 項各号の施設に対して使用制限等の要請を行うことができるとしている[44]。しかし、そもそも施行令 11 条 1 項は「法第 45 条第 2 項の政令で定める多数の者が利用する施設は、次のとおりとする」としているのであって、緊急事態措置要請を前提とした規定である。それにもかかわらず、なぜ協力要請によって同じ内容の要請をできるのかという疑問が残る。さらに同事務連絡は、「一般的な感染防止対策等に係る要請の対象については、引き続き施行令第 11 条第 1 項各号に掲げる施設に限られないものとする」[45] と

---

＊44　内閣官房新型コロナウイルス感染症対策推進室長・前掲注 42) 3 頁。
＊45　同上 3 頁。

し、使用制限等に至らない注意喚起レベルの要請は 11 条 1 項各号が規定する施設にかかわらず全般的に行うことができるとしている。本来、協力要請はこの注意喚起レベルのものにとどまるはずであり、それを超える使用制限等の要請は重点措置要請（内容は時短にとどまる）や緊急事態措置要請の対象とは異なると考えるべきである。

　これまで実務上は、都道府県の協力要請においても重点措置要請や緊急事態措置要請と変わらない内容が求められることも少なくなかったが、重点措置要請や緊急事態措置要請はそれぞれが発令されて初めて可能になる要請である。これを実体面に基づいて区別するアプローチもあるが、同じ要請という形である以上、それを実際に明確に区分することは難しい。そのため、協力要請は一般的・抽象的レベルで広く「お願い」をすることは可能であるかもしれないが、それによって重点措置要請や緊急事態措置要請に基づいて具体的になされる要請と同じことを求めることはできないと考えるべきである。

## 8　新型コロナ禍における自粛要請と営業の自由の問題

　新型コロナ禍では、「3 密」回避の観点から、スポーツなどのイベント事業者、デパートや映画館などの大規模施設事業者、そして飲食店事業者に対して、状況に応じて人数制限、時短、休業などが要請された。政府や地方自治体は、要請に従った事業者に対しては協力金を支払うなどして対応した。それ以外にも、経済的に困窮した事業者を救済するための持続化給付金や家賃支援給付金、従業員の雇用維持のために休業手当などの一部を助成する雇用調整助成金、中小企業や個人事業主が行う販路開拓や生産性向上の取組みに対して経費の一部を支援するための小規模事業者持続化補助金などが用意された。ただし、すべての業種がそれらの対象になるわけではなく、たとえば風俗事業者は持続化給付金などの対象から外された。そのため、国会（参議院）の質疑でも職業差別ではないのかとの質問がなされ、一部の事業者は訴訟を提起した。[*46]

---

*46　「持続化給付金等の支給対象から『性風俗関連特殊営業』を行う事業者が除外されていることに関する質問主意

また、地域によって感染状況が異なることもあり、特に協力金の対象や
金額は地方自治体によって異なる結果となった。一般に、特に飲食時にお
ける会話や飲酒による大声での会話は感染リスクが高いとされたこともあ
り、飲食店に対する自粛要請が長く続くこととなった分、飲食店に対して
は他の事業者よりも頻繁に協力金が支払われることとなった。

　このような対応は、自粛要請によってできる限り憲法上の権利を侵害し
ない形で感染症対策を行い、かつ規制対象となる事業者を救済しようとす
る試みであった反面、それでもなお、憲法上の問題を惹起した。

### （1）補償をめぐる問題

　まずは協力金に関する**平等**の問題である。協力金は政策的要素を多分に
含むことから、どこで線を引くかは基本的に政府（地方自治体）の裁量に
委ねられる。飲食店は、感染リスクが高いことから重点的な規制が必要で
あるものの、小規模事業者が多く協力金がなければ経営破綻してしまうお
それがあることに加え、飲食店は国民の食生活やコミュニケーションに関
わる重要な場であることからそれらが大量になくなると国民生活に大きな
影響を与えることなどを踏まえ、飲食店には自粛を強く求めると同時に、
協力金を支払うことになった。しかし、飲食店以外の事業者も飲食店と同
様の自粛要請を受けているにもかかわらず、飲食店のみが協力金の対象に
なることが多かった。その場合、他の事業者との関係で平等問題が生じる
こととなる。また、飲食店の規模にかかわらず一律額の協力金が支払われ
ることが多かったため、協力金では通常の売上がほとんど補塡できない飲
食店と売上以上の金額を得られた飲食店との間で、不公平な状況が生じた
といえる。

　次に**営業補償**の問題がある。自粛要請に従ったために営業上の損失を被
ったにもかかわらず、協力金が支払われなかった事業者や協力金ではまっ
たく採算がとれなかった事業者が存在した。一部では憲法上の補償を求め
る声が上がっていたが、ここではいくつかの障壁があった。憲法29条3

---

書」（徳永エリ）令和2年5月25日質問第130号。なお、一審は原告の請求を棄却した（東京地判令和4年6月
30日裁判所HP）。

項は財産権の公共使用に対する正当な補償を規定しているが、その対象は「財産」である。そのため、営業損失がここでいう補償の対象に含まれるかどうかという問題がある。また、補償が認められるためには**特別な犠牲の要件**を満たす必要がある。[*47]すなわち、その財産権への侵害が、一般人ではなく特定人を対象とし、財産の侵害の程度が一般受忍限度を超えて財産権の本質を侵す強度なものであることが求められる。2021年の特措法改正までは休業や時短について命令や過料の規定がなく、要請にすぎなかったことから、それが補償の対象になるほど強度な侵害といえるかどうかも問題となる。

　他方で、もし補償が認められなかったり不十分だったりするにもかかわらず、損害を甘受することが求められ、しかもそれによって生活保護水準にまでは至らないものの、生活に著しい影響が生じる場合、それは財産権の補償と生存権の保障の谷間の問題となる。この問題につき、憲法25条1項に基づいて健康で文化的な最低限度の生活を営む権利の範囲を広げるという主張もありうるかもしれないが、その場合はまずそうした制度を創設することが必要となろう。ゆえに解釈論としては、憲法25条2項が社会福祉や社会保障と並んで公衆衛生の向上を規定していることから、感染症対策を行う際には社会福祉や社会保障上の対応も同時に行われることが要請されるとし、上記の「谷間」に陥らない制度を設けることが求められると考えるアプローチが適切であると思われる。

　なお、2021年2月3日の特措法改正により、事業者に対する支援に関する規定として63条の2が新たに設けられた。同条は、「国及び地方公共団体は、新型インフルエンザ等及び新型インフルエンザ等のまん延の防止に関する措置が事業者の経営及び国民生活に及ぼす影響を緩和し、国民生活及び国民経済の安定を図るため、当該影響を受けた事業者を支援するために必要な財政上の措置その他の必要な措置を効果的に講ずるものとする」と定め、時短要請に応じた事業者に対する協力金等につき、法的根拠が設けられた。

---

[*47]　神橋一彦『行政救済法』443-444頁（信山社、2012年）。特別な犠牲の要件の内容につき、伝統的な学説は、①侵害行為の対象が一般的であるかどうか（形式的基準）と②侵害行為が財産権の本質的内容を侵すほどに強度なものかどうか（実質的基準）を提示してきたとされる。

## （2）営業の自由の問題

　協力金さえ払えば規制が正当化されるわけではない、という点には注意が必要である。というのも、時短や休業は営業規制であり、営業の自由を侵害するからである。とりわけ、休業要請は営業そのものを禁止することを求めるものであり、強い規制であるといえる。営業不許可や営業取消などと比べれば、休業要請はあくまで要請にすぎず、また感染状況が改善するまでの一時的なものにとどまることから、そこまで強い規制ではないようにもみえる。しかし、一時的であるにせよ、営業を止めることは営業の自由に対する強い制限であり、時に規制期間が延長されうることを踏まえると、やはり強い規制といえる。しかも、感染症は本人の努力では如何ともしがたい問題であり、本人の帰責事由にあたらないにもかかわらず規制がなされることとなる。

　この点は食品衛生上の問題と比べるとわかりやすい。食品衛生も感染症と同じく衛生的観点からの規制であるが、食品衛生の場合は基本的に事業者自身の責任に帰する事由によって規制される。たとえば、飲食店の営業であれば、食品衛生上の要件を満たさない場合には営業許可が取り消されることがある。だが、それは主として事業者の衛生管理の問題である。しかし、感染症は事業者の衛生管理とは異なる要因で規制されるものである。もちろん、感染対策の要請に応じない場合に一定の規制がなされる場合は事業者本人の対応が問われるわけであるが、感染対策の有無にかかわらず休業規制がなされる場合には、事業者本人では如何とも対応しがたい要因によって規制されることになる。

　また、かつて最高裁も示したように職業は人格形成にも密接に関連するものであり、[*48] たとえ補償によって金銭的に損害が填補されたとしても、営業の自由の侵害がそれによってただちに正当化されるわけではない。仕事ができなくなれば、仕事中に備えていた人格がいったん影をひそめること

---

*48　薬事法距離制限事件判決・前掲注 9) 575 頁。経済活動規制の場面における人格アプローチの重要性について、巻美矢紀「経済活動規制の判例法理再考」ジュリスト 1356 号 33 頁（2008 年）。なお、職業の自由における人格の重要性についてはしばしばその背景にドイツの影響があることが指摘される。それについては、石川健治「薬事法違憲判決」憲法判例百選 I〔第 7 版〕198 頁（2019 年）、新井貴大「ドイツ薬局判決における職業の自由と人格関連性」法政論叢 57 巻 1・2 号 1 頁（2021 年）などを参照。

となり、日々の生活スタイルに影響が生じ、めぐりめぐって営業再開後の事業計画や人生計画にも支障が生じるおそれがある。その結果、営業の自由に付随する人格形成の側面を制限することになる。

さらに、いったん休業してしまうと、業種によっては、営業再開後に客足が戻らない可能性があるという問題もある。それは金銭的損害のみならず、それまで取引していた人との交流を止めてしまうという側面もある。

以上の点を踏まえると、休業要請は、許可制ほど強い制限ではないものの、決して弱い制限とはいえない。そうであるとすれば、それは営業の自由の制約として認識すべきこととなる。

## （3）事実行為と萎縮効果論

一口に休業要請といっても、法的根拠や強制力担保の有無によってその法的性格が異なる。一般に、相手方の任意の協力を求める行為は行政指導にあたり、法律の根拠は不要とされるが、行政指導にも様々な類型があり、法令に基づいて行われるものもある。[*49]

特措法に基づいて休業要請を行う場合、法令が明記しているのは緊急事態宣言時における休業要請（施設使用停止要請）である（45条2項）。一方、特措法24条9項は対策に必要な協力要請を行うことができるとし、政府は当初協力要請と緊急事態宣言時の要請を連動的・段階的に捉えていた。つまり、まずは協力要請、それに応じない場合は緊急事態宣言時の要請と想定していたのである。政府の解釈では要請内容の区分を行わずに連動的に捉えていることから、それを前提とするならば、14条9条の協力要請に基づき休業要請ができることになる。

先述したように（▶138頁）こうした解釈には疑問があるが、仮にこのような理解に基づいた場合、休業要請はどのような法的性格を帯びることになるだろうか。行政手続法2条6号は、行政目的の実現のために一定の作為・不作為を求める行為であって処分性を有しないものを行政指導と定義しており、それは法的拘束力のない事実行為を意味する。[*51]休業要請は事

---

*49　大橋洋一『行政法Ⅰ〔第4版〕』268-275頁（有斐閣、2019年）。
*50　行政手続法2条6号「行政指導　行政機関がその任務又は所掌事務の範囲内において一定の行政目的を実現するため特定の者に一定の作為又は不作為を求める指導、勧告、助言その他の行為であって処分に該当しないものをいう」。

業者に対して休業という不作為を任意に求めるものなので、事実行為に分類される。また2021年改正までは、休業要請に応じない場合は指示・公表しか行うことができなかったことを踏まえると、指示や公表といった事実行為も場合によっては不利益処分とみなしうるという理解を前提としなければ、休業要請は事実行為ということになる。そのため、事実行為としての休業要請が営業の自由を侵害するかどうかを考えなければならない。

　事実行為が法的拘束力を有しない以上、それは権利侵害を惹起しない。しかし、事実行為は時として事実上の拘束力を有することがある。休業要請についていえば、事業者が事実上その要請に従わざるを得ないのであれば、それは任意ではなく**事実上の強制**として機能していることになる。

　かかる事実上の強制は憲法上の権利侵害になるだろうか。ここで、いわゆる萎縮効果論が関連する可能性がある。**萎縮効果**とは、ある行為を行うことで刑罰が科されるおそれがあったり、自らの行為が規制対象になるかどうかがはっきりしなかったりする場合に、憲法上保護されているはずの行為を差し控えてしまうことをいう。[52] 刑罰規定が存在する場合には刑罰を科されてからその合憲性を問うことができるが、問題はそこではなく、そもそも行為を差し控えてしまうことが問題なのである。なぜなら、規制対象にならなかったかもしれない行為も差し控えてしまうかもしれないからである。また、刑罰規定がない場合でも、規制対象が曖昧であれば、同様に行為を控えてしまうおそれがある。したがって、萎縮効果による憲法上の権利侵害については、表現の自由が規制によって特に傷つきやすいがゆえに、表現の自由の分野における萎縮効果論が有力に説かれている。[53]

　このように、萎縮効果論は本来、規制の存在により、本来保護される行為までをも控えてしまうことを問題視するものであった。そのため、事実行為によって萎縮してしまう事実上の強制の問題とはレベルが異なるように思える。なぜなら、事実上の強制の問題は本来保護される行為を控えてしまうことを問題視するのではなく、規制対象となる行為は明確であるも

---

＊51　宇賀克也『行政法概説I〔第7版〕』439頁（有斐閣、2020年）。
＊52　Frederick Schauer, *Fear, Risk, and the First Amendment: Unraveling the "Chilling Effect,"* 58 B.U. L. Rev. 685, 687-689 (1978).
＊53　毛利透『表現の自由—その公共性ともろさについて』105-109頁（岩波書店、2008年）。

のの、それによって当該行為を行うことができなくなってしまう状況それ自体を問題視するものだからである。つまり、本来的な萎縮効果論は、規制対象の広範性を主な問題とするのに対し、事実上の強制による萎縮効果の問題は、任意であるにもかかわらず強制的に機能していることを主な問題とする点に、違いがあるといえる。

もっとも、萎縮効果は表現の自由に固有の問題というわけではなく、ほかの権利に対しても働きうる。たとえば、オンライン上の活動を監視されるかもしれないというおそれがあると、それによって刑罰を科されるという理由ではなく、自己情報が収集されてしまったり、勝手な自己像が形成されてしまったりするおそれがあることから活動を控えてしまうことも、萎縮効果に含めるべきとの議論が出ている。[*54]この萎縮効果は表現の自由のみならず、プライバシー権侵害との関連で問題となりうる。[*55]

つまり、もともと萎縮効果論は本来保護されるはずの権利の行使を差し控えてしまうことを問題視するものであったが、必ずしもその場面に限定されるわけではなく、自らの権利が侵害されるおそれがあることを理由に行為を控えてしまうこともその範疇に含まれるとする議論が出てきているのである。

実際、日本の裁判例では、原告側が事実行為に対して萎縮効果論を主張する事件がある。その例が福岡県漫画撤去要請事件である。この事件では、福岡県警がコンビニに対して暴力団関係書籍の撤去を要請したところ、それに応じてコンビニが漫画本を撤去したことから、漫画の原作者が萎縮効果による表現の自由の侵害などを主張して訴訟を提起したものである。福岡地裁は、本件要請は事実行為にすぎないため法益侵害があるとはいえないとして請求を棄却し、[*56]控訴審および最高裁も原告の請求を棄却した。[*57]

結局、裁判所は原告の主張する萎縮効果を認めなかったので、日本の裁判例においてかかる萎縮効果論が採用されているとはいいがたい。さらに

---

*54　Daniel Solove, *A Taxonomy of Privacy*, 154 U. Penn. L. Rev. 477, 488 (2006).
*55　Jonathon W. Penney, *Chilling Effects: Online Surveillance and Wikipedia Use*, 31 Berkeley Tech. L.J. 117, 128 (2016).
*56　福岡地判平成 24 年 6 月 13 日裁判所 HP。
*57　なお、控訴審（福岡高判平成 25 年 3 月 29 日判タ 1415 号 134 頁）はそもそも行政指導にすらあたらないとし、最高裁（最三小決平成 26 年 7 月 22 日判例集未登載）は上告棄却・不受理としている。

いえば、萎縮効果を受けやすいとされる表現の自由についてすらも事実行為による萎縮効果を認めるのは難しいとすれば、営業の自由についてはなおさら認められにくい可能性がある。しかしながら、営業の自由が問題となる場面では、行政が様々な形で関与することが多く、規制態様も多種多様にわたる。そこでは、行政指導の類型も多様であり、背後に強制的手法が控えている場合も少なくない。強制的手法と連動する場合には、行政指導自体も行政処分と解する余地が出てくる。

## （4）休業要請の合法性・合憲性

　新型コロナ禍における休業要請につき、2021 年改正前の段階――休業要請に従わない事業者に対して命令や過料を科す規定が設けられる前――の休業要請の合法性と合憲性について考えてみたい。まず、合法性の問題につき、特措法が必要最小限の規制を求めているので、感染症まん延の状況等を踏まえ、その時点で休業規制が必要最小限の手段であるかどうかが問題となる。また、特措法上の要件を満たしているかどうかの判断も慎重に行わなければならない。休業規制の根拠となる特措法 45 条 2 項では、「新型インフルエンザ等のまん延を防止し、国民の生命及び健康を保護し、並びに国民生活及び国民経済の混乱を回避するため必要があると認めるとき」に休業要請等を行えることになっていることから、その必要性があるかどうかが問われる。

　次に、萎縮効果の観点から合憲性の問題を考えると、次のような点を検討することになる。第 1 に、その要請が直接的に特定の作為・不作為を求めているかどうかである。直接的要請の場合はそれによって特定の活動の萎縮につながるので、当該要請と萎縮効果との因果関係が明らかになりやすい。一方、たとえば事業者と住民との間で紛争（住宅地に高層マンションを建設するなど）が生じそうな時にあらかじめ事業者に対して住民との対話を求めることは、ただちに事業者の特定の活動を止めようとするものではない。このような間接的要請は萎縮効果との因果関係が不明瞭になりやすい。この点、新型コロナ禍の休業要請は直接的要請であり、それによって活動を自粛したのであれば、萎縮効果の因果関係が認められやすい。

第2に、当該要請が事実上の強制として機能していたかどうかである。要請が行政指導であるとすれば、それは任意でなければならない。しかし、要請の背後に強制力が控えていない場合であっても、当該要請と社会的圧力が交じり合ってそれが事実上の強制として機能することがありうる。事実上の強制の証明は難しいところであるが、新型コロナ禍初期の休業要請には対象となった事業者のほとんどが従い、従わなかった事業者は嫌がらせを受けるなど社会的制裁の対象となった。また、感染症まん延時における緊急事態宣言が発令されている状況下の休業要請は平時の要請と異なり、その程度が強いといえる。そのため、事実上従わざるを得ない状況が創出されたといえ、事実上の強制がなされたと認めてしかるべきであろう。

　第3に権利侵害の程度である。要請に従うことで、具体的権利がどのように制約されるかということである。新型コロナ禍の休業要請は、事業を休むことを要請されたわけなので、事業者は営業することができなくなる。憲法22条が保障する職業の自由は職業選択に密接に関わる狭義の職業の自由の制限（開業のための許可条件に距離制限がある場合など）を強い制約とみなし、純粋に営業を行うかどうかの問題はそれよりも制約の程度が弱いと考えられているといえる。しかし、営業に対する制約の中でもレベルの違いがあり、営業を認めないという強い制約から営業時間短縮のような条件設定などのような弱い制限まで、様々なものがある。このうち休業要請は強い制限にあたる。強い制限を求める要請は萎縮効果の制約のレベルを引き上げるものであり、憲法上の権利制限の問題として取り上げるべき事例といえる。

## （5）時短命令・休業命令

　2021年の特措法改正により、重点措置時の時短要請、緊急事態宣言時の休業要請に従わない事業者に対しては命令を行い、それでもなお従わない場合には過料を科すことができることになった。

　そうなると、もはや事実上の強制のレベルを超え、処分性を帯びることが明らかになると同時に、憲法上の権利侵害の問題が正面から問われることとなる。また、都道府県知事は要請のみならず命令や過料を科すように

なったため、要請そのものよりもむしろこうした処分が憲法および法律に適合しているかどうかが、問題視されるようになった。

　時短規制は、休業規制に比べればそこまで強い規制とはいえない。もちろん、時間設定の内容次第では営業に対する制約の度合いが強くなることもありうる。たとえば、人と人の接触機会を減らすために1日の営業時間を1時間に短縮する場合、実質的に休業規制をしているようなものであり、制限の程度が強くなる。あるいは、人が集まらないようにするために、飲食店の営業時間を深夜に限定したり、逆に酒類提供の飲食店を午前中のみに限定したりすると、事実上、営業に大きな負担がかかることになる。とはいえ、それでもやはり営業自体を認めない休業規制と比べると、時短規制ではあくまで営業の余地がある以上、制限の程度は休業規制ほど強いとはいえない。一方、休業規制は先に述べたように強い規制である。しかもそれが命令や過料を伴った明確な処分として行われる場合には、正面から営業の自由の問題が出てくることになる。

　改正法が時短要請や休業規制に強制力を付加したこと自体の合憲性の問題もあるが、接触機会を減らすことが感染症まん延に一定の効果があるとされる以上、手続上の問題はさておき、それがただちに違憲になるとはいえないだろう。また罰則も過料にとどまっているため、比例性を失しているともいいがたい。

　そうなると、ここで問題となるのは適用の段階である。法令の適用の場面では、法令そのものではなく適用が違憲か否か、または違法か否かが争われることになる。時短命令につき、特措法31条の6第3項は、重点措置発令時に「第1項の規定による要請を受けた者が正当な理由がないのに当該要請に応じないときは、都道府県知事は、国民生活及び国民経済に甚大な影響を及ぼすおそれがある重点区域における新型インフルエンザ等のまん延を防止するため特に必要があると認めるときに限り、当該者に対し、当該要請に係る措置を講ずべきことを命ずることができる」としている。そのため、まずは事業者が正当な理由なく要請に応じなかったかどうかが問われる。ここでいう正当な理由の内容は必ずしも明らかではないが、時短規制の目的がまん延防止にあることを踏まえると、まん延防止の対策が

とられているなどの理由がそれにあたると考えられる。もし正当な理由が提示されない場合でも、知事はまん延防止のために特に必要がある場合でなければ命令を出すことはできない。このように、正当な理由の有無とまん延防止のための特別な必要性が問われるといえる。

　また、感染症対策は時に差別的観点から行われたり、恣意的に行われたりすることがあることを踏まえると、それは中立的であることが求められる。アメリカでは、かつて中国人差別の観点から中国人を狙い撃ちした対策が行われたり（▶36頁）、新型コロナ禍においても礼拝における人数上限を他の一般施設と比べて厳しくするなど、中立性に問題のある規制が散見された。[*58] したがって、感染症対策の実施についてはそれが恣意的に行われていないかどうかも問題となろう。

　また、休業規制については、特措法45条3項が緊急事態宣言発令時に「施設管理者等が正当な理由がないのに前項の規定による要請に応じないときは、特定都道府県知事は、新型インフルエンザ等のまん延を防止し、国民の生命及び健康を保護し、並びに国民生活及び国民経済の混乱を回避するため特に必要があると認めるときに限り、当該施設管理者等に対し、当該要請に係る措置を講ずべきことを命ずることができる」と定めている。ここでも正当な理由の有無と必要性が問われることになる。

## (6) グローバルダイニング訴訟──東京地裁判決

　実際、命令を受けた事業者は訴訟を提起するようになり、グローバルダイニング社が東京都を相手に国家賠償請求訴訟を提起した事案では、2022年5月16日に東京地裁が判断を下した。[*59] 原告側が時短命令を拒否したのは経営への悪影響という正当な理由に基づくものであったことや、東京都の命令には必要性がなかったことなどを主張したところ、東京地裁は正当な理由については原告側の主張をしりぞけたが、必要性については原告側の主張を認めて東京都の判断が違法であったとした。

　判決は、特措法45条3項は命令発令について「特に必要があると認め

---

*58　See, e.g., Roman Catholic Diocese of Brooklyn v. Cuomo, 141 S.Ct. 63 (2021).
*59　東京地判令和4年5月16日裁判所HP。

るときに限り」と定めていたことから命令発出の必要性を限定的に解し、必要性の有無を厳密に審査した。その結果、裁判所は、時短要請に従わない2000余の店舗のうち原告の店舗は1%強にすぎず、原告の店舗が実施していた感染症対策を踏まえると時短営業がただちに市中感染のリスクを低めるとはいえない、緊急事態宣言の終了期間が迫っていたためにわずか4日間しか命令の効力がないにもかかわらず命令をあえて発令したことの合理的説明がない、原告の店舗以外にはわずか6施設に対してしか命令を発出しなかったことは不公平である、として東京都の命令発令が必要性を欠くとし、違法の判断を下した。

　ただし、判決は東京都の過失については認めなかった。国家賠償請求訴訟において行政行為の違法性が問われた場合、裁判所は時に行政行為の違法性と過失の判断を分けて判断することがある。たとえば、行政行為の違法性が認められるとしても、当時の状況等を踏まえると過失があったとまではいえないと判断することがある。本件において、判決は、命令発出の違法性を認めたものの、今回の措置が法改正によって命令が可能になった後の初めての命令であったことや専門家が命令発出を容認していたことを考慮し、東京都に過失があったとまではいえないとした。

　また、原告側は営業の自由の侵害、表現の自由の侵害[*60]、平等違反の主張も行っていたが、判決はそれらについてはあまり厳密に審査せず、あっさりと合憲性を認めた。

　一見すると、本判決は法律上（特措法）の要件に従って判断を下しただけのようにみえる。だが、命令発出の必要性を厳密に審査したことは、司法が感染症対策による権利侵害の問題についてそれなりに踏み込んで判断しうることを示したといえる。他面、違法性を認めたにもかかわらず、過失を否定したのは、過失を認めることによって当局が将来の感染症対策において萎縮してしまうのを懸念したようにも思える。つまり、リスクの観[*61]

---

*60　原告側は、反対意見を表明したがゆえに東京都が原告の店舗を狙い撃ちにしたとし、表現の自由の侵害であると主張した。

*61　判決は2つの先例（最三小判平成3年7月9日民集45巻6号1049頁と最一小判平成16年1月15日民集58巻1号226頁）を引用しながら違法性と過失を分ける判断を行ったが、先例は行政行為の時点で法解釈や裁判例が固まっていない場合に過失を認めないというアプローチを採用したものであった。ところが、本件は最初の事案であるがゆえに過失を認めない判断をしたので、その判断方法については先例と距離がある。それにもかかわらず、本判決が過失を否定したのは過失を認めることによって感染症対策に悪影響が生じてしまうリスクを懸念したので

点から判断結果についても考慮したと考えられるのである。こうした審査手法は感染症対策と司法審査のあり方について、1つのアプローチを示したものといえる。

　なお、ロックダウンを行ったアメリカでも営業の自由等を侵害するとして訴訟が提起されているが、そのほとんどは保険金支払いの問題であり、営業の自由そのものをめぐる裁判では請求がしりぞけられている。[*62]

---

### コラム③　事業者にとってのコロナ保険？

　諸外国でも休業や時短などの営業制限に対して訴訟が提起されるケースも散見されたが、それほど大きく取り上げられていない。アメリカのような訴訟大国ではこうした訴訟が数多く提起されても不思議ではないが、ロックダウン自体の合憲性・合法性とともに争われることはあっても、営業の自由単独で争われるケースはそれほど多くない。企業に対する支援金や助成金、労働者に対する失業給付などがそれなりに手厚かったこともその背景にあるといえるが、その大きな理由のひとつになっていると考えられるのが、事業中断保険の存在である。

　アメリカは保険大国としても知られており、事業者向けの様々な種類の保険が存在する。その中に、何らかの理由で事業中断を余儀なくされた場合の損害補填の項目がある。そこで、新型コロナの際に、州や地方自治体によって休業や時短を求められた事業者がその間の保険金を請求できるかどうかという問題が出てきたのである。事業中断保険にはウイルスによる損失を保険対象から免責していることが少なくないが、ウイルスに起因する政府の規制によって生じた損害については保険対象と裁判所が認める余地がないわけではなく、またウイルスによる損失が免責規定に含まれていない場合もあるため、保険金の支払いをめぐって極めて多くの訴訟が提起されることとなった。つまり、アメリカの場合は、新型コロナ禍における営業規制によって生じた損害に対し、事業者は、

---

はないかと思われる。
*62　See, e.g., Tandon v. Newsom, 517 F. Supp. 3d 922 (D.C.N.C. 2021).

営業の自由の侵害を理由に政府を訴えるよりも、保険会社に対して保険
金の支払いを求めて提訴する方法を選んだのである。

　たしかに、政府を相手に訴訟を起こしても、それほど高額の損害賠償
金を得られるわけではなく、仮に権利侵害が認められても免責法理（一
定の要件を満たした場合には責任を負わないとする法理）によって敗訴し
てしまうおそれがある。金銭にこだわるのであれば、訴訟で保険会社に
保険金の支払いを求めた方が現実的だというわけである。

# 9　新型コロナ禍におけるマスク着用の問題

## （1）マスク着用の要請

　新型コロナ禍において、政府や地方自治体は何度もマスク着用の重要性
を指摘し、繰り返し着用を促してきた[*63]。それを受けて厚生労働省や地方自
治体はマスク着用を要請し、地方自治体によっては特措法24条9項に基
づく協力要請としてマスク着用を呼びかけたところもある。また、政府は
マスク着用の前提となるマスク供給にも留意し、事業者等に対して増産を
呼びかけ[*64]、実際に国民に対して布マスク（いわゆる「アベノマスク」）2枚を
配布するなどして対応した。

　新型コロナ以前から、日本では花粉症対策などでマスクを着用する人が
少なくなかったこともあり、高い着用率を保ってきた。感染状況が少し落
ち着いていた2022年3月に東京都民に対して行った調査では9割以上が
マスク着用を継続すると回答したというデータもあるくらいである[*65]。

　そうした背景もあり、新型コロナ禍においてこれまでマスク着用は義務
化されていない[*66]。一方、マスク着用の習慣がない欧米ではマスク着用を義
務づける国が多かった。2020年にWHOはマスク着用率が95％を超える

---

*63　たとえば、新型コロナウイルス感染症対策本部「新型コロナウイルス感染症対策の基本的対処方針」（令和2年4
　　月7日改正）17頁など。
*64　同上9頁など。
*65　「マスク着用『続ける』9割　都・意識調査　感染収束　見通し立たず」読売新聞東京朝刊2022年4月22日24
　　頁。
*66　なお、特措法施行令により、重点措置や緊急事態宣言が発令された場合は、事業所にマスクを着用せずに入場す
　　ることが禁止されている。同施行令5条の5第7号および12条7号を参照。

ようならロックダウンは不要とまで述べてマスク着用を促している。[*67]

　しかし、欧米ではマスク着用に反発する声も少なくなく、アメリカでは義務の違法性をめぐる訴訟が提起された。このうち、健康自由連盟対バイデン連邦地裁判決[*68]は2022年4月18日にマスク着用義務を違法と判断した。連邦地裁は、アメリカ疾病予防管理センター（CDC）によるマスク着用義務が公衆衛生法の授権に基づいておらず、また行政手続法の規定にも反するとし、違法だと判断したのである。その結果、CDCはマスク着用を義務から推奨に切り替え、公共交通機関などにおけるマスク着用義務が撤廃された。[*69]

## （2）マスク着用要請の法的問題

　一方、日本でも誰もがマスク着用要請を受け入れているわけではなく、一部の人はマスク着用に反発している。もっとも、日本では政府がマスク着用を義務づけているわけではないことから、マスク着用が具体的に問題となる場面は施設内や交通機関の利用である。民間施設内でのマスク着用が問題になる場合には、マスク着用を求める施設（私人）とマスク着用を拒否する利用者（私人）という私人間の問題となる。とはいえ、私人間で問題となる場合であっても、何らかの法令が関わってくることが多い。一般に、私人間のマスク着用の問題については、契約や約款を通してマスク着用に応じない場合に利用を拒否することができると考えられているが、[*70]実際の問題では契約だけで対応できないケースも少なくない。

　実際に問題となったものとしては、マスクをせずに飲食店を利用しようとした者が業務妨害によって逮捕された館山市マスク拒否事件がある。この事件では、2021年4月10日に館山市内の飲食店に入った被告人がマスク着用を要請されたことに憤慨し、大声を出してそれを拒否し、従業員に詰め寄って転倒させ、多数の客を店外に立ち去らせるなどして業務を妨害し、現場に駆けつけた警察官を殴ったため、現行犯逮捕され、公務執行妨

---

＊67　「WHO『マスク着用95％で都市封鎖不要に』」日本経済新聞夕刊2020年11月20日3頁。
＊68　Health Freedom Def. Fund, Inc. v. Biden, 2022 U.S. Dist. LEXIS 71206.
＊69　ただし、司法省は控訴した。
＊70　「マスク不着用者・発熱者の搭乗等拒否の根拠について」〈https://www.mhlw.go.jp/content/11130500/000852050.pdf〉。

害容疑および威力業務妨害罪で起訴された。[71]

　また、航空機内でマスク着用を拒否して、機長の降機命令によって飛行機から降ろされたものとして呉市市議会議員事件がある。呉市議会の谷本誠一議員がマスクを着用せずに搭乗したところ、乗務員に着用を求められたが、それを拒否した。そのため、最終的には機長が航空法73条の4第5項に基づく降機命令を出し飛行機から降ろす措置をとった。これに対して呉市議会は辞職勧告決議案を全会一致で可決したが、谷本議員は辞職しない意向を示した。[72] むしろ谷本議員は警察と航空会社に対して命令の取消などを求めて訴訟を提起した。[73]

　これらのケースでは、マスク着用の拒否に対して、前者では刑法、後者では航空法に基づく対応を行っている。そのため、マスク着用自体は要請ベースであるものの、一定の場面における着用拒否に対しては法律を適用して実質的にマスク着用拒否を許容しない措置がとられているといえる。

　地方議会などのように自律的な法社会を形成している場面では、内部の判断が尊重されるケースがある。たとえば、白糠町マスク事件では、白糠町の福地裕行議員が議会内でマスクを着用しなかったため、退席要求を受け、その後マスクの中心を四角に切り取ったマスクを着用して議場に入ったが、発言が認められなかったことが問題となった。その後、町議会は辞職勧告決議を採択したが、法的拘束力はないため、同議員はそれに従わなかった。一方、福地議員は、マスクを着用せずに議会に出席して発言する権利を主張して、町を相手に損害賠償請求訴訟を提起した。これに対して釧路地裁は、部分社会の法理を適用し、発言禁止命令等の是非は町議会の自主的、自律的な解決に委ねられるべきであるとして司法審査の対象外であるとし、請求をしりぞけた。[74]

　また、同種の事案として、臼杵市マスク事件がある。臼杵市の若林純一議員は議場でマスクを着用しなかったりマスクから鼻を出したりしたのを

＊71　「マスクトラブルの男を追起訴」朝日新聞朝刊ちば首都圏 2021 年 5 月 15 日 25 頁。
＊72　「呉市議会：呉市議会が辞職勧告可決　全会一致　マスク拒否市議へ」毎日新聞地方版 2022 年 3 月 2 日 20 頁。
＊73　「航空会社・北海道警を訴え　谷本・呉市議、マスク拒否問題」朝日新聞朝刊広島 1・1 地方 2022 年 4 月 29 日 21 頁。
＊74　「マスク義務違反→退場、白糠町議の『発言権』却下　釧路地裁判決」朝日新聞朝刊北海道総合 2022 年 3 月 30 日 29 頁。

理由に、市議会から議場での発言を禁止された。後日、市議会は若林議員に対して辞職勧告決議案を可決したが、同議員は辞職しなかった。一方、若林議員は表現の自由の侵害であると主張して、市議会と市に処分の取消などを求める訴訟を提起した。[*75]

　もし白糠町マスク事件と同じ判断をするのであれば、部分社会の法理によって司法審査の対象外とされる結果となる。最高裁が地方議会の懲罰については除名のみならず出席停止も司法審査の対象になるとしてその範囲を拡大方向に見直す傾向もあるが、そこでは議事・議決に参加することができなくなることを問題視していた。この点、これらのケースでは発言することが問題となっているため、それが地方議会議員の活動としてどの程度重要であるかが関わってくる。下級審判決の中には、発声障害のある議員が代読を求めた事案において、議会内における発言が中核的権利であるとして司法審査の対象になるとし、音声変換装置による代読を認めないことが発言の自由を侵害し、国家賠償法上違法にあたるとしたものがある。[*76]もっとも、これらの事件で問題となっているのはマスクを着用せずに発言する自由があるかどうかであるため、裁判所が司法審査に踏み込むとしても、それが認められるかどうかについて別途検討する必要がある。

## （3）マスク着用と憲法上の権利の関係

　マスクの着脱に関する行為が憲法上保障されるかどうかについては、その状況次第で関連する権利が異なってくる。一般的な場面におけるマスクの着脱は憲法13条に基づく一般的行為の自由によって保障されるかどうかが問題となる。感染症対策としての合理性があれば規制が認められる可能性が高いが、規制態様や規制強度次第では違憲になる場合もあるだろう。一方、マスク着用が憲法21条の表現の自由に関する問題になることもある。アメリカではマスク等によって覆面しながら表現活動することが表現の自由の問題として扱われている。あるいは、日本の事例のようにマスクを着用せずに地方議会の議場で発言する権利があるかどうかも憲法21条

---

*75 「新型コロナ　マスク違法訴訟　臼杵市争う姿勢　第1回口頭弁論」毎日新聞地方版 2022年2月26日27頁。
　　なお、若林議員は2022年4月の市議会議員選挙で落選したため、その後訴訟を取り下げた。
*76 名古屋高判平成24年5月11日判時2163号10頁。

に絡む側面がある。問題となる場面は異なるが、就労時におけるマスク着用の問題であれば憲法22条1項の営業の自由の問題にもなりうる。このように、マスク着用をめぐる問題は、文脈によってどの憲法上の権利が問題になるかが異なってくる。

## コラム④　孤の要請と個の要請

　新型コロナの感染経路は主に飛沫感染であると考えられたことから、「3密」回避が求められた。さらに会食、県境移動、帰省などについても自粛が求められた結果、結果的に人同士が接触する機会も減り、人によっては孤独な生活を強いられることとなった。これらはあくまで要請の結果であり、最終的な判断は各人に委ねられたことから、ある意味、個人の判断を尊重しているともいえる。しかしながら、政府（地方自治体を含む）の自粛要請は必ずしも憲法13条が保障する個人の尊重を重視しているとはいえなかったように思われる。というのも、政府は自粛要請の必要性と重要性を強調し、さらには自粛しないと大きな損害をもたらしてしまうことを警告することはあっても、個人の判断に委ねられるという部分については強調しなかったからである。

　もちろん、感染症対策として行っている以上、その必要性と重要性を説くのは当然である。しかし、個人の尊重を要請するのであれば、それが強制ではないことを強調し、個人の判断に委ねられることについても繰り返し説明すべきであったように思われる。また個人の尊重は、誰と関わり誰と関わらないかの選択を通した人格形成につながるという側面があることを踏まえると、その意味でも孤の要請は個の要請とイコール関係にあるわけではないことを再認識しておく必要がある。

# 第6章　ワクチン対応
## ——予防接種法とその変遷

　感染症まん延の終息に向けて、鍵を握るのが**ワクチン**である。多くの場合、人が微生物や感染症の病原体に接触しても、自然免疫や獲得免疫の防御反応によって感染を防ぎ、感染して発病したとしても治癒する。自然免疫や獲得免疫だけでは十分対応できない場合でも、細菌による感染症についてはその細菌を死滅させる抗菌薬を処方すれば快方に向かう。ところが、ウイルスは人の細胞の中に侵入して自らをコピーして増えていく性質をもつので、そもそも細胞をもたない。そのため、細胞壁の合成を阻害するなどして細菌を死滅させる抗菌薬ではウイルスに対応できない。ウイルスに対しても抗ウイルス薬を開発できればいいが、現実的にはそれが難しい。ウイルスは人の細胞に侵入しその機能を利用して増殖するため、ウイルスにだけ作用する薬を作るのが難しいからである。

　そこで登場するのがワクチンである。ワクチンは、無毒化や弱毒化等を行ったウイルスを接種することで免疫力を高め、感染を防いだり、感染しても急激にウイルスが増殖したりすることを抑える機能がある。つまり、ウイルスを攻撃するのではなく、免疫力をつけることによって対応するわけである。もちろん、ワクチンの効果には個人差があり、また発症や重症化を100％防ぐわけではない。また、ワクチン次第ではその効果が長く続かない場合もある。だが、ワクチン接種が広まれば、相当程度安全な形で獲得免疫を得ることができ、それによって多くの人が必要以上に感染をおそれずに通常の生活を送ることができるようになる。

　ただし、ワクチン接種は時に重篤な**副反応**を引き起こし、場合によっては死に至ることもありうる。また、信仰や信条により体内に異物を入れることを拒否する人もいるだろう。そのため、ワクチンが公衆衛生上重要な役割を果たすとしても、強制的に接種したり、あるいは接種しない者に不利益を課したりする場合には、憲法上の権利制約の問題が生じる。実際、

新型コロナ禍ではワクチン接種義務化の是非が大きな問題となり、アメリカでは訴訟になっている。

　この点、日本は歴史的経緯によりやや特殊な状況にある。かつて日本では予防接種が強制的に実施される時代があったが、**予防接種禍**が問題となり、その後任意の制度に転換した。そのため、接種義務化については慎重論が根強い。ところが、新型コロナ禍では任意であったにもかかわらず接種率が高い結果となり、その背景と要因を探る必要がある。

　以下では、予防接種に関する法制度を概観しつつ、そこで生じる憲法問題を考察する。

## 1　予防接種制度

### (1) 1948年予防接種法による義務化

　ワクチンといえば、ジェンナーの**種痘**が有名であり、ウイルス根絶を果たした稀少な例である。日本でも種痘については戦前から予防接種を義務づけていた。1909年、政府は種痘法を制定し、種痘を義務づけたのである。同法1条は、「種痘ハ左ノ定期ニ於テ之ヲ行フ」とし、定期接種を義務づけていた。

　その後、戦後になってからはGHQの衛生指導のもと、1948年に予防接種法が制定された。予防接種法3条（当時。以下、本段落において同じ）は「何人も、この法律に定める予防接種を受けなければならない」と定め、強制接種制度を設けた。さらに同条2項は16歳未満の児童に対してその保護者に受けさせる義務を課し、同法4条は接種義務を履行していない保護者に対して指導を行う義務を学校や病院等に課した。同法26条はこれらの規定に反する者（未接種

写真 6-1　搾乳婦の牛痘を調べるジェンナー（public domain）

---

*1　明治42年法律第35号。

者、保護者、学校や病院等）に対して罰則を科しており、3000円（当時）の罰金が科されることになっていた。しかも対象疾病は12種にも及び、当時、「世界に例のないといわれる強力な予防接種法[*2]」であったと指摘される。なお、接種費用は被接種者が実費を負担し（23条）、接種にかかる必要経費は国や地方自治体が負担することになっていた（20〜22条）。

## (2) 予防接種禍の歴史

　戦後、衛生環境が劣悪だったことに加え、接種対象となった感染症の致死率が高かったこともあり、予防接種が義務化された当初は予防接種の強制もやむを得ないものとして受け止められていたとされる[*4]。その後、かかる予防接種の取組みが功を奏し始めたことに加え、衛生環境や栄養状態が改善し、また経済復興によって健康状態も良好になると、医学の発展も手伝って感染症による死亡者数は大きく減少していった。このような状況変化にもかかわらず、1994年の予防接種法改正まで強制接種制度は継続し、その間に副反応による被害が問題視されるようになった。それは、いわゆる予防接種禍と呼ばれる問題となり、日本の予防接種の歴史に負の烙印を押すこととなった。

　日本の予防接種の展開については制度的変遷を契機としていくつかのタームに分けられる。たとえば野口友康は、強制接種が当たり前だった戦後から予防接種禍が顕現する1945年〜1960年代後半を第1期、副反応に対する救済を求める運動が高まる1970年代前半〜1980年代後半を第2期、副反応回避施策に転換した1990年代〜2008年を第3期、ワクチンギャップによる感染症罹患回避施策への転換を第4期とし、全体を4つのタームに分けている[*5]。

　野口の整理に基づき、それぞれのタームを見てみると、第1期は、一般

＊2　予防接種法2条2項は、痘そう、ジフテリア、腸チフス、パラチフス、百日せき、結核、発しんチフス、コレラ、ペスト、しょう紅熱、インフルエンザ、ワイルス病を対象として定めていた。
＊3　渡部幹夫「わが国の予防接種制度についての歴史的一考察」民族衛生73巻6号243頁、244頁（2007年）。
＊4　平山宗宏「わが国の予防接種制度についての概説と最近の動向」公衆衛生70巻4号257頁（2006年）。「当時の対象疾患は致命率も高く、いわば怖い伝染病であったので、法律で接種を強制されても不思議には思わない情勢であった」と指摘されている。
＊5　野口友康「日本における予防接種施策の歴史的変遷について―2009年以降の予防接種施策転換の国内外要因の分析を中心として」総合人間学研究15号23頁、24-35頁（2021年）。

に予防接種が不可欠と考えられていた時期である。その間にも予防接種禍による被害が生じ、中にはジフテリア予防接種が 100 人近い死亡者を出したケースもあったが、予防接種の必要性に加え、社会における副反応に関する医学的知見の不足もあり、大きな反対運動にはつながらなかった。第2期は、1970 年代に入って予防接種禍が報道されるようになると社会的に問題視されるようになり、被害者らが訴訟を提起し始めた時期である。第3期は、予防接種禍訴訟と予防接種法改正による強制の廃止である。諸々の予防接種禍訴訟のうち、1992 年の東京高裁判決が国の過失を認めたこと[6]が注目を集めた。判決は、厚生大臣が予防接種の禁忌者に予防接種を実施させないための十分な措置をとることを怠った過失があるとし、国家賠償責任を認めた。同判決の影響もあり、国会は 1994 年に予防接種法を改正し、予防接種を義務から任意（勧奨）に変更した。第4期は、選択制に転換し、集団予防接種が廃止されて個人接種となった結果、風疹や麻疹などの接種率が低下し、またいわゆるワクチンギャップ——世界標準のワクチンの供給が国内で少ない状況——の問題が顕在化した時期である。つまり、日本のワクチン市場は 9 割以上を国内産業が占めており、外資系の製薬会社を締め出していたことから、特に欧米は世界標準のワクチンを日本でも使用できるように求めた。また、副反応回避が重視される傾向のもと、ワクチン接種率が低下し、そこでも世界と日本との間で溝が生じていた。こうした外圧もあり、2013 年の予防接種法改正ではワクチン確保や予防接種基本計画に関する規定が整えられ、その後に策定された計画ではワクチンギャップの解消についての措置が盛り込まれた。

　以上の流れを整理すると、強制接種が必要だった時期、予防接種禍が顕在化した時期、予防接種法改正により任意接種となって接種率が低下した時期、再び予防接種推奨がなされるようになった時期、にまとめることができる。

## （3）強制接種の合憲性

　**強制接種**は、1948 年の予防接種法制定から 1994 年の同法改正まで続い

---

＊6　東京高判平成 4 年 12 月 18 日訟月 40 巻 1 号 1 頁。

たので、約半世紀にわたって強制接種が実施されていたことになる。当初、戦後の劣悪な衛生状態を踏まえると接種の利益がきわめて高かったことに加え、副反応リスクが周知されておらず、強制接種は十分に問題視されていなかったが、時が経過し、衛生状態が改善されて副反応問題が認識され始めると、強制接種の必要性に疑問の声が上がるようになった。このような経緯を踏まえれば、予防接種の問題は立法事実の変遷（ここでは、強制接種の必要性が変化）の問題のようにみえるが、そもそも強制接種が認められるのかという問題も潜んでいることに留意すべきである。強制接種自体が憲法に反する場合には、立法事実の変遷にかかわらず認められないことになる。

　強制接種自体の合憲性の問題については、それが憲法13条に基づく身体に関する自己決定を侵害するかどうかが主な論点になる[*7]。ワクチン接種は、本人の生命や健康を守ると同時に社会における感染まん延を防ぐことから、公共の福祉に寄与するものである。つまり、本人と社会の両方に利益があるので、その正当性については疑う余地がないようにみえる。しかし、ワクチン接種には副反応がつきまとう以上、接種を強制することは接種したくない者の自己決定を制約し、そうした利益によって制約を正当化できるかが問題となる。まず、自己の身体については自ら決めることが前提となる以上、パターナリズム的観点からその制約を正当化できるかを考えなければならない。また、予防接種が公共の福祉に資する側面があることは確かであるものの、副反応によって生命に危険が及ぶリスクがあることに鑑みると、全体の利益のために個人の生命を犠牲にしていいのかという問題も検討する必要がある。本来、自己の生命や身体については自己決定に委ねられるべきであり、かつそれは自らの人生に直結する重大事項である以上、その権利は厚く保護されてしかるべきである。しかも、予防接種が身体に異物を注入し、副反応のリスクがつきまとう以上、たとえ本人や社会の利益になるとしても、権利の侵害の程度は低くない。

　他面、ワクチン接種を拒否することは自らの生命を危険にさらす側面も

---

*7　強制接種自体が違憲または違法かどうかという問題は、予防接種禍に対する救済が賠償か補償かの問題にも連動する。

あることから、そのような自己決定が認められる
かどうかという問題がある。この点につき、西迫
大祐はカント（Immanuel Kant）のジレンマなど
に言及しながら興味深い検討を行っている。カン[*8]
トは、生命の危険がある行為につき、種痘接種と
船乗りを比較する。種痘接種は自らの生命を維持
するための行為である反面、副反応によって自ら
の生命を危険にさらす側面もある。船乗りは生活

写真 6-2　カント（public domain）

のために航海に出るわけあるが、嵐に遭って生命を危険にさらすおそれが
ある。両者はいずれも自らの生命を危険にさらす行為であるが、船乗りは
自らの生命を自然的な運にかけているのに対し、種痘接種者はそれが直接
の死因となりうる行為を自ら決断している点が異なる。その意味では、種
痘接種の方がより直接的に生命を危険にさらすことになる。ただし、カン
トは種痘接種が自らの生命を危険にさらすという点で道徳的義務に反する
かどうかについては結論を述べていない。むしろ、カントは生涯にわたっ
て感染リスクにおびえ続けることは病気で一生苦しむのと同じであり、種
痘接種の推奨が認められるとしている——。西迫によれば、この点につき、
ブラント（Reinhard Brandt）は政府の推奨に従うことで市民が道徳的ジレ
ンマに陥らずにその責任を政府に課せることになると指摘しているとする。

　これを自己決定の観点から考えると、接種の強制は死を招くリスクがあ
る行為を強制させられるわけであり、自己決定の制約が強い。一方、接種
を任意とすることは、感染症にかかって死ぬかもしれないリスクと接種の
副反応によって死ぬかもしれないリスクを自ら考えて判断するので、自己
決定は担保される。このとき、仮に接種しないという選択をしたとしても、
それが運任せであれば死を決定したわけではないので、しばしば自己決定
の限界の1つとなりうる自死の問題をクリアできる可能性がある。

　ただし、予防接種には他者に感染させないためのものだという側面があ
ることを踏まえると、自身の利益以外に他者の利益または社会全体の利益
を考慮しなければならない。

---

＊8　西迫大祐『感染症と法の社会史—病がつくる社会』158-159頁（新曜社、2018年）。

また、日本の判例法理に基づいて考えると、薬事法距離制限事件判決が[*9]、経済的自由の文脈においてすら、許可制という強度の制約をもって消極目的の規制（▶44頁）を実施する際には、より緩やかな制限では目的を十分に達成することができない場合でなければならないとしていることを踏まえると、身体に関する自己決定の事案では、公衆衛生維持の目的には正当性があるとしても、手段の合理性を考える際には、ほかに感染のまん延を防ぐ代替手段がないか、適切な免除措置が設定されているかなど、相応の審査が要求されるべきである。前者については、たとえば感染力や重篤性が高くない感染症であって、換気やマスク装着などで相当程度感染を抑えることができるのであれば、ワクチン接種を強制しなくても別の方法で代替可能ということになる。後者については、たとえば基礎疾患やアレルギーを抱えており、ワクチン接種によって生命等が脅かされるおそれがある者に対しては免除する措置を設けていなければならない。また、信仰を理由に拒否する者に対して免除措置を設けるべきかどうかという問題もある。実際、アメリカでは信仰を理由にワクチンを拒否するケースが下級審レベルで多くみられ[*10]、日本でもエホバの証人輸血拒否事件判決は信教の自由と[*11]治療の選択が混ざり合う形で問題になっている。

　一方、ワクチン接種の判断が感染症まん延防止の鍵を握るとすれば、その判断は民主的責任を負う政治部門または専門的判断を行うことができる行政機関に委ねるべきであり、司法が実体判断を行うべきではないという側面がある。たしかに、ワクチン接種の有効性、強制接種による利益と個人が負う不利益、ワクチン接種を含む総合的な感染症対策のあり方などの問題は政治部門や行政機関が判断すべき事項であり、司法が実体判断を行うべきではないといえるかもしれない。とりわけ、規制目的が感染症まん延防止、ひいては公衆衛生維持にあることが明確である場合には、目的と手段の関連性が合理的に推定されれば事足りる可能性がある。

---

*9　薬事法距離制限事件判決（最大判昭和50年4月30日民集29巻4号572頁）。
*10　*See, e.g.,* Mason v. General Brown Cent. Sch. Dist., 851 F.2d 47 (2nd Cir. 1988).
*11　エホバの証人輸血拒否事件判決（最三小判平成12年2月29日民集54巻2号582頁）。この事件は、エホバの証人を信仰する生徒がその信仰に基づいて必修科目である体育の剣道受講を拒否したために進級できず、最終的に退学処分となったため、処分の違法性が争われたものである。最高裁は、学生が信仰の核心部分と密接に関連する真しな理由で履修を拒否したとし、学校は代替手段などを考えるべきであったとして、退学処分等を裁量の範囲を超える違法なものであるとした。

そのため、ワクチン接種の強制自体の判断は、目的が真に公衆衛生の維持となっているかどうか、手段が目的と合理的に関連しているかどうか、また個別の接種については法律の授権または法定手続に基づいているかどうかなどに限られる。ただし、これはワクチン接種の強制自体の合憲性の問題であり、立法事実の変遷を踏まえた審査とは異なる。つまり、ワクチン接種を強制すること自体は合憲になったとしても、状況次第ではそれが不合理となっていて違憲になる可能性もあるということである。

もっとも、日本では強制接種自体の合憲性は最高裁レベルの判決が存在せず、学説レベルでも必ずしも定まっていない。この問題について、司法が直接判断を下しているのがアメリカである。**第1章**で取り上げたジェイコブソン判決（▶10頁）に加え、新型コロナ禍では連邦レベルのワクチン義務化や大学におけるワクチン義務化に関する判決も下されている。

また、日本において予防接種禍訴訟が1つの要因となって予防接種法改正につながり、強制接種から任意接種に変更されるようになったことは制度改革訴訟としての側面をうかがうことができる。

## 2　新型コロナ禍のワクチン

### （1）日本の対応

新型コロナ禍においては、日本はすぐに国産ワクチンを用意することができず外国産ワクチンに依存せざるを得ない状況となり、いかに必要な量のワクチンを確保するかが喫緊の課題となった。もっとも、政府は早くから外国産ワクチンの輸入に関する契約を取り付け、国民全員にワクチンがいきわたる量の確保に努めた。十分なワクチンを確保できないと接種の優先順位の問題が生じるが、相当量を確保できる見通しがあったことや、新型コロナが多くの場合ただちに生死に直結するほどの疾病ではなかったこともあり、優先順位についてはあまり問題視されないまま、医療従事者や重篤化のおそれがある高齢者を優先する形で接種がなされた。接種の実施に時間がかかったため、接種時期は欧米と比べて多少遅れをとったものの、安全性や効果が高いとされるファイザーやモデルナを中心に接種が実施さ

れた。任意であったにもかかわらず接種率が高かったこともあり、最低限必要とされる2回の接種についてはほぼ必要な量を満たすことができたといえる。

　新型コロナ禍では、接種後に発熱や倦怠感などの副反応が多くの人にみられたが、少なくとも2022年時点で重篤に至るケースはほとんどなかったといえる。また、ワクチンを打たないまま新型コロナに感染することの不利益が接種することの不利益よりも大きいと考えられており、接種が進んだといえる。この点は、かつての予防接種禍が時に重篤な被害をもたらした点と大きく異なる。

　加えて、2020年予防接種法改正により、新型コロナのワクチン接種についてはワクチン製造販売業者が予防接種による健康被害に関する損害を賠償することにより生じる損失を政府が補償することにしたことも、接種を後押ししたといえる。[*12]

　このように新型コロナ禍におけるワクチン接種はこれまでの予防接種とは異なり、ワクチン接種への要望が強く、接種率が高かったため義務化の必要性がほとんど生じなかった。むしろ政府側が私企業等において非接種者に対する差別を行わないように呼びかけるなど、予防接種禍やハンセン病差別の反省を踏まえた対応を行っていたといえる。

## （2）ワクチン義務化の問題

　新型コロナのワクチン接種については、日本では予防接種禍の反省もあって当初から任意接種制度が採用されたが、他の国と比べて接種率が高かったこともあり、義務化を求める声は大きくない。一方、接種率が伸びない欧米の一部の国では義務化によって接種率を高めようとする動きも出ている。日本でも、将来的に天然痘のようなウイルスが登場した場合にワクチン接種を義務化するかどうかについて再度検討を迫られる可能性があるため、義務化の合憲性の問題を考えておく必要がある。

　ワクチン接種義務化の合憲性について、アメリカではすでにいくつかの司法判断が下されている。ワクチン接種に関するリーディングケースが本

---

*12　予防接種法附則6〜8条。

書でもたびたび登場するジェイコブソン判決（▶10頁）であり、1905年の古い判決でありながら、この種の問題が裁判で争われる場合にはたびたび引用される判決である。もともと、アメリカでは州が公衆衛生対策を担うため、そこでは州のワクチン接種義務化の合憲性が争われた。同判決の合憲性の判断内容は次のようにまとめることができる。

すなわち、州はポリスパワー（▶9頁）に基づいてワクチン接種を実施することができるが、それは憲法に抵触してはならないので、個人の権利を侵害するかどうかを審査する必要がある。ジェイコブソンは修正14条に基づき自己の身体に関する自己決定を主張するが、それは絶対的な権利ではなく、一定の制約に服する。本件ワクチン接種は天然痘のまん延に対する必要な対策であり、その実質的判断は州に委ねられることからすれば、裁判所はそれが公衆衛生目的と「まったく関係しないか／まったく実質的に関係しないか」（no real or substantial relation）どうかを審査することしかできない。諸外国や多くの州でも天然痘のワクチン接種は行われており、その有効性は一般に認識されているといえるため、公衆衛生と実質的関連性がないとはいえない。したがって、ワクチン強制は合憲である──。

ここではかなり緩やかな審査基準が用いられているといえる。「実質的」という言葉が出てくるものの、それはワクチン接種と公衆衛生維持との間に実質的な関連性があるかどうかを問うものではない。それはせいぜい、公衆衛生目的とほとんど関係しないものであるかどうかの審査を行うものであり、いわゆる明白性の基準に近い審査基準だからである。連邦最高裁は、立法裁量を前提としたうえで実質的関連性を判断するとしていることからもわかるように、立法府の判断を尊重するパターンの審査基準であるといえる。その結果、外国や州でも接種していて効果があると考えられているとして、実質的中身にまったく踏み込まずに合憲性を認めたのである。

ジェイコブソン判決が州の強制接種の合憲性を認めたことから、アメリカでは州がワクチン接種を強制することは認められる可能性が高いと考えられている。ただし、常に合憲になるわけではなく、逆に外国や各州がワクチン接種に懐疑的になっていれば、合憲にならない可能性もある。

もっとも、パンデミック時においては地域レベルではなく全国レベルの

ワクチン接種が重要となるので、連邦政府がワクチン接種の対応を実施することがありうる。とりわけ、新型コロナ禍では南部の州を中心にワクチン接種を自己決定に委ねるべきであるという州が出てきた。それらの州は私企業等に対してワクチン接種の義務づけを禁止したため、全国的なワクチン接種を進めるのであれば一層、連邦政府の介入が必要になった。[*13]

そこでバイデン政権は、ワクチン義務化の対象を分けながら接種の義務化をはかる命令や規則を発布してきた。2022年1月、連邦最高裁は、それらのうち、100人以上の従業員を抱える民間企業（大企業）と、メディケア・メディケイドの助成を受ける施設（ヘルスケア施設）に対して、それぞれの従業員にワクチン接種をさせるように義務づける規則の合法性について判断を下した。

ここで争点となったのは、これらの規則が法律の授権に基づいているかどうかであった。連邦最高裁は、大企業に対する規則につき、労働安全衛生法が労働安全衛生局に職場における労働者の安全と健康を守る責務を課し、労働省長官はそのための規則を制定する権限を付与されているものの、長官は公衆衛生一般を規制する権限を有しているわけではなく、接種を義務化する権限を有しないとした。[*14]一方、連邦最高裁はヘルスケア施設に対する規則については保健福祉省長官がサービスを受ける者の健康や安全の利益のために規則を制定する権限を法律によって付与されており、ワクチン接種を義務づけることによってスタッフが患者にウイルスを感染させないようにすることは、患者の健康と安全に寄与するとして法律の授権の範囲内であるとした。[*15]

これらの判決は法律の授権の問題だけを判断しており、ワクチン義務化自体の是非については判断していない。それは、ジェイコブソン判決同様、実体問題については政治部門または行政機関の裁量に委ね、司法は法律の授権という形式的部分しか判断しないというスタンスを示しているようにも思える。とはいえ、これらの決定は緊急性のある問題について実体判断を行わずに判断する手法、いわゆるシャドードケット（shadow docket）で[*16]

---

*13　*See, e.g.*, Fla. Stat. 381.00317 (2021).
*14　Nat'l Fed'n of Indep. Bus. v. DOL, 142 S.Ct. 661 (2022).
*15　Biden v. Missouri, 142 S.Ct. 647 (2022).

あり、権利侵害の問題や連邦による規制の問題など合憲性の問題自体は残っていることから、それについて別途判断される可能性もある。

　このようにアメリカでは、ワクチンの強制接種の問題につき、連邦レベルでは命令で実施されることが多いことから法律の授権が問われ、州レベルでは目的と手段の関連性が緩やかに問われる傾向にある。中には法律の授権の欠如を理由に違法判断が下されたものもあるが、法律の授権の有無自体は形式的判断であり、強制接種の是非に関する実体審理が行われているわけではない。そのため、いずれにおいても、司法は政治部門または行政機関の判断を尊重する姿勢をとっているといえる。

　日本においてもアメリカと同様に立法府の判断を尊重する可能性もあるが、しかし、日本固有の事情を踏まえて考える必要がある。まず、日本では予防接種禍の反省があることから、そもそも強制接種に踏み切ること自体かなりハードルが高い。仮に強制接種をする場合でも、初期の予防接種法のような方法はもはや許されない。初期の予防接種法は12種の疾病を対象に、本人に接種義務、保護者に接種を受けさせる義務、学校や病院に接種指導義務を課し、違反者に罰金を科す方法をとっていた。しかし、予防接種の副反応被害が広く認識され、接種免除制度や補償制度の必要性が求められているようになっている現状を踏まえると、副反応被害に対する補償規定、接種免除に関する規定、告知や聴聞の規定、対象疾病の見直し規定など、権利保障や権利救済のために必要と考えられる規定が欠如しており、これらに関する規定を設ける必要がある。

　また、予防接種禍の反省を踏まえ、接種の必要性については立法事実が問われる。すなわち、当初はワクチンを接種することに合理性があったとしても、その後の各国や国内の状況を踏まえて、強制接種の必要性がなくなれば任意に切り替えなければならない。そのため、強制接種の合憲性につき、裁判所は状況に照らして強制接種の必要性に関する審査を行う必要があり、時が経過して状況が改善すればするほど、立法事実の審査密度を

---

*16　シャドードケットについては、大林啓吾「緊急的司法の萌芽―シャドードケットの功罪」千葉大学法学論集 36巻 3・4 号 238 (1)-176 (63) 頁（2022 年）。シャドードケットは、連邦最高裁が連邦高裁に係争中の事件を取り上げ、緊急差止または緊急停止の判断を行うものである。この場合、連邦最高裁は実体判断を行わず、緊急差止または緊急停止に関する決定だけを行う。

高めて判断することが求められよう。

## 3 間接的強制の諸問題

### (1) ワクチンパスポート

新型コロナ禍では正面からワクチン義務化を実施することを避け、接種するように動機づける試みがなされた。いわゆる**ワクチンパスポート（接種証明書）**[*17] である。その内容は国によって様々であり、施設やサービスを利用するに際して提示を要求する義務的パスポートもあれば、それを提示すれば特典を付与してもらえる特典パスポートもある。

ヨーロッパでは複数の国が前者の方法を採用した。ワクチンパスポートの内容については状況によって変遷があるが、たとえば 2021 年秋において、フランスでは飲食店利用の際にワクチンパスポートの提示が義務づけられ、イタリアでは労働者にワクチンパスポートの所持が義務づけられた。[*18] ロックダウンと同様、スーパーや薬局など必須事業についてはワクチンパスポートの提示が求められないが、飲食店などについては提示を求められる形となっている。また、ワクチンの接種回数については、2 回接種を要求する国が多い。

一方、日本では海外渡航についてはワクチンパスポートを発行しているが、国内で接種証明書を利用することについては慎重論が根強い。[*19] 海外渡航については、従来から一定地域への渡航については渡航先から予防接種を義務づけられることがあり、また新型コロナについても入国の際に陰性証明かワクチン接種証明の提示を義務づける国があることを踏まえると、新型コロナのワクチン接種者に対して渡航用のワクチンパスポートを発行することは渡航者の便宜になることであり、むしろ必要なことである。一方、接種証明書を国内で利用することは差別や偏見といった平等の問題に

---

*17 なお、ワクチンパスポートの名称は様々なものがあり（たとえば「グリーンパス」など）、海外渡航に必要なものを指すこともあれば、入場や入店などに利用できる接種証明書を指すこともある。ここでは接種証明書の意味で用いている。

*18 「冬迎える欧州、感染増 接種 7 割の独は『3 回目』急ぐ 仏・伊、ワクチンパスを強化 新型コロナ」朝日新聞朝刊 2021 年 11 月 7 日 1 頁。

*19 「新型コロナ ワクチンパスポート開始 進まぬ対象国拡大 国内活用にも課題」毎日新聞東京朝刊 2021 年 7 月 28 日 3 頁。

加え、プライバシー権や移動の自由など様々な憲法上の権利の制約という問題が生じるおそれがある。

フランスなどのように飲食店利用の際に提示を条件とすることは、事業者に対して義務づける場合は主として営業の自由の問題が、利用者に対して義務づける場合は一般的行為の自由やプライバシー権、さらには差別の問題が生じうる。そのような義務づけは非接種者の行動を直接制約することになるので権利侵害や差別につながるおそれが強いといえるだろう。一方、何らかの**優遇措置**を接種者に付与することで接種の促進をはかることは、その内容次第では許容される余地がある。たとえば、国や地方自治体が交通割引や宿泊割引などに対して一定の助成を行うことなどが考えられる。

## （2）ワクチンハラスメント──私人間の問題

また、ワクチン接種の要求は公権力のみならず、私人間においてもなされることがある。従業員に陽性者が出たり社内でクラスターが発生したりすると、企業イメージのダウン、労働者不足、顧客への対応など様々な問題が生じるため、企業としては労働者に対してワクチン接種を求め、予防に努めることがリスク回避につながる。そのため、企業は労働者に対してワクチン接種を求め、一部では、断ったら退職勧奨をしたり、配置転換や自宅待機を命じたりするなど、配慮を欠いた言動や半強制的な要求がなされていることが指摘された[20]。

たしかに、雇用者側には労働者に対する**安全配慮義務**があり、労働者の健康を守らなければならず[21]、また顧客に対しても一定の安全配慮義務が要請されるとする裁判例もあることからすれば[22]、特に病院や福祉施設など他者と接触することが多く、かつ適切な衛生状態が求められる職場においては、少なくともワクチン接種を推奨すること自体は正当な行為として認められるだろう。しかし、国がワクチン接種の判断を本人に委ね、職場や学

---

*20 「職場が接種強要ダメ、『ワクチンハラスメント』相次ぐ、退職迫ったり意思を張り出し」日本経済新聞夕刊2021年6月22日9頁。

*21 労働契約法5条「使用者は、労働契約に伴い、労働者がその生命、身体等の安全を確保しつつ労働することができるよう、必要な配慮をするものとする」。

*22 札幌高判平成28年5月20日判時2314号40頁。ファウルボールが原告の顔面に直撃して右眼球破裂等の傷害を負った事故について、判決は野球観戦契約上の安全配慮義務違反を認めた。

校が接種を強制したり差別をしたりしないように再三呼びかけていることからすると、接種に応じない労働者に対して過度な不利益を課すことは許されないといえる。本人の意思を無視したワクチン接種の強要は憲法13条が保障する自己決定を否定し、人格権を侵害する可能性がある。

不当な要求かどうかの判断基準は労働者の職種、労働内容、労働環境、労働者の健康状態、接種拒否の理由などによって個別に判断せざるを得ないが、接種拒否を理由に解雇したり懲戒処分の対象としたりすることは比例性を欠いた過剰な対応といえよう。他方で、病院の医師や看護師、福祉施設の職員は患者や顧客と密に接触することが多く、また職務上も特に適切な衛生を保つことが要請されることから、PCR検査またはワクチン接種のいずれかを拒否する場合には、一時的に患者と接触の少ない労働に配置転換するなどの対応は認められる余地がある。

---

**コラム⑤** ワクチンパスポートと体温チェックの違い

ヨーロッパでは、ドイツ、フランス、イタリアなどの国でワクチンパスポートが導入された。ただし、その運用方法は国によって異なり、必ずしもワクチン接種済みであることの証明だけがその役割ではない。たとえば、ドイツでは、ワクチン接種済みの者、感染後に回復した者、検査を受けて陰性だった者はグリーンパスと呼ばれるワクチンパスポートを得ることができる。グリーンパスを持っていれば、それを提示すればレストランやカフェなどを利用できるが、持っていなければそれらを利用できないので、事実上の利用制限を課しているといえる。こうした制度は、差別やワクチンの間接的強要などの問題を生じさせうる。

---

*23 「予防接種法及び検疫法の一部を改正する法律案に対する附帯決議」第203回国会閣法第1号。2020年12月の改正予防接種法の付帯決議には、「一 新型コロナウイルスワクチンの接種の判断が適切になされるよう、ワクチンの安全性及び有効性、接種した場合のリスクとベネフィットその他の接種の判断に必要な情報を迅速かつ的確に公表するとともに、接種するかしないかは国民自らの意思に委ねられるものであることを周知すること。二 新型コロナウイルスワクチンを接種していない者に対して、差別、いじめ、職場や学校等における不利益取扱い等は決して許されるものではないことを広報等により周知徹底するなど必要な対応を行うこと。」と記載されている。また、厚生労働省のウェブサイト「新型コロナワクチン接種についてのお知らせ」〈https://www.mhlw.go.jp/stf/seisakunitsuite/bunya/0000121431_00218.html〉（2021年8月16日最終閲覧）にも、「職場や周りの方などに接種を強制したり、接種を受けていない人に差別的な扱いをすることのないようお願いいたします」というメッセージが発せられている。

日本では、ワクチンパスポートの提示の義務化が見送られたこともあり、提示を求める店舗はほとんどなかったといえる。もっとも、レストランやスーパーなどに入る際の体温チェックやアルコール消毒は当然のように行われてきたが、それに対する反対の声はあまり聞かれなかった。ワクチン接種を特権化することへの抵抗感なのか、予防接種禍の反省によるアレルギーなのか、理由は必ずしも定かではないが、体温チェックやアルコール消毒を求めることの是非についても、その効果を含めて、本来は検討すべき事項である。

おわりに

　公衆衛生の維持は、人々が安全・安心な社会生活を営むうえで不可欠な
事項である。いったん公衆衛生が整備されると人々はその恩恵を忘れがち
であるが、時折、その重要性を再認識させる出来事が起きる。その典型が
感染症のパンデミックである。

　新型コロナ禍はまさにその１つであり、人々はパンデミックの実体験を
通して感染症予防がいかに重要であるかを再認識した。刮目すべきは、新
型コロナ禍が感染症法制のあり方を考えるうえで重要な契機となった点で
ある。新型コロナは爆発的な感染力があるというわけではないが感染率は
それなりに高く、全員が重篤化するわけではないが高齢者や基礎疾患者は
重篤化する可能性が高い、というものであった。そのため、社会生活、経
済活動、そして自由との両立がある程度可能なものであり、それだけに、
どのようにそのバランスをとるかが大きな課題となったからである。

　もともと、日本の感染症法制は、強い措置も用意していたものの、方向
性としては緩やかな手法をベースにするものであった。感染症対策の基本
となる感染症法は強制入院や交通遮断などの強い措置を設けてはいるが、
前文で過去の行き過ぎたハンセン病対策への反省を謳っている。ウイルス
のレベル次第ではあるものの、その運用についてはできる限り弱い措置で
対応していくことが予定されていると考えられる。また、新型コロナ対策
の柱となった新型インフルエンザ特措法は被害が軽微であった H1N1 イ
ンフルエンザの体験をもとに制定されたこともあり、要請ベースのソフト
な手法が中心となっている。行政指導による政策実現に慣れている日本で
はそれが効果的であったこともあり、新型コロナ禍においても緩やかな手
法が中心となった。

　日本では、欧米のロックダウンのような強制的手法よりも、要請の方が
反発を招かずに有効に機能する可能性がある。他面、同調圧力による過剰
な自粛や事実上の強制に対する救済の欠如の問題がある。

　もっとも、時が経つにつれて自粛要請の効果が弱くなったこともあり、
ロックダウン規定を設けることを検討すべきではないかという意見が出る

ようになった。しかし、ロックダウンは感染していない者をも外出禁止などの対象とするため危害原理の枠を超えた広範な規制になるおそれがあり、従来の公共の福祉の範疇に収まるのかという問題がある。関連して、パンデミック等に適切に対応するために憲法改正を行って緊急事態条項を設け、緊急事態に対して効果的に対応できるようにすべきではないかという声も聞かれるようになった。

他面、新型コロナ禍では法の支配に反するような事態も散見された。地方自治体が法律や条例の根拠なく独自の緊急事態宣言を発令し様々な要請を行うケースがあったが、これは法的根拠に基づかなければならない。また、政府が要請に従わない事業者に対して金融機関からの働きかけを求めたり、酒類業中央団体連絡協議会への酒類提供停止を求める通達を出したりすることもあった。批判を浴びてすぐに撤回したものの、法律の根拠や優越的地位の濫用などにあたるとの指摘がある[*1]。

このように、緩やかな対策を行った新型コロナ禍においてでさえ、権利保障や権利救済、そして法の支配との関係など、様々な憲法上の課題が明らかになった。感染症対策を強化するにしても、新型コロナ禍の経験を踏まえつつ、法の支配や権利保障とのバランスをとった法制度を模索していく必要がある。

＊　　＊　　＊

本書を成すにあたり、弘文堂の登健太郎氏には大変お世話になった。いつもながら登氏の入念な原稿チェックと迅速な仕事ぶりには敬服するばかりである。あらためて御礼申し上げる。

---

＊1　阿部泰隆『新型コロナ対策の法政策的処方せん』110 頁（信山社、2022 年）。

## 【資料】感染症の予防及び感染症の患者に対する医療に関する法律（平成10年法律第114号）

[感染症法]（令和3年改正後）

### 前文

　人類は、これまで、疾病、とりわけ感染症により、多大の苦難を経験してきた。ペスト、痘そう、コレラ等の感染症の流行は、時には文明を存亡の危機に追いやり、感染症を根絶することは、正に人類の悲願と言えるものである。

　医学医療の進歩や衛生水準の著しい向上により、多くの感染症が克服されてきたが、新たな感染症の出現や既知の感染症の再興により、また、国際交流の進展等に伴い、感染症は、新たな形で、今なお人類に脅威を与えている。

　一方、我が国においては、過去にハンセン病、後天性免疫不全症候群等の感染症の患者等に対するいわれのない差別や偏見が存在したという事実を重く受け止め、これを教訓として今後に生かすことが必要である。

　このような感染症をめぐる状況の変化や感染症の患者等が置かれてきた状況を踏まえ、感染症の患者等の人権を尊重しつつ、これらの者に対する良質かつ適切な医療の提供を確保し、感染症に迅速かつ適確に対応することが求められている。

　ここに、このような視点に立って、これまでの感染症の予防に関する施策を抜本的に見直し、感染症の予防及び感染症の患者に対する医療に関する総合的な施策の推進を図るため、この法律を制定する。

### 第1章　総則

#### （目的）

第1条　この法律は、感染症の予防及び感染症の患者に対する医療に関し必要な措置を定めることにより、感染症の発生を予防し、及びそのまん延の防止を図り、もって公衆衛生の向上及び増進を図ることを目的とする。

#### （基本理念）

第2条　感染症の発生の予防及びそのまん延の防止を目的として国及び地方公共団体が講ずる施策は、これらを目的とする施策に関する国際的動向を踏まえつつ、保健医療を取り巻く環境の変化、国際交流の進展等に即応し、新感染症その他の感染症に迅速かつ適確に対応することができるよう、感染症の患者等が置かれている状況を深く認識し、これらの者の人権を尊重しつつ、総合的かつ計画的に推進されることを基本理念とする。

#### （国及び地方公共団体の責務）

第3条　国及び地方公共団体は、教育活動、広報活動等を通じた感染症に関する正しい知識の普及、感染症に関する情報の収集、整理、分析及び提供、感染症に関する研究の推進、病原体等の検査能力の向上並びに感染症の予防に係る人材の養成及び資質の向上を図るとともに、社会福祉等の関連施策との有機的な連携に配慮しつつ感染症の患者が良質かつ適切な医療を受けられるように必要な措置を講ずるよう努めなければならない。この場合において、国及び地方公共団体は、感染症の患者等の人権を尊重しなければならない。

2　国及び地方公共団体は、地域の特性に配慮しつつ、感染症の予防に関する施策が総合的かつ迅速に実施されるよう、相互に連携を図らなければならない。

3　国は、感染症及び病原体等に関する情報の収集及び研究並びに感染症に係る医療のための医薬品の研究開発の推進、病原体等の検査の実施等を図るための体制を整備し、国際的な連携を確保するよう努めるとともに、地方公共団体に対し前二項の責務が十分に果たされるように必要な技術的及び財政的援助を与えることに努めなければならない。

#### （国民の責務）

第4条　国民は、感染症に関する正しい知識を持ち、その予防に必要な注意を払うよう努めるとともに、感染症の患者等の人権が損なわれることがないようにしなければならない。

#### （医師等の責務）

第5条　医師その他の医療関係者は、感染症の予防に関し国及び地方公共団体が講ずる施策に協力し、その予防に寄与するよう努めるとともに、感染症の患者等が置かれている状況を深く認識し、良質かつ適切な医療を行うとともに、当該医療について適切な説明を行い、当該患者

等の理解を得るよう努めなければならない。

2 病院、診療所、病原体等の検査を行っている機関、老人福祉施設等の施設の開設者及び管理者は、当該施設において感染症が発生し、又はまん延しないように必要な措置を講ずるよう努めなければならない。

（獣医師等の責務）

第5条の2 （略）

（定義等）

第6条 この法律において「感染症」とは、1類感染症、2類感染症、3類感染症、4類感染症、5類感染症、新型インフルエンザ等感染症、指定感染症及び新感染症をいう。

2 この法律において「1類感染症」とは、次に掲げる感染性の疾病をいう。

一 エボラ出血熱

二 クリミア・コンゴ出血熱

三 痘そう

四 南米出血熱

五 ペスト

六 マールブルグ病

七 ラッサ熱

3 この法律において「2類感染症」とは、次に掲げる感染性の疾病をいう。

一 急性灰白髄炎

二 結核

三 ジフテリア

四 重症急性呼吸器症候群（病原体がベータコロナウイルス属SARSコロナウイルスであるものに限る。）

五 中東呼吸器症候群（病原体がベータコロナウイルス属MERSコロナウイルスであるものに限る。）

六 鳥インフルエンザ（病原体がインフルエンザウイルスA属インフルエンザAウイルスであってその血清亜型が新型インフルエンザ等感染症（第7項第3号に掲げる新型コロナウイルス感染症及び同項第4号に掲げる再興型コロナウイルス感染症を除く。第6項第1号及び第23項第1号において同じ。）の病原体に変異するおそれが高いものの血清亜型として政令で定めるものであるものに限る。第5項第7号において「特定鳥インフルエンザ」という。）

4 この法律において「3類感染症」とは、次に掲げる感染性の疾病をいう。

一 コレラ

二 細菌性赤痢

三 腸管出血性大腸菌感染症

四 腸チフス

五 パラチフス

5 この法律において「4類感染症」とは、次に掲げる感染性の疾病をいう。

一 E型肝炎

二 A型肝炎

三 黄熱

四 Q熱

五 狂犬病

六 炭疽

七 鳥インフルエンザ（特定鳥インフルエンザを除く。）

八 ボツリヌス症

九 マラリア

十 野兎病

十一 前各号に掲げるもののほか、既に知られている感染性の疾病であって、動物又はその死体、飲食物、衣類、寝具その他の物件を介して人に感染し、前各号に掲げるものと同程度に国民の健康に影響を与えるおそれがあるものとして政令で定めるもの

6 この法律において「5類感染症」とは、次に掲げる感染性の疾病をいう。

一 インフルエンザ（鳥インフルエンザ及び新型インフルエンザ等感染症を除く。）

二 ウイルス性肝炎（E型肝炎及びA型肝炎を除く。）

三 クリプトスポリジウム症

四 後天性免疫不全症候群

五 性器クラミジア感染症

六 梅毒

七 麻しん

八 メチシリン耐性黄色ブドウ球菌感染症

九 前各号に掲げるもののほか、既に知られている感染性の疾病（4類感染症を除く。）であって、前各号に掲げるものと同程度に国民の健康に影響を与えるおそれがあるものとして厚生労働省令で定めるもの

7 この法律において「新型インフルエンザ等感染症」とは、次に掲げる感染性の疾病をいう。

一 新型インフルエンザ（新たに人から人に伝

染する能力を有することとなったウイルスを病原体とするインフルエンザであって、一般に国民が当該感染症に対する免疫を獲得していないことから、当該感染症の全国的かつ急速なまん延により国民の生命及び健康に重大な影響を与えるおそれがあると認められるものをいう。）

二　再興型インフルエンザ（かつて世界的規模で流行したインフルエンザであってその後流行することなく長期間が経過しているものとして厚生労働大臣が定めるものが再興したものであって、一般に現在の国民の大部分が当該感染症に対する免疫を獲得していないことから、当該感染症の全国的かつ急速なまん延により国民の生命及び健康に重大な影響を与えるおそれがあると認められるものをいう。）

三　新型コロナウイルス感染症（新たに人から人に伝染する能力を有することとなったコロナウイルスを病原体とする感染症であって、一般に国民が当該感染症に対する免疫を獲得していないことから、当該感染症の全国的かつ急速なまん延により国民の生命及び健康に重大な影響を与えるおそれがあると認められるものをいう。）

四　再興型コロナウイルス感染症（かつて世界的規模で流行したコロナウイルスを病原体とする感染症であってその後流行することなく長期間が経過しているものとして厚生労働大臣が定めるものが再興したものであって、一般に現在の国民の大部分が当該感染症に対する免疫を獲得していないことから、当該感染症の全国的かつ急速なまん延により国民の生命及び健康に重大な影響を与えるおそれがあると認められるものをいう。）

8　この法律において「指定感染症」とは、既に知られている感染性の疾病（1類感染症、2類感染症、3類感染症及び新型インフルエンザ等感染症を除く。）であって、第3章から第7章までの規定の全部又は一部を準用しなければ、当該疾病のまん延により国民の生命及び健康に重大な影響を与えるおそれがあるものとして政令で定めるものをいう。

9　この法律において「新感染症」とは、人から人に伝染すると認められる疾病であって、既に知られている感染性の疾病とその病状又は治療

の結果が明らかに異なるもので、当該疾病にかかった場合の病状の程度が重篤であり、かつ、当該疾病のまん延により国民の生命及び健康に重大な影響を与えるおそれがあると認められるものをいう。

10　この法律において「疑似症患者」とは、感染症の疑似症を呈している者をいう。

11　この法律において「無症状病原体保有者」とは、感染症の病原体を保有している者であって当該感染症の症状を呈していないものをいう。

12　この法律において「感染症指定医療機関」とは、特定感染症指定医療機関、第1種感染症指定医療機関、第2種感染症指定医療機関及び結核指定医療機関をいう。

13　この法律において「特定感染症指定医療機関」とは、新感染症の所見がある者又は1類感染症、2類感染症若しくは新型インフルエンザ等感染症の患者の入院を担当させる医療機関として厚生労働大臣が指定した病院をいう。

14　この法律において「第1種感染症指定医療機関」とは、1類感染症、2類感染症又は新型インフルエンザ等感染症の患者の入院を担当させる医療機関として都道府県知事が指定した病院をいう。

15　この法律において「第2種感染症指定医療機関」とは、2類感染症又は新型インフルエンザ等感染症の患者の入院を担当させる医療機関として都道府県知事が指定した病院をいう。

16　この法律において「結核指定医療機関」とは、結核患者に対する適正な医療を担当させる医療機関として都道府県知事が指定した病院若しくは診療所（これらに準ずるものとして政令で定めるものを含む。）又は薬局をいう。

17　この法律において「病原体等」とは、感染症の病原体及び毒素をいう。

18　この法律において「毒素」とは、感染症の病原体によって産生される物質であって、人の生体内に入った場合に人を発病させ、又は死亡させるもの（人工的に合成された物質で、その構造式がいずれかの毒素の構造式と同一であるもの（以下「人工合成毒素」という。）を含む。）をいう。

19　この法律において「特定病原体等」とは、1種病原体等、2種病原体等、3種病原体等及び四種病原体等をいう。

20　この法律において「1種病原体等」とは、次に掲げる病原体等（医薬品、医療機器等の品質、有効性及び安全性の確保等に関する法律（昭和35年法律第145号）第14条第1項、第23条の2の5第1項若しくは第23条の25第1項の規定による承認又は同法第23条の2の23第1項の規定による認証を受けた医薬品又は再生医療等製品に含有されるものその他これに準ずる病原体等（以下「医薬品等」という。）であって、人を発病させるおそれがほとんどないものとして厚生労働大臣が指定するものを除く。）をいう。

一　アレナウイルス属ガナリトウイルス、サビアウイルス、フニンウイルス、マチュポウイルス及びラッサウイルス

二　エボラウイルス属アイボリーコーストエボラウイルス、ザイールウイルス、スーダンエボラウイルス及びレストンエボラウイルス

三　オルソポックスウイルス属バリオラウイルス（別名痘そうウイルス）

四　ナイロウイルス属クリミア・コンゴヘモラジックフィーバーウイルス（別名クリミア・コンゴ出血熱ウイルス）

五　マールブルグウイルス属レイクビクトリアマールブルグウイルス

六　前各号に掲げるもののほか、前各号に掲げるものと同程度に病原性を有し、国民の生命及び健康に極めて重大な影響を与えるおそれがある病原体等として政令で定めるもの

21　この法律において「2種病原体等」とは、次に掲げる病原体等（医薬品等であって、人を発病させるおそれがほとんどないものとして厚生労働大臣が指定するものを除く。）をいう。

一　エルシニア属ペスティス（別名ペスト菌）

二　クロストリジウム属ボツリヌム（別名ボツリヌス菌）

三　ベータコロナウイルス属SARSコロナウイルス

四　バシラス属アントラシス（別名炭疽菌）

五　フランシセラ属ツラレンシス種（別名野兎病菌）亜種ツラレンシス及びホルアークティカ

六　ボツリヌス毒素（人工合成毒素であって、その構造式がボツリヌス毒素の構造式と同一であるものを含む。）

七　前各号に掲げるもののほか、前各号に掲げるものと同程度に病原性を有し、国民の生命及び健康に重大な影響を与えるおそれがある病原体等として政令で定めるもの

22　この法律において「3種病原体等」とは、次に掲げる病原体等（医薬品等であって、人を発病させるおそれがほとんどないものとして厚生労働大臣が指定するものを除く。）をいう。

一　コクシエラ属バーネッティイ

二　マイコバクテリウム属ツベルクローシス（別名結核菌）（イソニコチン酸ヒドラジド、リファンピシンその他結核の治療に使用される薬剤として政令で定めるものに対し耐性を有するものに限る。）

三　リッサウイルス属レイビーズウイルス（別名狂犬病ウイルス）

四　前三号に掲げるもののほか、前三号に掲げるものと同程度に病原性を有し、国民の生命及び健康に影響を与えるおそれがある病原体等として政令で定めるもの

23　この法律において「4種病原体等」とは、次に掲げる病原体等（医薬品等であって、人を発病させるおそれがほとんどないものとして厚生労働大臣が指定するものを除く。）をいう。

一　インフルエンザウイルスA属インフルエンザAウイルス（血清亜型が政令で定めるものであるもの（新型インフルエンザ等感染症の病原体を除く。）又は新型インフルエンザ等感染症の病原体に限る。）

二　エシェリヒア属コリー（別名大腸菌）（腸管出血性大腸菌に限る。）

三　エンテロウイルス属ポリオウイルス

四　クリプトスポリジウム属パルバム（遺伝子型が1型又は2型であるものに限る。）

五　サルモネラ属エンテリカ（血清亜型がタイフィ又はパラタイフィAであるものに限る。）

六　志賀毒素（人工合成毒素であって、その構造式が志賀毒素の構造式と同一であるものを含む。）

七　シゲラ属（別名赤痢菌）ソンネイ、デイゼンテリエ、フレキシネリー及びボイデイ

八　ビブリオ属コレラ（別名コレラ菌）（血清型がO1又はO139であるものに限る。）

九　フラビウイルス属イエローフィーバーウイ

ルス（別名黄熱ウイルス）

十　マイコバクテリウム属ツベルクローシス（前項第２号に掲げる病原体を除く。）

十一　前各号に掲げるもののほか、前各号に掲げるものと同程度に病原性を有し、国民の健康に影響を与えるおそれがある病原体等として政令で定めるもの

24　厚生労働大臣は、第３項第６号の政令の制定又は改廃の立案をしようとするときは、あらかじめ、厚生科学審議会の意見を聴かなければならない。

（指定感染症に対するこの法律の準用）

第７条　指定感染症については、１年以内の政令で定める期間に限り、政令で定めるところにより次条、第３章から第７章まで、第10章、第13章及び第14章の規定の全部又は一部を準用する。

2　前項の政令で定められた期間は、当該政令で定められた疾病について同項の政令により準用することとされた規定を当該期間の経過後なお準用することが特に必要であると認められる場合は、１年以内の政令で定める期間に限り延長することができる。

3　厚生労働大臣は、前二項の政令の制定又は改廃の立案をしようとするときは、あらかじめ、厚生科学審議会の意見を聴かなければならない。

（疑似症患者及び無症状病原体保有者に対するこの法律の適用）

第８条　１類感染症の疑似症患者又は２類感染症のうち政令で定めるものの疑似症患者については、それぞれ１類感染症の患者又は２類感染症の患者とみなして、この法律の規定を適用する。

2　新型インフルエンザ等感染症の疑似症患者であって当該感染症にかかっていると疑うに足りる正当な理由のあるものについては、新型インフルエンザ等感染症の患者とみなして、この法律の規定を適用する。

3　１類感染症の無症状病原体保有者又は新型インフルエンザ等感染症の無症状病原体保有者については、それぞれ１類感染症の患者又は新型インフルエンザ等感染症の患者とみなして、この法律の規定を適用する。

## 第２章　基本指針等

（基本指針）

第９条　厚生労働大臣は、感染症の予防の総合的な推進を図るための基本的な指針（以下「基本指針」という。）を定めなければならない。

2　基本指針は、次に掲げる事項について定めるものとする。

一　感染症の予防の推進の基本的な方向

二　感染症の発生の予防のための施策に関する事項

三　感染症のまん延の防止のための施策に関する事項

四　感染症に係る医療を提供する体制の確保に関する事項

五　感染症及び病原体等に関する調査及び研究に関する事項

六　感染症に係る医療のための医薬品の研究開発の推進に関する事項

七　病原体等の検査の実施体制及び検査能力の向上に関する事項

八　感染症の予防に関する人材の養成に関する事項

九　感染症に関する啓発及び知識の普及並びに感染症の患者等の人権の尊重に関する事項

十　特定病原体等を適正に取り扱う体制の確保に関する事項

十一　緊急時における感染症の発生の予防及びまん延の防止並びに医療の提供のための施策（国と地方公共団体及び地方公共団体相互間の連絡体制の確保を含む。）に関する事項

十二　その他感染症の予防の推進に関する重要事項

3　厚生労働大臣は、感染症の予防に関する施策の効果に関する評価を踏まえ、少なくとも６年ごとに基本指針に再検討を加え、必要があると認めるときは、これを変更するものとする。

4　厚生労働大臣は、基本指針を定め、又はこれを変更しようとするときは、あらかじめ、関係行政機関の長に協議するとともに、厚生科学審議会の意見を聴かなければならない。

5　厚生労働大臣は、基本指針を定め、又はこれを変更したときは、遅滞なく、これを公表しなければならない。

（予防計画）

**第10条** 都道府県は、基本指針に即して、感染症の予防のための施策の実施に関する計画（以下この条において「予防計画」という。）を定めなければならない。

2 予防計画は、次に掲げる事項について定めるものとする。

一 地域の実情に即した感染症の発生の予防及びまん延の防止のための施策に関する事項

二 地域における感染症に係る医療を提供する体制の確保に関する事項

三 緊急時における感染症の発生の予防及びまん延の防止並びに医療の提供のための施策（国との連携及び地方公共団体相互間の連絡体制の確保を含む。）に関する事項

3 予防計画においては、前項各号に掲げる事項のほか、感染症に関する研究の推進、人材の養成及び知識の普及について定めるよう努めるものとする。

4 都道府県は、基本指針が変更された場合には、予防計画に再検討を加え、必要があると認めるときは、これを変更するものとする。都道府県が予防計画の実施状況に関する調査、分析及び評価を行い、必要があると認めるときも、同様とする。

5 都道府県は、予防計画を定め、又はこれを変更しようとするときは、あらかじめ、市町村及び診療に関する学識経験者の団体の意見を聴かなければならない。

6 都道府県は、予防計画を定め、又はこれを変更したときは、遅滞なく、これを厚生労働大臣に提出しなければならない。

（特定感染症予防指針）

**第11条** 厚生労働大臣は、感染症のうち、特に総合的に予防のための施策を推進する必要があるものとして厚生労働省令で定めるものについて、当該感染症に係る原因の究明、発生の予防及びまん延の防止、医療の提供、研究開発の推進、国際的な連携その他当該感染症に応じた予防の総合的な推進を図るための指針（次項において「特定感染症予防指針」という。）を作成し、公表するものとする。

2 厚生労働大臣は、特定感染症予防指針を作成し、又はこれを変更しようとするときは、あらかじめ、厚生科学審議会の意見を聴かなければ

ならない。

**第3章 感染症に関する情報の収集及び公表**

（医師の届出）

**第12条** 医師は、次に掲げる者を診断したときは、厚生労働省令で定める場合を除き、第1号に掲げる者については直ちにその者の氏名、年齢、性別その他厚生労働省令で定める事項を、第2号に掲げる者については7日以内にその者の年齢、性別その他厚生労働省令で定める事項を最寄りの保健所長を経由して都道府県知事（保健所を設置する市又は特別区（以下「保健所設置市等」という。）にあっては、その長。以下この章（次項及び第3項、次条第3項及び第4項、第14条第1項及び第6項、第14条の2第1項及び第8項並びに第15条第13項を除く。）において同じ。）に届け出なければならない。

一 1類感染症の患者、2類感染症、3類感染症又は4類感染症の患者又は無症状病原体保有者、厚生労働省令で定める5類感染症又は新型インフルエンザ等感染症の患者及び新感染症にかかっていると疑われる者

二 厚生労働省令で定める5類感染症の患者（厚生労働省令で定める5類感染症の無症状病原体保有者を含む。）

2 前項の規定による届出を受けた都道府県知事は、同項第1号に掲げる者に係るものについては直ちに、同項第2号に掲げる者に係るものについては厚生労働省令で定める期間内に当該届出の内容を厚生労働大臣に報告しなければならない。

3 都道府県知事は、次の各号に掲げる者について第1項の規定による届出を受けたときは、当該届出の内容を、当該各号に定める者に通報しなければならない。

一 その管轄する区域外に居住する者 当該者の居住地を管轄する都道府県知事（その居住地が保健所設置市等の区域内にある場合にあっては、その居住地を管轄する保健所設置市等の長及び都道府県知事）

二 その管轄する区域内における保健所設置市等の長が管轄する区域内に居住する者 当該者の居住地を管轄する保健所設置市等の長

4 　前二項の規定は、保健所設置市等の長が第1項の規定による届出を受けた場合について準用する。この場合において、第2項中「厚生労働大臣」とあるのは「厚生労働大臣及び当該保健所設置市等の区域を管轄する都道府県知事（次項各号において「管轄都道府県知事」という。）」と、前項第1号及び第2号中「その管轄する」とあるのは「管轄都道府県知事の管轄する」と、同号中「保健所設置市等の長が」とあるのは「当該保健所設置市等以外の保健所設置市等の長が」と読み替えるものとする。

5 　第1項又は第2項若しくは第3項（これらの規定を前項において準用する場合を含む。）の場合において、これらの規定による届出、報告又は通報（以下この項において「届出等」という。）をすべき者が、当該届出等に代えて、厚生労働省令で定めるところにより、自ら及び当該届出等を受けるべき者（第1項の場合にあっては、最寄りの保健所長を含む。）が電磁的方法（電子情報処理組織を使用する方法その他の情報通信の技術を利用する方法をいう。）を利用して同一の情報を閲覧することができる状態に置く措置を講じたときは、当該届出等をしたものとみなす。

6 　厚生労働省令で定める慢性の感染症の患者を治療する医師は、毎年度、厚生労働省令で定めるところにより、その患者の年齢、性別その他厚生労働省令で定める事項を最寄りの保健所長を経由して都道府県知事に届け出なければならない。

7 　第2項から第5項までの規定は、前項の規定による届出について準用する。この場合において、第2項中「同項第1号に掲げる者に係るものについては直ちに、同項第2号に掲げる者に係るものについては厚生労働省令で定める期間内」とあるのは、「厚生労働省令で定める期間内」と読み替えるものとする。

8 　第1項から第5項までの規定は、医師が第1項各号に規定する感染症により死亡した者（当該感染症により死亡したと疑われる者を含む。）の死体を検案した場合について準用する。

（獣医師の届出）
第13条　（略）
（感染症の発生の状況及び動向の把握）
第14条　都道府県知事は、厚生労働省令で定め

るところにより、開設者の同意を得て、5類感染症のうち厚生労働省令で定めるもの又は2類感染症、3類感染症、4類感染症若しくは5類感染症の疑似症のうち厚生労働省令で定めるものの発生の状況の届出を担当させる病院又は診療所を指定する。

2 　前項の規定による指定を受けた病院又は診療所（以下この条において「指定届出機関」という。）の管理者は、当該指定届出機関の医師が前項の厚生労働省令で定める5類感染症の患者（厚生労働省令で定める5類感染症の無症状病原体保有者を含む。以下この項において同じ。）若しくは前項の2類感染症、3類感染症、4類感染症若しくは5類感染症の疑似症のうち厚生労働省令で定めるものの患者を診断し、又は同項の厚生労働省令で定める5類感染症により死亡した者の死体を検案したときは、厚生労働省令で定めるところにより、当該患者又は当該死亡した者の年齢、性別その他厚生労働省令で定める事項を当該指定届出機関の所在地を管轄する都道府県知事に届け出なければならない。

3 　前項の規定による届出を受けた都道府県知事は、厚生労働省令で定めるところにより、当該届出の内容を厚生労働大臣に報告しなければならない。

4 　第12条第5項の規定は、前二項の場合について準用する。この場合において、同条第5項中「、報告又は通報」とあるのは「又は報告」と、「者（第1項の場合にあっては、最寄りの保健所長を含む。）」とあるのは「者」と読み替えるものとする。

5 　指定届出機関は、30日以上の予告期間を設けて、第1項の規定による指定を辞退することができる。

6 　都道府県知事は、指定届出機関の管理者が第2項の規定に違反したとき、又は指定届出機関が同項の規定による届出を担当するについて不適当であると認められるに至ったときは、第1項の規定による指定を取り消すことができる。

第14条の2　都道府県知事は、厚生労働省令で定めるところにより、開設者の同意を得て、厚生労働省令で定める5類感染症の患者の検体又は当該感染症の病原体の提出を担当させる病院若しくは診療所又は衛生検査所を指定する。

2 　前項の規定による指定を受けた病院若しくは

診療所又は衛生検査所（以下この条において「指定提出機関」という。）の管理者は、当該指定提出機関（病院又は診療所に限る。）の医師が同項の厚生労働省令で定める５類感染症の患者を診断したとき、又は当該指定提出機関（衛生検査所に限る。）の職員が当該患者の検体若しくは当該感染症の病原体について検査を実施したときは、厚生労働省令で定めるところにより、当該患者の検体又は当該感染症の病原体の一部を同項の規定により当該指定提出機関を指定した都道府県知事に提出しなければならない。

3　都道府県知事は、厚生労働省令で定めるところにより、前項の規定により提出を受けた検体又は感染症の病原体について検査を実施しなければならない。

4　都道府県知事は、厚生労働省令で定めるところにより、前項の検査の結果その他厚生労働省令で定める事項を厚生労働大臣に報告しなければならない。

5　第12条第５項の規定は、前項の場合について準用する。この場合において、同条第５項中「届出、報告又は通報（以下この項において「届出等」という。）」とあるのは「報告」と、「当該届出等」とあるのは「当該報告」と、「者（第１項の場合にあっては、最寄りの保健所長を含む。）」とあるのは「者」と読み替えるものとする。

6　厚生労働大臣は、自ら検査を実施する必要があると認めるときは、都道府県知事に対し、第２項の規定により提出を受けた検体又は感染症の病原体の一部の提出を求めることができる。

7　指定提出機関は、30日以上の予告期間を設けて、第１項の規定による指定を辞退することができる。

8　都道府県知事は、指定提出機関の管理者が第２項の規定に違反したとき、又は指定提出機関が同項の規定による提出を担当するについて不適当であると認められるに至ったときは、第１項の規定による指定を取り消すことができる。

（感染症の発生の状況、動向及び原因の調査）

第15条　都道府県知事は、感染症の発生を予防し、又は感染症の発生の状況、動向及び原因を明らかにするため必要があると認めるときは、当該職員に１類感染症、２類感染症、３類感染症、４類感染症、５類感染症若しくは新型イン

フルエンザ等感染症の患者、疑似症患者若しくは無症状病原体保有者、新感染症の所見がある者又は感染症を人に感染させるおそれがある動物若しくはその死体の所有者若しくは管理者その他の関係者に質問させ、又は必要な調査をさせることができる。

2　厚生労働大臣は、感染症の発生を予防し、又はそのまん延を防止するため緊急の必要があると認めるときは、当該職員に１類感染症、２類感染症、３類感染症、４類感染症、５類感染症若しくは新型インフルエンザ等感染症の患者、疑似症患者若しくは無症状病原体保有者、新感染症の所見がある者又は感染症を人に感染させるおそれがある動物若しくはその死体の所有者若しくは管理者その他の関係者に質問させ、又は必要な調査をさせることができる。

3　都道府県知事は、必要があると認めるときは、第１項の規定による必要な調査として当該職員に次の各号に掲げる者に対し当該各号に定める検体若しくは感染症の病原体を提出し、若しくは当該職員による当該検体の採取に応じるべきことを求めさせ、又は第１号から第３号までに掲げる者の保護者（親権を行う者又は後見人をいう。以下同じ。）に対し当該各号に定める検体を提出し、若しくは当該各号に掲げる者に当該職員による当該検体の採取に応じさせるべきことを求めさせることができる。

一　１類感染症、２類感染症若しくは新型インフルエンザ等感染症の患者、疑似症患者若しくは無症状病原体保有者又は当該感染症にかかっていると疑うに足りる正当な理由のある者　当該者の検体

二　３類感染症、４類感染症若しくは５類感染症の患者、疑似症患者若しくは無症状病原体保有者又は当該感染症にかかっていると疑うに足りる正当な理由のある者　当該者の検体

三　新感染症の所見がある者又は新感染症にかかっていると疑うに足りる正当な理由のある者　当該者の検体

四　１類感染症、２類感染症若しくは新型インフルエンザ等感染症を人に感染させるおそれがある動物又はその死体の所有者又は管理者　当該動物又はその死体の検体

五　３類感染症、４類感染症若しくは５類感染症を人に感染させるおそれがある動物又はそ

の死体の所有者又は管理者　当該動物又はその死体の検体

六　新感染症を人に感染させるおそれがある動物又はその死体の所有者又は管理者　当該動物又はその死体の検体

七　第1号に定める検体又は当該検体から分離された同号に規定する感染症の病原体を所持している者　当該検体又は当該感染症の病原体

八　第2号に定める検体又は当該検体から分離された同号に規定する感染症の病原体を所持している者　当該検体又は当該感染症の病原体

九　第3号に定める検体又は当該検体から分離された新感染症の病原体を所持している者　当該検体又は当該感染症の病原体

十　第4号に定める検体又は当該検体から分離された同号に規定する感染症の病原体を所持している者　当該検体又は当該感染症の病原体

十一　第5号に定める検体又は当該検体から分離された同号に規定する感染症の病原体を所持している者　当該検体又は当該感染症の病原体

十二　第6号に定める検体又は当該検体から分離された新感染症の病原体を所持している者　当該検体又は当該感染症の病原体

4　都道府県知事は、感染症の患者を迅速に発見することにより、感染症の発生を予防し、又はそのまん延を防止するため、感染症の性質、当該都道府県知事の管轄する区域内における感染症の患者の病状又は数、感染症が発生している施設又は業務の種類並びに当該種類ごとの感染症の発生及びまん延の状況並びに感染症を公衆にまん延させるおそれその他の事情を考慮して、前項の規定による求めを行うものとする。

5　都道府県知事は、厚生労働省令で定めるところにより、第3項の規定により提出を受けた検体若しくは感染症の病原体又は当該職員が採取した検体について検査を実施しなければならない。

6　第3項の規定は、第2項の規定による必要な調査について準用する。

7　第1項又は第2項の規定により質問を受け、又は必要な調査を求められた者（次項に規定す

る特定患者等を除く。）は、当該質問又は必要な調査に協力するよう努めなければならない。

8　都道府県知事又は厚生労働大臣は、1類感染症、2類感染症若しくは新型インフルエンザ等感染症の患者又は新感染症の所見がある者（以下この項において「特定患者等」という。）が第1項又は第2項の規定による当該職員の質問又は必要な調査に対して正当な理由がなく協力しない場合において、感染症の発生を予防し、又はそのまん延を防止するため必要があると認めるときは、その特定患者等に対し、当該質問又は必要な調査（第3項（第6項において準用される場合、第7条第1項の規定に基づく政令によって準用される場合（同条第2項の政令により、同条第1項の政令の期間が延長される場合を含む。）及び第53条第1項の規定に基づく政令によって適用される場合（同条第2項の政令により、同条第1項の政令の期間が延長される場合を含む。）を含む。）の規定による求めを除く。）に応ずべきことを命ずることができる。

9　前項の命令は、感染症を公衆にまん延させるおそれ、感染症にかかった場合の病状の程度その他の事情に照らして、感染症の発生を予防し、又はそのまん延を防止するため必要な最小限度のものでなければならない。

10　都道府県知事又は厚生労働大臣は、第8項の命令をする場合には、同時に、当該命令を受ける者に対し、当該命令をする理由その他の厚生労働省令で定める事項を書面により通知しなければならない。ただし、当該事項を書面により通知しないで命令をすべき差し迫った必要がある場合は、この限りでない。

11　都道府県知事又は厚生労働大臣は、前項ただし書の場合においては、第8項の命令の後相当の期間内に、当該命令を受けた者に対し、前項の理由その他の厚生労働省令で定める事項を記載した書面を交付しなければならない。

12　第1項及び第2項の職員は、その身分を示す証明書を携帯し、かつ、関係者の請求があるときは、これを提示しなければならない。

13　都道府県知事及び保健所設置市等の長（次項において「都道府県知事等」という。）は、厚生労働省令で定めるところにより、第1項の規定により実施された質問又は必要な調査の結果を厚生労働大臣（保健所設置市等の長にあって

は、厚生労働大臣及び当該保健所設置市等の区域を管轄する都道府県知事）に報告しなければならない。

14 都道府県知事等は、他の都道府県知事等が管轄する区域における感染症のまん延を防止するため必要があると認められる場合として厚生労働省令で定める場合にあっては、厚生労働省令で定めるところにより、第1項の規定により実施された質問又は必要な調査の結果を当該他の都道府県知事等に通報しなければならない。

15 第12条第5項の規定は、前二項の場合について準用する。この場合において、同条第5項中「届出、報告」とあるのは「報告」と、「届出等」とあるのは「報告等」と、「者（第1項の場合にあっては、最寄りの保健所長を含む。）」とあるのは「者」と読み替えるものとする。

16 厚生労働大臣は、自ら検査を実施する必要があると認めるときは、都道府県知事に対し、第3項の規定により提出を受けた検体若しくは感染症の病原体又は当該職員が採取した検体の一部の提出を求めることができる。

17 都道府県知事は、第1項の規定による質問又は必要な調査を実施するため特に必要があると認めるときは、他の都道府県知事又は厚生労働大臣に対し、感染症の治療の方法の研究、病原体等の検査その他の感染症に関する試験研究又は検査を行う機関（以下「感染症試験研究等機関」という。）の職員の派遣その他の必要な協力を求めることができる。

18 第12項の規定は、前項の規定により派遣された職員について準用する。

19 第12項の証明書に関し必要な事項は、厚生労働省令で定める。

（検疫所長との連携）
第15条の2 都道府県知事は、検疫法（昭和26年法律第201号）第18条第3項（同法第34条第1項の規定に基づく政令によって準用される場合を含む。）の規定により検疫所長から健康状態に異状を生じた者に対し指示した事項その他の厚生労働省令で定める事項の通知（同法第34条の2第3項の規定により実施される場合を含む。）を受けたときは、当該都道府県の職員に、当該健康状態に異状を生じた者その他の関係者に質問させ、又は必要な調査をさせる

ことができる。

2 都道府県知事は、厚生労働省令で定めるところにより、前項の規定により実施された質問又は必要な調査の結果を厚生労働大臣に報告しなければならない。

3 前条第12項の規定は、都道府県知事が当該職員に第1項に規定する措置を実施させる場合について準用する。

第15条の3 都道府県知事は、検疫法第18条第5項（同法第34条第1項の規定に基づく政令によって準用される場合を含む。）の規定により検疫所長から同法第18条第4項に規定する者について同項の規定により報告された事項の通知（同法第34条の2第3項の規定により実施される場合を含む。）を受けたときは、当該者に対し、同法第18条第1項の規定により検疫所長が定めた期間内において当該者の体温その他の健康状態について報告を求め、又は当該都道府県の職員に質問させることができる。

2 都道府県知事は、前項の規定による報告又は質問の結果、健康状態に異状を生じた者を確認したときは、厚生労働省令で定めるところにより、直ちにその旨を厚生労働大臣に報告するとともに、当該職員に当該者その他の関係者に質問させ、又は必要な調査をさせることができる。

3 都道府県知事は、厚生労働省令で定めるところにより、前項の規定により実施された質問又は必要な調査の結果を厚生労働大臣に報告しなければならない。

4 第15条第12項の規定は、都道府県知事が当該職員に第1項及び第2項に規定する措置を実施させる場合について準用する。

（情報の公表）
第16条 厚生労働大臣及び都道府県知事は、第12条から前条までの規定により収集した感染症に関する情報について分析を行い、感染症の発生の状況、動向及び原因に関する情報並びに当該感染症の予防及び治療に必要な情報を新聞、放送、インターネットその他適切な方法により積極的に公表しなければならない。

2 前項の情報を公表するに当たっては、個人情報の保護に留意しなければならない。

（協力の要請等）
第16条の2 厚生労働大臣及び都道府県知事は、感染症の発生を予防し、又はそのまん延を防止

するため緊急の必要があると認めるときは、感染症の患者の病状、数その他感染症の発生及びまん延の状況並びに病原体等の検査の状況を勘案して、当該感染症の発生を予防し、又はそのまん延を防止するために必要な措置を定め、医師、医療機関その他の医療関係者又は病原体等の検査その他の感染症に関する検査を行う民間事業者その他の感染症試験研究等機関に対し、当該措置の実施に対する必要な協力を求めることができる。

2　厚生労働大臣及び都道府県知事は、前項の規定による協力の求めを行った場合において、当該協力を求められた者が、正当な理由がなく当該協力の求めに応じなかったときは、同項に定める措置の実施に協力するよう勧告することができる。

3　厚生労働大臣及び都道府県知事は、前項の規定による勧告をした場合において、当該勧告を受けた者が、正当な理由がなくその勧告に従わなかったときは、その旨を公表することができる。

## 第4章　就業制限その他の措置

### （検体の採取等）

第16条の3　都道府県知事は、1類感染症、2類感染症又は新型インフルエンザ等感染症のまん延を防止するため必要があると認めるときは、第15条第3項第1号に掲げる者に対し同号に定める検体を提出し、若しくは当該職員による当該検体の採取に応じるべきことを勧告し、又はその保護者に対し当該検体を提出し、若しくは同号に掲げる者に当該職員による当該検体の採取に応じさせるべきことを勧告することができる。ただし、都道府県知事がその行おうとする勧告に係る当該検体（その行おうとする勧告に係る当該検体から分離された同号に規定する感染症の病原体を含む。以下この項において同じ。）を所持している者からその行おうとする勧告に係る当該検体を入手することができると認められる場合においては、この限りでない。

2　厚生労働大臣は、1類感染症、2類感染症又は新型インフルエンザ等感染症のまん延を防止するため緊急の必要があると認めるときは、第15条第3項第1号に掲げる者に対し同号に定

める検体を提出し、若しくは当該職員による当該検体の採取に応じるべきことを勧告し、又はその保護者に対し当該検体を提出し、若しくは同号に掲げる者に当該職員による当該検体の採取に応じさせるべきことを勧告することができる。ただし、厚生労働大臣がその行おうとする勧告に係る当該検体（その行おうとする勧告に係る当該検体から分離された同号に規定する感染症の病原体を含む。以下この項において同じ。）を所持している者からその行おうとする勧告に係る当該検体を入手することができると認められる場合においては、この限りでない。

3　都道府県知事は、第1項の規定による勧告を受けた者が当該勧告に従わないときは、当該職員に当該勧告に係る第15条第3項第1号に掲げる者から検査のため必要な最小限度において、同号に定める検体を採取させることができる。

4　厚生労働大臣は、第2項の規定による勧告を受けた者が当該勧告に従わないときは、当該職員に当該勧告に係る第15条第3項第1号に掲げる者から検査のため必要な最小限度において、同号に定める検体を採取させることができる。

5　都道府県知事は、第1項の規定による検体の提出若しくは採取の勧告をし、又は第3項の規定による検体の採取の措置を実施する場合には、同時に、当該勧告を受け、又は当該措置を実施される者に対し、当該勧告をし、又は当該措置を実施する理由その他の厚生労働省令で定める事項を書面により通知しなければならない。ただし、当該事項を書面により通知しないで検体の提出若しくは採取の勧告をし、又は検体の採取の措置を実施すべき差し迫った必要がある場合は、この限りでない。

6　都道府県知事は、前項ただし書の場合においては、当該検体の提出若しくは採取の勧告又は検体の採取の措置の後相当の期間内に、当該勧告を受け、又は当該措置を実施された者に対し、同項の理由その他の厚生労働省令で定める事項を記載した書面を交付しなければならない。

7　都道府県知事は、厚生労働省令で定めるところにより、第1項の規定により提出を受け、若しくは当該職員が採取した検体又は第3項の規定により当該職員に採取させた検体について検査を実施しなければならない。

8　都道府県知事は、厚生労働省令で定めるとこ

ろにより、前項の検査の結果その他厚生労働省令で定める事項を厚生労働大臣に報告しなければならない。

9　厚生労働大臣は、自ら検査を実施する必要があると認めるときは、都道府県知事に対し、第1項の規定により提出を受け、若しくは当該職員が採取した検体又は第3項の規定により当該職員に採取させた検体の一部の提出を求めることができる。

10　都道府県知事は、第1項の規定により検体の提出若しくは採取の勧告をし、第3項の規定により当該職員に検体の採取の措置を実施させ、又は第7項の規定により検体の検査を実施するため特に必要があると認めるときは、他の都道府県知事又は厚生労働大臣に対し、感染症試験研究等機関の職員の派遣その他の必要な協力を求めることができる。

11　第5項及び第6項の規定は、厚生労働大臣が第2項の規定により検体の提出若しくは採取の勧告をし、又は第4項の規定により当該職員に検体の採取の措置を実施させる場合について準用する。

（健康診断）

**第17条**　都道府県知事は、1類感染症、2類感染症、3類感染症又は新型インフルエンザ等感染症のまん延を防止するため必要があると認めるときは、当該感染症にかかっていると疑うに足りる正当な理由のある者に対し当該感染症にかかっているかどうかに関する医師の健康診断を受け、又はその保護者に対し当該感染症にかかっていると疑うに足りる正当な理由のある者に健康診断を受けさせるべきことを勧告することができる。

2　都道府県知事は、前項の規定による勧告を受けた者が当該勧告に従わないときは、当該勧告に係る感染症にかかっていると疑うに足りる正当な理由のある者について、当該職員に健康診断を行わせることができる。

（就業制限）

**第18条**　都道府県知事は、1類感染症の患者及び2類感染症、3類感染症又は新型インフルエンザ等感染症の患者又は無症状病原体保有者に係る第12条第1項の規定による届出を受けた場合において、当該感染症のまん延を防止するため必要があると認めるときは、当該者又はそ

の保護者に対し、当該届出の内容その他の厚生労働省令で定める事項を書面により通知することができる。

2　前項に規定する患者及び無症状病原体保有者は、当該患者又はその保護者が同項の規定による通知を受けた場合には、感染症を公衆にまん延させるおそれがある業務として感染症ごとに厚生労働省令で定める業務に、そのおそれがなくなるまでの期間として感染症ごとに厚生労働省令で定める期間従事してはならない。

3　前項の規定の適用を受けている者又はその保護者は、都道府県知事に対し、同項の規定の適用を受けている者について、同項の対象者ではなくなったことの確認を求めることができる。

4　都道府県知事は、前項の規定による確認の求めがあったときは、当該請求に係る第2項の規定の適用を受けている者について、同項の規定の適用に係る感染症の患者若しくは無症状病原体保有者でないかどうか、又は同項に規定する期間を経過しているかどうかの確認をしなければならない。

5　都道府県知事は、第1項の規定による通知をしようとするときは、あらかじめ、当該患者又は無症状病原体保有者の居住地を管轄する保健所について置かれた第24条第1項に規定する協議会の意見を聴かなければならない。ただし、緊急を要する場合で、あらかじめ、当該協議会の意見を聴くいとまがないときは、この限りでない。

6　前項ただし書に規定する場合において、都道府県知事は、速やかに、その通知をした内容について当該協議会に報告しなければならない。

（入院）

**第19条**　都道府県知事は、1類感染症のまん延を防止するため必要があると認めるときは、当該感染症の患者に対し特定感染症指定医療機関若しくは第1種感染症指定医療機関に入院し、又はその保護者に対し当該患者を入院させるべきことを勧告することができる。ただし、緊急その他やむを得ない理由があるときは、特定感染症指定医療機関若しくは第1種感染症指定医療機関以外の病院若しくは診療所であって当該都道府県知事が適当と認めるものに入院し、又は当該患者を入院させるべきことを勧告することができる。

2 都道府県知事は、前項の規定による勧告をする場合には、当該勧告に係る患者又はその保護者に対し適切な説明を行い、その理解を得るよう努めなければならない。

3 都道府県知事は、第１項の規定による勧告を受けた者が当該勧告に従わないときは、当該勧告に係る患者を特定感染症指定医療機関又は第１種感染症指定医療機関（同項ただし書の規定による勧告に従わないときは、特定感染症指定医療機関若しくは第１種感染症指定医療機関以外の病院又は診療所であって当該都道府県知事が適当と認めるもの）に入院させることができる。

4 第１項及び前項の規定に係る入院の期間は、72時間を超えてはならない。

5 都道府県知事は、緊急その他やむを得ない理由があるときは、第１項又は第３項の規定により入院している患者を、当該患者が入院している病院又は診療所以外の病院又は診療所であって当該都道府県知事が適当と認めるものに入院させることができる。

6 第１項又は第３項の規定に係る入院の期間と前項の規定に係る入院の期間とを合算した期間は、72時間を超えてはならない。

7 都道府県知事は、第１項の規定による勧告又は第３項の規定による入院の措置をしたときは、遅滞なく、当該患者が入院している病院又は診療所の所在地を管轄する保健所について置かれた第24条第１項に規定する協議会に報告しなければならない。

第20条 都道府県知事は、１類感染症のまん延を防止するため必要があると認めるときは、当該感染症の患者であって前条の規定により入院しているものに対し10日以内の期間を定めて特定感染症指定医療機関若しくは第１種感染症指定医療機関に入院し、又はその保護者に対し当該入院に係る患者を入院させるべきことを勧告することができる。ただし、緊急その他やむを得ない理由があるときは、10日以内の期間を定めて、特定感染症指定医療機関若しくは第１種感染症指定医療機関以外の病院若しくは診療所であって当該都道府県知事が適当と認めるものに入院し、又は当該患者を入院させるべきことを勧告することができる。

2 都道府県知事は、前項の規定による勧告を受けた者が当該勧告に従わないときは、10日以内の期間を定めて、当該勧告に係る患者を特定感染症指定医療機関又は第１種感染症指定医療機関（同項ただし書の規定による勧告に従わないときは、特定感染症指定医療機関若しくは第１種感染症指定医療機関以外の病院又は診療所であって当該都道府県知事が適当と認めるもの）に入院させることができる。

3 都道府県知事は、緊急その他やむを得ない理由があるときは、前二項の規定により入院している患者を、前２項の規定により入院したときから起算して10日以内の期間を定めて、当該患者が入院している病院又は診療所以外の病院又は診療所であって当該都道府県知事が適当と認めるものに入院させることができる。

4 都道府県知事は、前三項の規定に係る入院の期間の経過後、当該入院に係る患者について入院を継続する必要があると認めるときは、10日以内の期間を定めて、入院の期間を延長することができる。当該延長に係る入院の期間の経過後、これを更に延長しようとするときも、同様とする。

5 都道府県知事は、第１項の規定による勧告又は前項の規定による入院の期間を延長しようとするときは、あらかじめ、当該患者が入院している病院又は診療所の所在地を管轄する保健所について置かれた第24条第１項に規定する協議会の意見を聴かなければならない。

6 都道府県知事は、第１項の規定による勧告をしようとする場合には、当該患者又はその保護者に、適切な説明を行い、その理解を得るよう努めるとともに、都道府県知事が指定する職員に対して意見を述べる機会を与えなければならない。この場合において、当該患者又はその保護者に対し、あらかじめ、意見を述べるべき日時、場所及びその勧告の原因となる事実を通知しなければならない。

7 前項の規定による通知を受けた当該患者又はその保護者は、代理人を出頭させ、かつ、自己に有利な証拠を提出することができる。

8 第６項の規定による意見を聴取した者は、聴取書を作成し、これを都道府県知事に提出しなければならない。

（移送）

第21条 都道府県知事は、厚生労働省令で定め

るところにより、前二条の規定により入院する患者を、当該入院に係る病院又は診療所に移送しなければならない。

（退院）

第22条　都道府県知事は、第19条又は第20条の規定により入院している患者について、当該入院に係る1類感染症の病原体を保有していないことが確認されたときは、当該入院している患者を退院させなければならない。

2　病院又は診療所の管理者は、第19条又は第20条の規定により入院している患者について、当該入院に係る1類感染症の病原体を保有していないことを確認したときは、都道府県知事に、その旨を通知しなければならない。

3　第19条若しくは第20条の規定により入院している患者又はその保護者は、都道府県知事に対し、当該患者の退院を求めることができる。

4　都道府県知事は、前項の規定による退院の求めがあったときは、当該患者について、当該入院に係る1類感染症の病原体を保有しているかどうかの確認をしなければならない。

（最小限度の措置）

第22条の2　第16条の3から第21条までの規定により実施される措置は、感染症を公衆にまん延させるおそれ、感染症にかかった場合の病状の程度その他の事情に照らして、感染症の発生を予防し、又はそのまん延を防止するため必要な最小限度のものでなければならない。

（都道府県知事による調整）

第22条の3　都道府県知事は、1類感染症のまん延により当該都道府県知事の管轄する区域の全部又は一部において感染症指定医療機関が不足するおそれがある場合その他当該感染症のまん延を防止するため必要があると認めるときは、保健所設置市等の長、医療機関その他の関係者に対し、第19条又は第20条の規定による入院の勧告又は入院の措置その他の事項に関する総合調整を行うものとする。

（書面による通知）

第23条　第16条の3第5項及び第6項の規定は、都道府県知事が第17条第1項の規定による健康診断の勧告、同条第2項の規定による健康診断の措置、第19条第1項及び第20条第1項の規定による入院の勧告、第19条第3項及び第5項並びに第20条第2項及び第3項の規

定による入院の措置並びに同条第4項の規定による入院の期間の延長をする場合について準用する。

第24条～第25条　（略）

## 第5章　消毒その他の措置

（検体の収去等）

第26条の3　都道府県知事は、1類感染症、2類感染症又は新型インフルエンザ等感染症の発生を予防し、又はそのまん延を防止するため必要があると認めるときは、第15条第3項第7号又は第10号に掲げる者に対し、当該各号に定める検体又は感染症の病原体を提出すべきことを命ずることができる。

2　厚生労働大臣は、1類感染症、2類感染症又は新型インフルエンザ等感染症の発生を予防し、又はそのまん延を防止するため緊急の必要があると認めるときは、第15条第3項第7号又は第10号に掲げる者に対し、当該各号に定める検体又は感染症の病原体を提出すべきことを命ずることができる。

3　都道府県知事は、第1項の規定による命令を受けた者が当該命令に従わないときは、当該職員に当該命令に係る第15条第3項第7号又は第10号に掲げる者から検査のため必要な最小限度において、当該各号に定める検体又は感染症の病原体を無償で収去させることができる。

4　厚生労働大臣は、第2項の規定による命令を受けた者が当該命令に従わないときは、当該職員に当該命令に係る第15条第3項第7号又は第10号に掲げる者から検査のため必要な最小限度において、当該各号に定める検体又は感染症の病原体を無償で収去させることができる。

5　都道府県知事は、厚生労働省令で定めるところにより、第1項の規定により提出を受けた検体若しくは感染症の病原体又は第3項の規定により当該職員に収去させた検体若しくは感染症の病原体について検査を実施しなければならない。

6　都道府県知事は、厚生労働省令で定めるところにより、前項の検査の結果その他厚生労働省令で定める事項を厚生労働大臣に報告しなければならない。

7　厚生労働大臣は、自ら検査を実施する必要が

あると認めるときは、都道府県知事に対し、第1項の規定により提出を受けた検体若しくは感染症の病原体又は第3項の規定により当該職員に収去させた検体若しくは感染症の病原体の一部の提出を求めることができる。

8　都道府県知事は、第1項の規定により検体若しくは感染症の病原体の提出の命令をし、第3項の規定により当該職員に検体若しくは感染症の病原体の収去の措置を実施させ、又は第5項の規定により検体若しくは感染症の病原体の検査を実施するため特に必要があると認めるときは、他の都道府県知事又は厚生労働大臣に対し、感染症試験研究等機関の職員の派遣その他の必要な協力を求めることができる。

（検体の採取等）

第26条の4　都道府県知事は、1類感染症、2類感染症又は新型インフルエンザ等感染症の発生を予防し、又はそのまん延を防止するため必要があると認めるときは、第15条第3項第4号に掲げる者に対し、同号に定める検体を提出し、又は当該職員による当該検体の採取に応ずべきことを命ずることができる。

2　厚生労働大臣は、1類感染症、2類感染症又は新型インフルエンザ等感染症の発生を予防し、又はそのまん延を防止するため緊急の必要があると認めるときは、第15条第3項第4号に掲げる者に対し、同号に定める検体を提出し、又は当該職員による当該検体の採取に応ずべきことを命ずることができる。

3　都道府県知事は、第1項の規定による命令を受けた者が当該命令に従わないときは、当該職員に当該命令に係る第15条第3項第4号に規定する動物又はその死体から検査のため必要な最小限度において、同号に定める検体を採取させることができる。

4　厚生労働大臣は、第2項の規定による命令を受けた者が当該命令に従わないときは、当該職員に当該命令に係る第15条第3項第4号に規定する動物又はその死体から検査のため必要な最小限度において、同号に定める検体を採取させることができる。

5　都道府県知事は、厚生労働省令で定めるところにより、第1項の規定により提出を受け、若しくは当該職員が採取した検体又は第3項の規定により当該職員に採取させた検体について検

査を実施しなければならない。

6　都道府県知事は、厚生労働省令で定めるところにより、前項の検査の結果その他厚生労働省令で定める事項を厚生労働大臣に報告しなければならない。

7　厚生労働大臣は、自ら検査を実施する必要があると認めるときは、都道府県知事に対し、第1項の規定により提出を受け、若しくは当該職員が採取した検体又は第3項の規定により当該職員に採取させた検体の一部の提出を求めることができる。

8　都道府県知事は、第1項の規定により検体の提出若しくは採取の命令をし、第3項の規定により当該職員に検体の採取の措置を実施させ、又は第5項の規定により検体の検査を実施するため特に必要があると認めるときは、他の都道府県知事又は厚生労働大臣に対し、感染症試験研究等機関の職員の派遣その他の必要な協力を求めることができる。

（感染症の病原体に汚染された場所の消毒）

第27条　都道府県知事は、1類感染症、2類感染症、3類感染症、4類感染症又は新型インフルエンザ等感染症の発生を予防し、又はそのまん延を防止するため必要があると認めるときは、厚生労働省令で定めるところにより、当該感染症の患者がいる場所又はいた場所、当該感染症により死亡した者の死体がある場所又はあった場所その他当該感染症の病原体に汚染された場所又は汚染された疑いがある場所について、当該患者若しくはその保護者又はその場所の管理をする者若しくはその代理をする者に対し、消毒すべきことを命ずることができる。

2　都道府県知事は、前項に規定する命令によっては1類感染症、2類感染症、3類感染症、4類感染症又は新型インフルエンザ等感染症の発生を予防し、又はそのまん延を防止することが困難であると認めるときは、厚生労働省令で定めるところにより、当該感染症の患者がいる場所又はいた場所、当該感染症により死亡した者の死体がある場所又はあった場所その他当該感染症の病原体に汚染された場所又は汚染された疑いがある場所について、市町村に消毒するよう指示し、又は当該都道府県の職員に消毒させることができる。

（ねずみ族、昆虫等の駆除）

第28条 都道府県知事は、1類感染症、2類感染症、3類感染症又は4類感染症の発生を予防し、又はそのまん延を防止するため必要があると認めるときは、厚生労働省令で定めるところにより、当該感染症の病原体に汚染され、又は汚染された疑いがあるねずみ族、昆虫等が存在する区域を指定し、当該区域の管理をする者又はその代理をする者に対し、当該ねずみ族、昆虫等を駆除すべきことを命ずることができる。

2 都道府県知事は、前項に規定する命令によっては1類感染症、2類感染症、3類感染症又は4類感染症の発生を予防し、又はそのまん延を防止することが困難であると認めるときは、厚生労働省令で定めるところにより、当該感染症の病原体に汚染され、又は汚染された疑いがあるねずみ族、昆虫等が存在する区域を指定し、当該区域を管轄する市町村に当該ねずみ族、昆虫等を駆除するよう指示し、又は当該都道府県の職員に当該ねずみ族、昆虫等を駆除させることができる。

（物件に係る措置）

第29条 都道府県知事は、1類感染症、2類感染症、3類感染症、4類感染症又は新型インフルエンザ等感染症の発生を予防し、又はそのまん延を防止するため必要があると認めるときは、厚生労働省令で定めるところにより、当該感染症の病原体に汚染され、又は汚染された疑いがある飲食物、衣類、寝具その他の物件について、その所持者に対し、当該物件の移動を制限し、若しくは禁止し、消毒、廃棄その他当該感染症の発生を予防し、又はそのまん延を防止するために必要な措置をとるべきことを命ずることができる。

2 都道府県知事は、前項に規定する命令によっては1類感染症、2類感染症、3類感染症、4類感染症又は新型インフルエンザ等感染症の発生を予防し、又はそのまん延を防止することが困難であると認めるときは、厚生労働省令で定めるところにより、当該感染症の病原体に汚染され、又は汚染された疑いがある飲食物、衣類、寝具その他の物件について、市町村に消毒するよう指示し、又は当該都道府県の職員に消毒、廃棄その他当該感染症の発生を予防し、若しくはそのまん延を防止するために必要な措置をと

らせることができる。

（死体の移動制限等）

第30条 都道府県知事は、1類感染症、2類感染症、3類感染症又は新型インフルエンザ等感染症の発生を予防し、又はそのまん延を防止するため必要があると認めるときは、当該感染症の病原体に汚染され、又は汚染された疑いがある死体の移動を制限し、又は禁止することができる。

2 1類感染症、2類感染症、3類感染症又は新型インフルエンザ等感染症の病原体に汚染され、又は汚染された疑いがある死体は、火葬しなければならない。ただし、十分な消毒を行い、都道府県知事の許可を受けたときは、埋葬することができる。

3 1類感染症、2類感染症、3類感染症又は新型インフルエンザ等感染症の病原体に汚染され、又は汚染された疑いがある死体は、24時間以内に火葬し、又は埋葬することができる。

（生活の用に供される水の使用制限等）

第31条 都道府県知事は、1類感染症、2類感染症又は3類感染症の発生を予防し、又はそのまん延を防止するため必要があると認めるときは、当該感染症の病原体に汚染され、又は汚染された疑いがある生活の用に供される水について、その管理者に対し、期間を定めて、その使用又は給水を制限し、又は禁止すべきことを命ずることができる。

2 市町村は、都道府県知事が前項の規定により生活の用に供される水の使用又は給水を制限し、又は禁止すべきことを命じたときは、同項に規定する期間中、都道府県知事の指示に従い、当該生活の用に供される水の使用者に対し、生活の用に供される水を供給しなければならない。

（建物に係る措置）

第32条 都道府県知事は、1類感染症の病原体に汚染され、又は汚染された疑いがある建物について、当該感染症のまん延を防止するため必要があると認める場合であって、消毒により難いときは、厚生労働省令で定めるところにより、期間を定めて、当該建物への立入りを制限し、又は禁止することができる。

2 都道府県知事は、前項に規定する措置によっても1類感染症のまん延を防止できない場合であって、緊急の必要があると認められるときに

限り、政令で定める基準に従い、当該感染症の病原体に汚染され、又は汚染された疑いがある建物について封鎖その他当該感染症のまん延の防止のために必要な措置を講ずることができる。

（交通の制限又は遮断）

**第33条**　都道府県知事は、1類感染症のまん延を防止するため緊急の必要があると認める場合であって、消毒により難いときは、政令で定める基準に従い、72時間以内の期間を定めて、当該感染症の患者がいる場所その他当該感染症の病原体に汚染され、又は汚染された疑いがある場所の交通を制限し、又は遮断することができる。

（必要な最小限度の措置）

**第34条**　第26条の3から前条までの規定により実施される措置は、感染症の発生を予防し、又はそのまん延を防止するため必要な最小限度のものでなければならない。

（質問及び調査）

**第35条**　都道府県知事は、第26条の3から第33条までに規定する措置を実施するため必要があると認めるときは、当該職員に1類感染症、2類感染症、3類感染症、4類感染症若しくは新型インフルエンザ等感染症の患者がいる場所若しくはいた場所、当該感染症により死亡した者の死体がある場所若しくはあった場所、当該感染症を人に感染させるおそれがある動物がいる場所若しくはいた場所、当該感染症により死亡した動物の死体がある場所若しくはあった場所その他当該感染症の病原体に汚染された場所若しくは汚染された疑いがある場所に立ち入り、1類感染症、2類感染症、3類感染症、4類感染症若しくは新型インフルエンザ等感染症の患者、疑似症患者若しくは無症状病原体保有者若しくは当該感染症を人に感染させるおそれがある動物若しくはその死体の所有者若しくは管理者その他の関係者に質問させ、又は必要な調査をさせることができる。

2　前項の職員は、その身分を示す証明書を携帯し、かつ、関係者の請求があるときは、これを提示しなければならない。

3　第1項の規定は、犯罪捜査のために認められたものと解釈してはならない。

4　前三項の規定は、厚生労働大臣が第26条の3第2項若しくは第4項又は第26条の4第2項

若しくは第4項に規定する措置を実施し、又は当該職員に実施させるため必要があると認める場合について準用する。この場合において、第1項中「、3類感染症、4類感染症若しくは」とあるのは、「若しくは」と読み替えるものとする。

5　第1項から第3項までの規定は、市町村長が第27条第2項、第28条第2項、第29条第2項又は第31条第2項に規定する措置を実施するため必要があると認める場合について準用する。

6　第2項の証明書に関し必要な事項は、厚生労働省令で定める。

（書面による通知）

**第36条**　都道府県知事は、第26条の3第1項若しくは第3項、第26条の4第1項若しくは第3項、第27条第1項若しくは第2項、第28条第1項若しくは第2項、第29条第1項若しくは第2項、第30条第1項又は第31条第1項に規定する措置を実施し、又は当該職員に実施させる場合には、その名あて人又はその保護者に対し、当該措置を実施する旨及びその理由その他厚生労働省令で定める事項を書面により通知しなければならない。ただし、当該事項を書面により通知しないで措置を実施すべき差し迫った必要がある場合は、この限りでない。

2　都道府県知事は、前項ただし書の場合においては、当該措置を実施した後相当の期間内に、当該措置を実施した旨及びその理由その他同項の厚生労働省令で定める事項を記載した書面を当該措置の名あて人又はその保護者に交付しなければならない。

3　前二項の規定は、厚生労働大臣が第26条の3第2項若しくは第4項又は第26条の4第2項若しくは第4項に規定する措置を実施し、又は当該職員に実施させる場合について準用する。

4　都道府県知事は、第32条又は第33条に規定する措置を実施し、又は当該職員に実施させる場合には、適当な場所に当該措置を実施する旨及びその理由その他厚生労働省令で定める事項を掲示しなければならない。

5　第1項及び第2項の規定は、市町村長が当該職員に第27条第2項、第28条第2項又は第29条第2項に規定する措置を実施させる場合について準用する。

## 第6章　医療

（入院患者の医療）

第37条　都道府県は、都道府県知事が第19条若しくは第20条（これらの規定を第26条において準用する場合を含む。）又は第46条の規定により入院の勧告又は入院の措置を実施した場合において、当該入院に係る患者（新感染症の所見がある者を含む。以下この条において同じ。）又はその保護者から申請があったときは、当該患者が感染症指定医療機関において受ける次に掲げる医療に要する費用を負担する。

一　診察

二　薬剤又は治療材料の支給

三　医学的処置、手術及びその他の治療

四　病院への入院及びその療養に伴う世話その他の看護

2　都道府県は、前項に規定する患者若しくはその配偶者又は民法（明治29年法律第89号）第877条第1項に定める扶養義務者が前項の費用の全部又は一部を負担することができると認められるときは、同項の規定にかかわらず、その限度において、同項の規定による負担をすることを要しない。

3　都道府県は、前項に定めるもののほか、都道府県知事が第26条第2項において読み替えて準用する第19条若しくは第20条又は第46条の規定により入院の勧告又は入院の措置を実施した場合において、当該入院に係る患者が第44条の3第2項又は第50条の2第2項の規定による協力の求めに応じない者であるときは、第1項の規定にかかわらず、同項の規定による負担の全部又は一部をすることを要しない。ただし、当該患者若しくはその配偶者又は民法第877条第1項に定める扶養義務者が第1項の費用の全部又は一部を負担することができないと認められるときは、この限りでない。

4　第1項の申請は、当該患者の居住地を管轄する保健所長を経由して都道府県知事に対してしなければならない。

（結核患者の医療）

第37条の2　（略）

（感染症指定医療機関）

第38条　特定感染症指定医療機関の指定は、その開設者の同意を得て、当該病院の所在地を管轄する都道府県知事と協議した上、厚生労働大臣が行うものとする。

2　第1種感染症指定医療機関、第2種感染症指定医療機関及び結核指定医療機関の指定は、厚生労働大臣の定める基準に適合する病院（結核指定医療機関にあっては、病院若しくは診療所（第6条第16項の政令で定めるものを含む。）又は薬局）について、その開設者の同意を得て、都道府県知事が行うものとする。

3　感染症指定医療機関は、厚生労働大臣の定めるところにより、前二条の規定により都道府県が費用を負担する感染症の患者及び新感染症の所見がある者の医療を担当しなければならない。

4　特定感染症指定医療機関は、第37条第1項各号に掲げる医療のうち新感染症の所見がある者並びに1類感染症、2類感染症及び新型インフルエンザ等感染症の患者に係る医療について、厚生労働大臣が行う指導に従わなければならない。

5　第1種感染症指定医療機関は、第37条第1項各号に掲げる医療のうち1類感染症、2類感染症及び新型インフルエンザ等感染症の患者に係る医療について、厚生労働省令で定めるところにより都道府県知事が行う指導に従わなければならない。

6　第2種感染症指定医療機関は、第37条第1項各号に掲げる医療のうち2類感染症及び新型インフルエンザ等感染症の患者に係る医療について、厚生労働省令で定めるところにより都道府県知事が行う指導に従わなければならない。

7　結核指定医療機関は、前条第1項に規定する医療について、厚生労働省令で定めるところにより都道府県知事が行う指導に従わなければならない。

8　感染症指定医療機関は、その指定を辞退しようとするときは、辞退の日の1年前（結核指定医療機関にあっては、30日前）までに、特定感染症指定医療機関については厚生労働大臣に、第1種感染症指定医療機関、第2種感染症指定医療機関及び結核指定医療機関については都道府県知事にその旨を届け出なければならない。

9　感染症指定医療機関が、第3項から第7項までの規定に違反したとき、その他前二条に規定する医療を行うについて不適当であると認めら

れるに至ったときは、特定感染症指定医療機関については厚生労働大臣、第1種感染症指定医療機関、第2種感染症指定医療機関及び結核指定医療機関については都道府県知事は、その指定を取り消すことができる。

（他の法律による医療に関する給付との調整）
第39条～第44条（略）

## 第7章　新型インフルエンザ等感染症

（新型インフルエンザ等感染症の発生及び実施する措置等に関する情報の公表）

第44条の2　厚生労働大臣は、新型インフルエンザ等感染症が発生したと認めたときは、速やかに、その旨及び発生した地域を公表するとともに、当該感染症について、第16条の規定による情報の公表を行うほか、病原体の検査方法、症状、診断及び治療並びに感染の防止の方法、この法律の規定により実施する措置その他の当該感染症の発生の予防又はそのまん延の防止に必要な情報を新聞、放送、インターネットその他適切な方法により逐次公表しなければならない。

2　前項の情報を公表するに当たっては、個人情報の保護に留意しなければならない。

3　厚生労働大臣は、第1項の規定により情報を公表した感染症について、国民の大部分が当該感染症に対する免疫を獲得したこと等により新型インフルエンザ等感染症と認められなくなったときは、速やかに、その旨を公表しなければならない。

（感染を防止するための報告又は協力）

第44条の3　都道府県知事は、新型インフルエンザ等感染症のまん延を防止するため必要があると認めるときは、厚生労働省令で定めるところにより、当該感染症にかかっていると疑うに足りる正当な理由のある者に対し、当該感染症の潜伏期間を考慮して定めた期間内において、当該者の体温その他の健康状態について報告を求め、又は当該者の居宅若しくはこれに相当する場所から外出しないことその他の当該感染症の感染の防止に必要な協力を求めることができる。

2　都道府県知事は、新型インフルエンザ等感染症（病状の程度を勘案して厚生労働省令で定め

るものに限る。第7項において同じ。）のまん延を防止するため必要があると認めるときは、厚生労働省令で定めるところにより、当該感染症の患者に対し、当該感染症の病原体を保有していないことが確認されるまでの間、当該者の体温その他の健康状態について報告を求め、又は宿泊施設（当該感染症のまん延を防止するため適当なものとして厚生労働省令で定める基準を満たすものに限る。同項において同じ。）若しくは当該者の居宅若しくはこれに相当する場所から外出しないことその他の当該感染症の感染の防止に必要な協力を求めることができる。

3　前二項の規定により報告を求められた者は、正当な理由がある場合を除き、これに応じなければならず、前二項の規定により協力を求められた者は、これに応ずるよう努めなければならない。

4　都道府県知事は、第1項又は第2項の規定により協力を求めるときは、必要に応じ、食事の提供、日用品の支給その他日常生活を営むために必要なサービスの提供又は物品の支給（次項において「食事の提供等」という。）に努めなければならない。

5　都道府県知事は、前項の規定により、必要な食事の提供等を行った場合は、当該食事の提供等を受けた者又はその保護者から、当該食事の提供等に要した実費を徴収することができる。

6　都道府県知事は、第1項又は第2項の規定により協力を求めるときは、必要に応じ、市町村の長と連携するよう努めなければならない。

7　都道府県知事は、第2項の規定により協力を求めるときは、当該都道府県知事が管轄する区域内における新型インフルエンザ等感染症の患者の病状、数その他当該感染症の発生及びまん延の状況を勘案して、必要な宿泊施設の確保に努めなければならない。

（建物に係る措置等の規定の適用）

第44条の4　国は、新型インフルエンザ等感染症の発生を予防し、又はそのまん延を防止するため、特に必要があると認められる場合は、2年以内の政令で定める期間に限り、政令で定めるところにより、当該感染症を1類感染症とみなして、第28条及び第31条から第36条まで、第13章及び第14章の規定（第28条又は第31条から第33条までの規定により実施される措

置に係る部分に限る。）の全部又は一部を適用
することができる。

2　前項の政令で定められた期間は、当該感染症
について同項の政令により適用することとされ
た規定を当該期間の経過後もなお適用することが
特に必要であると認められる場合は、1年以内
の政令で定める期間に限り延長することができ
る。当該延長に係る政令で定める期間の経過後、
これを更に延長しようとするときも、同様とす
る。

3　厚生労働大臣は、前二項の政令の制定又は改
廃の立案をしようとするときは、あらかじめ、
厚生科学審議会の意見を聴かなければならない。
ただし、第1項の政令の制定又は改廃につき緊
急を要する場合で、あらかじめ、厚生科学審議
会の意見を聴くいとまがないときは、この限り
でない。

4　前項ただし書に規定する場合において、厚生
労働大臣は、速やかに、その立案した政令の内
容について厚生科学審議会に報告しなければな
らない。

（新型インフルエンザ等感染症に係る経過の報告）

第44条の5　都道府県知事は、新型インフルエ
ンザ等感染症に関し、この法律又はこの法律に
基づく政令の規定による事務を行った場合は、
厚生労働省令で定めるところにより、その内容
を厚生労働大臣に報告しなければならない。

2　前項の規定は、市町村長が、新型インフルエ
ンザ等感染症に関し、第35条第5項において
準用する同条第1項に規定する措置を当該職員
に実施させた場合について準用する。

## 第8章　新感染症

（新感染症の発生及び実施する措置等に関する情
報の公表）

第44条の6　厚生労働大臣は、新感染症が発生
したと認めたときは、速やかに、その旨及び発
生した地域を公表するとともに、当該新感染症
について、第16条の規定による情報の公表を
行うほか、病原体の検査方法、症状、診断及び
治療並びに感染の防止の方法、この法律の規定
により実施する措置その他の当該新感染症の発
生の予防又はそのまん延の防止に必要な情報を
新聞、放送、インターネットその他適切な方法

により逐次公表しなければならない。

2　前項の情報を公表するに当たっては、個人情
報の保護に留意しなければならない。

第44条の7～第66条（略）

## 第15章　罰則

第67条　1種病原体等をみだりに発散させて公
共の危険を生じさせた者は、無期若しくは2年
以上の懲役又は1000万円以下の罰金に処する。

2　前項の未遂罪は、罰する。

3　第1項の罪を犯す目的でその予備をした者は、
5年以下の懲役又は250万円以下の罰金に処す
る。ただし、同項の罪の実行の着手前に自首し
た者は、その刑を減軽し、又は免除する。

第68条　第56条の4の規定に違反した場合に
は、当該違反行為をした者は、10年以下の懲
役又は500万円以下の罰金に処する。

2　前条第1項の犯罪の用に供する目的で前項の
罪を犯した者は、15年以下の懲役又は700万
円以下の罰金に処する。

3　前二項の未遂罪は、罰する。

4　第1項又は第2項の罪を犯す目的でその予備
をした者は、3年以下の懲役又は200万円以下
の罰金に処する。

第69条　次の各号のいずれかに該当する場合に
は、当該違反行為をした者は、7年以下の懲役
又は300万円以下の罰金に処する。

一　第56条の3の規定に違反して1種病原体
等を所持したとき。

二　第56条の5の規定に違反して、1種病原
体等を譲り渡し、又は譲り受けたとき。

2　第67条第1項の犯罪の用に供する目的で前項
の罪を犯した者は、10年以下の懲役又は500
万円以下の罰金に処する。

3　前二項の未遂罪は、罰する。

第70条　第56条の12第1項の許可を受けない
で2種病原体等を輸入した場合には、当該違反
行為をした者は、5年以下の懲役又は250万円
以下の罰金に処する。

第71条　次の各号のいずれかに該当する場合に
は、当該違反行為をした者は、3年以下の懲役
又は200万円以下の罰金に処する。

一　第56条の6第1項本文の許可を受けない
で2種病原体等を所持したとき。

二　第56条の15の規定に違反して、2種病原体等を譲り渡し、又は譲り受けたとき。

第72条　次の各号のいずれかに該当する場合には、当該違反行為をした者は、1年以下の懲役又は100万円以下の罰金に処する。

一　第56条の11第1項本文の許可を受けないで第56条の6第2項第2号から第4号までに掲げる事項を変更したとき。

二　第56条の14において読み替えて準用する第56条の11第1項の規定に違反して同項本文の許可を受けないで第56条の12第2項第2号から第7号までに掲げる事項を変更したとき。

三　第56条の19第1項の規定に違反したとき。

四　第56条の22第1項の規定に違反したとき。

五　第56条の29第1項の規定に違反し、又は第56条の37の規定による命令に違反したとき。

六　第56条の30の規定による報告をせず、又は虚偽の報告をしたとき。

七　第56条の31第1項の規定による立入り、検査若しくは収去を拒み、妨げ、若しくは忌避し、又は質問に対して陳述をせず、若しくは虚偽の陳述をしたとき。

八　第56条の38第2項の規定による立入り若しくは検査を拒み、妨げ、若しくは忌避し、又は質問に対して陳述をせず、若しくは虚偽の陳述をしたとき。

第73条　医師が、感染症の患者（疑似症患者及び無症状病原体保有者並びに新感染症の所見がある者を含む。次条第1項において同じ。）であるかどうかに関する健康診断又は当該感染症の治療に際して知り得た人の秘密を正当な理由がなく漏らしたときは、1年以下の懲役又は100万円以下の罰金に処する。

2　（略）

3　（略）

第74条　感染症の患者であるとの人の秘密を業務上知り得た者が、正当な理由がなくその秘密を漏らしたときは、6月以下の懲役又は50万円以下の罰金に処する。

2　第15条の3第1項の規定による報告をせず、若しくは虚偽の報告をし、又は同項の規定による当該職員の質問に対して答弁をせず、若しくは虚偽の答弁をした者は、6月以下の懲役又は

50万円以下の罰金に処する。

第75条　次の各号のいずれかに該当する場合には、当該違反行為をした者は、300万円以下の罰金に処する。

一　第56条の9第1項（第56条の11第4項及び第56条の14において準用する場合を含む。）の条件に違反したとき。

二　第56条の16第1項本文及び第56条の17の規定による届出をせず、又は虚偽の届出をしたとき。

三　第56条の22第2項の規定による届出をせず、又は虚偽の届出をしたとき。

四　第56条の24の規定（特定1種病原体等所持者又は2種病原体等許可所持者に係るものに限る。）に違反したとき。

五　第56条の27第1項の規定による届出をせず、又は虚偽の届出をして1種病原体等、2種病原体等又は3種病原体等を運搬したとき。

六　第56条の27第4項の規定に違反したとき。

七　第56条の32の規定による命令に違反したとき。

八　第56条の36の規定による命令に違反したとき。

第76条　次の各号のいずれかに該当する場合には、当該違反行為をした者は、100万円以下の罰金に処する。

一　第56条の11第2項（第56条の14において準用する場合を含む。）の規定による届出をせず、又は虚偽の届出をして第56条の11第1項ただし書に規定する変更をしたとき。

二　第56条の16第2項、第56条の28又は第56条の29第3項の規定による届出をせず、又は虚偽の届出をしたとき。

三　第56条の21の規定に違反したとき。

四　第56条の23第1項の規定に違反して帳簿を備えず、帳簿に記載せず、若しくは虚偽の記載をし、又は同条第2項の規定に違反して帳簿を保存しなかったとき。

五　第56条の27第5項の規定による警察官の停止命令に従わず、提示の要求を拒み、検査を拒み、若しくは妨げ、又は同項の規定による命令に従わなかったとき。

第77条　次の各号のいずれかに該当する場合には、当該違反行為をした者は、50万円以下の罰金に処する。

一　医師が第12条第1項若しくは第6項又は同条第8項において準用する同条第1項の規定（これらの規定が第7条第1項の規定に基づく政令によって準用される場合を含む。）による届出（新感染症に係るものを除く。）をしなかったとき。

二　獣医師が第13条第1項又は同条第7項において準用する同条第1項の規定（これらの規定が第7条第1項の規定に基づく政令によって準用される場合を含む。）による届出をしなかったとき。

三　第15条の2第1項若しくは第15条の3第2項の規定による当該職員の質問に対して答弁をせず、若しくは虚偽の答弁をし、又はこれらの規定による当該職員の調査を拒み、妨げ若しくは忌避したとき。

四　第18条第1項（第7条第1項の規定に基づく政令によって準用される場合及び第53条第1項の規定に基づく政令によって適用される場合を含む。）の規定による通知を受けた場合において、第18条第2項（第7条第1項の規定に基づく政令によって準用される場合及び第53条第1項の規定に基づく政令によって適用される場合を含む。）の規定に違反したとき。

五　第27条第1項（第7条第1項の規定に基づく政令によって準用される場合及び第53条第1項の規定に基づく政令によって適用される場合を含む。）、第28条第1項（第7条第1項の規定に基づく政令によって準用される場合、第44条の4第1項の規定に基づく政令によって適用される場合及び第53条第1項の規定に基づく政令によって適用される場合を含む。）、第29条第1項若しくは第30条第1項の規定（これらの規定が第7条第1項の規定に基づく政令によって準用される場合及び第53条第1項の規定に基づく政令によって適用される場合を含む。）又は第31条第1項、第32条第1項若しくは第33条の規定（これらの規定が第7条第1項の規定に基づく政令によって準用される場合、第44条の4第1項の規定に基づく政令によって適用される場合及び第53条第1項の規定に基づく政令によって適用される場合を含む。）による都道府県知事（保健所設置市等の長を含

む。）の命令（第50条第1項の規定により実施される場合を含む。）に従わなかったとき。

六　第30条第2項（第7条第1項の規定に基づく政令によって準用される場合及び第53条第1項の規定に基づく政令によって適用される場合を含む。）又は第50条第1項の規定により実施される第30条第2項の規定に違反したとき。

七　第35条第1項（第7条第1項の規定に基づく政令によって準用される場合、第44条の4第1項の規定に基づく政令によって適用される場合及び第53条第1項の規定に基づく政令によって適用される場合を含む。）若しくは第50条第1項、第7項若しくは第10項の規定により実施される第35条第1項の規定による当該職員の質問に対して答弁をせず、若しくは虚偽の答弁をし、又は同項（第7条第1項の規定に基づく政令によって準用される場合、第44条の4第1項の規定に基づく政令によって適用される場合及び第53条第1項の規定に基づく政令によって適用される場合を含む。）若しくは第50条第1項、第7項若しくは第10項の規定により実施される第35条第1項の規定による当該職員の調査を拒み、妨げ若しくは忌避したとき。

八　第54条又は第55条第1項、第2項若しくは第4項の規定（これらの規定が第7条第1項の規定に基づく政令によって準用される場合及び第53条第1項の規定に基づく政令によって適用される場合を含む。）に違反して指定動物を輸入したとき。

九　第56条の2第1項の規定に違反して届出動物等を輸入したとき。

**第78条**　第67条の罪は、刑法（明治40年法律第45号）第4条の2の例に従う。

**第79条**　法人の代表者又は法人若しくは人の代理人、使用人その他の従業者が、その法人又は人の業務に関し、第67条の罪を犯し、又は第68条から第72条まで、第75条、第76条若しくは第77条第8号若しくは第9号の違反行為をしたときは、行為者を罰するほか、その法人又は人に対しても、各本条の罰金刑を科する。

**第80条**　第19条第1項、第20条第1項若しくは第26条において準用する第19条第1項若しくは第20条第1項（これらの規定が第7条第

1項の規定に基づく政令によって準用される場合及び第53条第1項の規定に基づく政令によって適用される場合を含む。）若しくは第46条第1項の規定による入院の勧告若しくは第19条第3項若しくは第5項、第20条第2項若しくは第3項若しくは第26条において準用する第19条第3項若しくは第5項若しくは第20条第2項若しくは第3項（これらの規定が第7条第1項の規定に基づく政令によって準用される場合及び第53条第1項の規定に基づく政令によって適用される場合を含む。以下この条において同じ。）若しくは第46条第2項若しくは第3項の規定による入院の措置により入院した者がその入院の期間（第20条第4項若しくは第26条において準用する同項（これらの規定が第7条第1項の規定に基づく政令によって準用される場合及び第53条第1項の規定に基づく政令によって適用される場合を含む。）又は第46条第4項の規定により延長された期間を含む。）中に逃げたとき又は第19条第3項若しくは第5項、第20条第2項若しくは第3項若しくは第26条において準用する第19条第3項若しくは第5項若しくは第20条第2項若しくは第3項若しくは第46条第2項若しくは第3項の規定による入院の措置を実施される者（第23条若しくは第26条において準用する第23条（これらの規定が第7条第1項の規定に基づく政令によって準用される場合及び第53条第1項の規定に基づく政令によって適用される場合を含む。）又は第49条において準用する第16条の3第5項の規定による通知を受けた者に限る。）が正当な理由がなくその入院すべき期間の始期までに入院しなかったときは、50万円以下の過料に処する。

**第81条**　第15条第8項の規定（第7条第1項の規定に基づく政令によって準用される場合及び第53条第1項の規定に基づく政令によって適用される場合を含む。）による命令を受けた者が、第15条第1項若しくは第2項の規定（これらの規定が第7条第1項の規定に基づく政令によって準用される場合及び第53条第1項の規定に基づく政令によって適用される場合を含む。）による当該職員の質問に対して正当な理由がなく答弁をせず、若しくは虚偽の答弁をし、又は正当な理由がなくこれらの規定によ

る当該職員の調査（第15条第3項（同条第6項において準用する場合、第7条第1項の規定に基づく政令によって準用される場合及び第53条第1項の規定に基づく政令によって適用される場合を含む。）の規定による求めを除く。）を拒み、妨げ若しくは忌避したときは、30万円以下の過料に処する。

**第82条**　次の各号のいずれかに該当する者は、10万円以下の過料に処する。

一　第56条の18第1項の規定に違反した者
二　第56条の19第2項の規定による届出をしなかった者
三　第56条の33の規定による命令に違反した者

**第83条**　次の各号のいずれかに該当する者は、5万円以下の過料に処する。

一　第56条の11第3項（第56条の14において読み替えて準用する場合を含む。）の規定による届出をしなかった者
二　第56条の18第2項の規定による届出をしなかった者

# 事項・人名等索引

# 判例索引

大林　啓吾（おおばやし　けいご）

【略歴】慶應義塾大学大学院法学研究科博士課程修了。千葉大学大学院専門法務研究科准教授、同教授等を経て、現在、慶應義塾大学法学部教授。

【主著】『アメリカ憲法と執行特権——権力分立原理の動態』（成文堂・2008 年）、『憲法とリスク——行政国家における憲法秩序』（弘文堂・2015 年）、『一歩先への憲法入門』（共著、有斐閣・2016 年）、『コロナの憲法学』（編著、弘文堂・2021 年）、『感染症と憲法』（編著、青林書院・2021 年）など多数。

公衆衛生法　感染症編

2022（令和 4）年11月15日　初版 1 刷発行

著　者　大　林　啓　吾

発行者　鯉　渕　友　南

発行所　株式会社　弘文堂　　　101-0062 東京都千代田区神田駿河台 1 の 7
　　　　　　　　　　　　　　　TEL 03(3294)4801　振替 00120-6-53909
　　　　　　　　　　　　　　　https://www.koubundou.co.jp

装　丁　宇佐美純子

印　刷　三　陽　社

製　本　井上製本所

ISBN 978-4-335-35921-7